首都经济贸易大学
财 / 税 / 法 / 治 / 文 / 丛

反避税：
法律制度与法学方法

贺燕 著

Anti-tax Avoidance:
Legal System and Legal Method

中国政法大学出版社
2024·北京

图书在版编目（CIP）数据

反避税：法律制度与法学方法 / 贺燕著. -- 北京：
中国政法大学出版社，2024. 10. -- ISBN 978-7-5764
-1843-9

Ⅰ. D922.220.4

中国国家版本馆 CIP 数据核字第 202423H993 号

出 版 者	中国政法大学出版社
地　　址	北京市海淀区西土城路 25 号
邮寄地址	北京 100088 信箱 8034 分箱　邮编 100088
网　　址	http://www.cuplpress.com (网络实名：中国政法大学出版社)
电　　话	010-58908437(编辑部) 58908334(邮购部)
承　　印	保定市中画美凯印刷有限公司
开　　本	880mm×1230mm　1/32
印　　张	9.75
字　　数	216 千字
版　　次	2024 年 10 月第 1 版
印　　次	2024 年 10 月第 1 次印刷
定　　价	45.00 元

欣闻首都经济贸易大学法学院计划推出大型税法研究项目"首都经济贸易大学财税法治文丛",并邀我为系列丛书作序,我欣然应允。长期以来,首经贸法学院一直支持中国财税法学的发展,得益于前任院长喻中教授和现任院长张世君教授的有力领导,财税法学科已经成为学院重点发展的优势学科,招揽了一批毕业于北京大学、中国人民大学、中国政法大学等高校的学术骨干。多年来,首经贸法学院不仅在教学中重视改革财税法学课程体系,还积极探索设立财税法学硕士点。此外,学院与中国法学会财税法学研究会之间也保持着良好的合作关系,自 2016 年起,学院已经连续 5 年承办了由研究会主办的"税务司法论坛"研讨会,吸引了全国各地的众多理论与实务界人士前来参会,成功将该论坛打造成了研究会的品牌会议。可以说,首经贸法学院为我国财税法学界举办个性化和规模化的财税法学术活动提供了宝贵经验。

此次,首经贸法学院计划推出新的系列丛书研究项目,是他们在推进财税法学科建设中所迈出的新步伐,不仅为财税法学研究的新成果提供了又一个展示平台,而且进一步扩大了财税法学科在社会上的影响,助益财税法知识的推广与传播。习近平总书记在中南海主持召开经济社会领域专家座谈会时指出，新时代改革开放和社会主义现代化建设的丰富实践是理论和政策研究的"富矿"，希望广大理论工作者从国情出发，从中国实践中来、到中国实践中去，把论文写在祖国大地上，使理论和政策创新符合中国实际、具有中国特色。我十分期待这个新的丛书研究项目能让更多的人关注到财税法视野下的中国问题，不仅要作有思想、有深度的研究，也要努力使相关研究接地气、有实用。

近年来，我国财税法学的教育和研究在祖国各地多点开花，不仅为国家培养了一批批青年才俊，也产出了诸多颇具影响力的学术成果。随着青年学者们的不断成长，我国财税法学界已基本形成了"老""中""青"共同努力的立体化研究梯队，同时，依据研究者们的学术背景与研究旨趣，我国的财税法学研究正呈现出多元化、多角度、多领域的研究格局。这些研究中，有的专注深挖财税法基础理论，有的着力探讨财税制度设计，有的重点比较国内外财税法治的异同，他们的成果使中国财税法学已经基本形成了立足本土、放眼世界的财税法学研究架构，有力地促进了我国财税法制度体系的革新和财税法学教育事业的进步。

显然，中国财税法学的发展能取得今天的成果离不开几代财税法学人的苦心经营与筚路蓝缕，不积跬步无以至千里，那些为推动中国财税法学发展所做出的点滴努力，回过头看，都显得格外珍贵，衷心希望"首都经济贸易大学财税法治文丛"办出风采，办出特色，成为我国财税法学研究文库中的一面旗帜！也祝愿祖国的财税法学事业更加繁荣、美好！

是为序。

刘剑文

2021 年于燕园科研楼

　　税收是政府公共服务的对价，而纳税，不仅是公民的法律义务，还是每个纳税人对社会共同体中其他主体的道义义务。"你们要将当纳的十分之一全然送入仓库"，纳税，甚至是一种更高意义上的义务。

　　但税收具有非直接对价性，税收的缴纳和公共服务的享受并不直接关联，从表面上看，税收似乎构成对纳税人财产的"负担"或者"侵害"，因此纳税人天然地有减少或者避免税负的内在动机。没有人有义务承担法律规定以外的税收，但当纳税人规避税收负担的行为超越了量能平等负担公共成本的合理界限时，法律即需要予以规制。

　　在过去的数十年中，随着一些大型跨国公司巨额避税新闻的曝光，以及各国日渐增加的公共债务压力，避税受到前所未有的关注，反避税法律制度也因此得到前所未有的发展。2013年经济合作与发展组织（OECD）发布了解决税基侵蚀和利润转移问题的报告，将反避税纳入经济合作与发展组织的重点工作任务，开启了反避税的新纪元。

　　作为资本输入国和新兴的资本输出国，我国政府也在过去十年间逐渐加大了反避税制度建设和执法的力度，2008年实施的《中华人民共和国企业所得税法》专章规定"特别纳税调整"，并引入了一般反避税条款，赋予税务机关对避税行为的特别纳税调整权。2018 年《中华人民共和国个人所得税法》修正时，类似于企业所得税中的反避税制度得以在个人所得税中确立。新闻报道称，2005 年中国反避税制度对税收增收贡献仅为 4.6 亿元，而 2013 年反避税制度对税收增收贡献达 468.6 亿元，平均个案补税金额达到 2177 万元，补税金额过亿元的案件达到 10 起。单纯从金额便可看出，反避税制度对纳税人和国家关系重大。

避税是纳税人在筹划交易时，过度行使意思自治之结果，构成对纳税义务的不当推脱。反避税权力作为课税权的当然延伸，意在恢复被规避的纳税义务。反避税规则，尤其是其中最重要的一般反避税条款，通常不可避免地大量使用不确定法律概念，避税界定和纳税调整方法的规定都存在"开放结构"。反避税权因此成为典型的行政主导性权力，执法机关有大量的裁量空间。一定意义上讲，反避税制度的要旨是平衡税务机关的自由裁量权与纳税人财产权、意思自治。在当今政府反避税权力呈扩张趋势、征税裁量权随之增大的背景下，重点关注有效反避税的同时，也有必要对公权力保持警惕之心，研究对政府反避税行为本身的法律规制，保护纳税人财产权不被恣意侵害。

正因为反避税事关国家课税权的边界和纳税人之自由，在制度设计和运行中又颇具技术性，学界对反避税主题向来抱有热情，并随着反避税制度的发展而高潮迭起。对一些基础理论问题，比如避税的概念、避税行为的性质等，似乎已经形成共识，而另一些基础理论问题，如反避税的原理和方法等，也不乏研究成果。但一旦形成通说或者共识，学界往往直接使用，其原本的意蕴为何、是否能解释新的实践，不无疑问。多数研究各有侧重，缺乏对反避税基础理论的系统性建构。深入论证和较为全面地建构反避税的原理和方法，概览现有制度实践是本书上篇的任务。

一般反避税条款是反避税制度的基石和统领。国内关于一般反避税条款的研究成果丰硕，珠玉在前。本书下篇试图从更为广阔的视野并结合当前国际合作反避税的趋势，对典型国家的一般反避税条款做比较研究，深入分析一般反避税条款的各规范要素，并落脚于我国一般反避税条款的体系化。

本书附篇是在当前全球合作反避税趋势、数字经济引发国际税法体系系统性变革的背景下，对反避税制度运行中可能引发的重复征税问题及其处理进行初步探索，并以此为视角展望国际税法实质性协调的前景。

序 言 FOREWORD

　　"风生于地，起于青苹之末"，贺燕的反避税研究已走过十年栉风沐雨的学术探索历程，如今又取得了新的成果，实在可喜可贺。税收事关经济调节、民生保障、分配公平等国计民生，在国家治理中发挥着基础性、支柱性和保障性作用，体现了国家与市场之间最基本的社会关系。而反避税直接关系到税收公平能否实现、政策目标能否落实，因而成为税制设计的核心问题，也构成了财税法学领域最具争议的疑难问题。妥善地解决反避税问题，需要从基础理论上作出回应，在法律制度上变革完善。呈现在读者面前的这部作品，记录了一位青年学者对反避税问题十年如一日的思考和成果。读者虽各有专攻，但可各取所需，览之当有裨益。

　　作为新兴的法学学科，财税法学经历了孕育建立（1978—1993年）、创新发展（1994—2013年）和繁荣成熟（2014年至今）的演进历程。在创新发展阶段，财税法研究的重点聚焦在财税法基础理论上，高度重视税法基本原则研究、可税性和税收要素研究、税收法律关系研究、纳税人权利保护研究、税法解释研究等核心问题。在此阶段，按照发展市场经济和推进依法治国的要求，财税法学者积极借鉴国际经验，对财税法基础理论进行了系统、深入的研究，有力地推动了财税改革和财税立法。在此阶段，贺燕的反避税研究为我国财税法理论的创新发展作出了自己的贡献。

我国财税法已经迈向初步繁荣成熟阶段，形成了具有自身特质的理论学说。"公共财产法""财税债权债务关系说""领域法学""财税一体化""理财治国观"统筹推进，构筑了财税法基础理论，也标志着财税法理论进入了新的发展阶段。然而，发展中的财税法理论仍面临着基础理论学说需要继续提炼完善、各分支学科的具体理论需要进一步深化的难题。其中，反避税问题仍然需要研究者的持续关注，并结合财税学科的理论进展提供新的理论观点和解决方案，这也是贺燕持续深耕反避税研究的重要原因。

新时代财税体制改革和财税法治建设的深入发展，迫切需要财税法理论的推陈出新，更好地用科学的理论指导发展中的实践。作为新兴的法学学科，财税法学一方面应重视从传统学科中挖掘学术资源，夯实学科根基，另一方面应从解决新兴的财税法律问题出发，提炼出原创性的理论学说和分析方法，深入研究和回答我国发展新阶段面临的重大理论和实践问题。此外，还应加强国际比较研究，既吸取他国经验，又贡献中国智慧。本书中关于应对数字经济挑战，应对税基侵蚀和利润转移（BEPS）的反避税问题，即是这种探讨的突出体现，可以说贺燕为反避税研究树立了某种典范。

反避税是一项全球性难题，但形态各异。它受到各国历史传统、理论学说、经济发展和社会进步等的深刻影响，与国家治理、公共政策、法律文化、征管条件紧密关联。中国学者的反避税研究既应在全球视野中借鉴各国先进的理论和制度，更应坚持中国人的世界观、方法论，立足本土实践和法律传统，深入比较研究各国的理论学说和立法例，着力提出能够体现中国立场、中国智慧、中国价值的理念、主张、方案，并为全球税收治理贡献智慧。

　　社会大变革的时代，一定是理论大发展的时代。"这是一个需要理论而且一定能够产生理论的时代，这是一个需要思想而且一定能够产生思想的时代。"青年学者不能辜负这个时代，应积极响应时代召唤，担负起理论创新的使命责任，不断推进中国财税法学自主知识体系的建构创新。

　　是为序。

　　　　　　　　　　　　　　　　　　　施正文

目 录 /CONTENTS

附篇　余　论

上 篇
基础理论研究

本篇聚焦于反避税的原理、方法和制度框架。在现有反避税的研究成果和制度实践的基础上，试图将反避税基础理论进行体系化拓展。

第一章
避税的法理分析

避税是反避税制度的规范对象，从法理上对避税概念进行界定、确立法律对避税行为的评价、分析对避税行为进行法律规制的正当性等基础法理问题是开展反避税研究、设计反避税制度的逻辑起点。

一、避税概念的法学界定

尽管避税是一种常见的现象，是各领域专家学者研究的对象，并得到各国际组织的关注，但因为不同的专家、学者关注的角度不一样，各家对避税概念的使用存在较大的差别。"避税"作为社会性用语，也存在诸多不统一的地方，影响了社会公众对避税活动的评价。从反避税法律制度的角度而言，避税作为法律概念，要与一般的社会、经济用语相区分，就需要对其进行界定，以厘清其界域，确立法律之态度。

（一）避税概念的使用状况

在改革开放初期，避税是伴随着外资引进出现的"附随现象"，国外资本和技术的引进也夹杂了避税技术。因此，20世纪80年代早期，我国法学界开始关注反避税是以关注外资企业的反避税为开始的。当时有学者界定外企避税，亦称其为涉外避税。[1]这一时期受到讨论的涉外避税的方法主要有：转让定价、利用税收优惠措施避税、采取人为地减少收入或其他方式避税、借我国税收征管中的漏洞避税、逃避预提所得税、逃避个人所得税。涵盖了当前避税手段的主要类型。

因避税对于刚刚开始商品经济与引进外商投资的我国属于新现象，所以早期的法学界对于避税概念的界定与现今有所不同。如有的学者将外资避税界定为"外资企业及外籍人员利用我国税收立法和税收征管中的漏洞，在不违反现行税法规定的前提下，通过适当的财务安排或税收筹划，逃避我国税收的活动。"然而，在归纳常见的避税方法时，又把一些现在可作为逃税定性的行为也归入其中。[2]

避税概念不仅容易和逃税概念相混淆，在我国的经济活动和社会日常用语中，人们还将其与节税、税收筹划的概念互用或者交错使用。如在一些文献中，学者将一些可被接受的利用税收优惠节税的行为界定为避税，但这些行为一般而言并不构成今天法律意义上的避税，而是属于"合法节税"。[3]

在税法规则和其他民商事规则越来越复杂的当下，少缴税款通常是精心设计、充分利用规则之间的差异的结果，换句话说，"节税"通常是税收筹划的结果。避税和节税、税收筹划

〔1〕 孔少飞、余文海：《对我国外资企业避税与反避税的法律思考》，载《河北法学》1996年第4期。
〔2〕 如通过不实的工资条等证明，压低工资，从而少缴所得税。如利用我国未实行"引力原则"，以搜集经济情报为名，或利用其他手段，隐瞒外国企业的代表处在我国的经营活动，从而达到使其收入规避我国税收征管的目的。同上注。
〔3〕 如前引孔少飞、余文海的文章中举例，外地某纳税人在海南虚设企业而在其他生产条件较优越的地区从事实际生产活动，既可享受税收优惠，又能利用优越的生产条件获得更多利润。这个例子是否属于"合法节税"，需要根据当时税收优惠的条件和目的是什么来判断。

的概念，不可避免地在内涵和位阶上发生复杂的交错关系。出
版市场中，诸如《避税：无限接近但不逾越》（新税法升级
版）、《一本书讲透税收筹划》《避税2：唯一安全的方法》
《企业合理节税避税经典案例讲解》等书名，表明在财税服务
领域不仅有专业人士将"避税"概念作为一个与税收筹划更
为近似的概念使用，故而有"合理避税""不合理避税"之
分，[1]还有学者将避税作为与逃税等同概念使用，[2]而这些
用法似乎暗含着一种前置判断，即其中的分界线似乎应该是清
楚明晰的，故而才有"无限接近"但不"逾越"的可能性。

　　不独我国如此，国外也存在这种概念未加以区分的情形。
如美国，至少在20世纪早期对于避税和逃税二者概念未加区
分，在字典中被当成近义词。但根据所得税法，纳税人可以合
法规避纳税义务，而逃税是违法的；只是所得税法中没有对逃
税作出定义。[3]而"避税"概念本身，在不同的国家、文献
中也有不同的用语。澳大利亚税收办公室（Australian Tax Of-
fice）称其为"激进的税收规划（aggressive tax planning）"。南
非有人称其为"不被允许或恶意的税收规避（impermissible or

---

　　[1]　比如《一本书讲透税收筹划》（蔡昌等著，中国人民大学出版社2021
年版）中用了"合法避税"的概念，合法避税也叫节税或税收筹划（见该书第6
页），书中将避税定义为"纳税人利用税法漏洞或税法允许的办法，在不违反税
法规定的前提下，作出适当的财务安排或税收筹划，以期达到减轻或解除税负的
目的"，并将避税分为"中性避税"和"灰色避税"（该书第12—13页）。
　　[2]　如《避税：无限接近但不逾越》（新税法升级版）（邱庆剑著，东方出
版社2021年版）的用法，见该书第一章、第二章。
　　[3]　See Lucius A. Buck, "Income Tax Evasion and Avoidance：Some General
Considerations", *Georgetown Law Journal*, Vol. 25, 4（1937），p. 885. 此外，如下文
介绍，还有可以接受的避税和不可接受的避税之分。有关介绍参见朱青：《避税的
性质、危害与对策》，载《涉外税务》2009年第1期。

abusive tax avoidance）"，新西兰和英国有人称其为"不被接受的税收规避（unacceptable tax avoidance）"，而美国对其"恶意税收庇护（tax abusive shelters）"的概念经常被使用。[1]

日常生活中对概念的混淆，甚至专业人士的"有意混淆"，通常不会带来严重问题。但在税法上，鉴于现代国家对不同行为的法律评价可能截然不同，避税的概念必须从法律的角度进行观念上的厘清，在此基础上研究其行为构成要件，以区分纳税人不同类型的减少税负行为，为其设定不同的法律效果，为法律定性提供确定性。

换而言之，从反避税理论研究和制度设计的角度而言，我们必须将避税作为法律概念，对其进行界定，厘清其界域，确立法律之态度，使其与一般的社会、经济用语相区分，并在日后逐步引导社会和经济用语的规范化使用。对法律概念使用的规范和统一，也是学科间对话、理论和实践沟通的基础，否则只会形成自说自话或鸡同鸭讲式的争议。

（二）避税概念与关联概念的区分

有必要对几种同样具有税负减少目标的税收规划行为进行基本的区分。根据共通的观念，以减少税负为目标的税收规划行为可以分为三类，即逃税（tax evasion）、税收规避（tax avoidance，简称"避税"）和节税（这里仅指狭义上的合法节税）[2]。三者的定义在学术上还有争议，实践中其界限往往也

---

〔1〕 See Christopher Evans, "Containing Tax Avoidance：Anti-Avoidance Strategies", University of New South Wales Faculty of Law Research Series, 2008, p. 4.

〔2〕 还有一个"税收筹划"的概念，根据不同的用法，广义的概念可能包括前述三种，中义的概念则包括避税和这里所称的节税，狭义的概念则仅指节税。

比较模糊，但在核心观念上它们仍然有着显著的区别。[1]

对于逃税行为争议较少，从主观方面和法律效果上看，逃税是一种故意减少税负的非法行为（illegal）。从客观方面来看，"逃税是全部或者部分地把课税要件的充足的事实给隐瞒下来的行为"。[2]也就是说，逃税行为本身就存在手段的非正当性和非法性。相反，与逃税概念对立的是节税，节税行为通常手段合法，而且税负减少的效果也为法律所接受——尽管不同情形下的节税行为能否被法律接受会存在明显的区别——从而不受法律的消极、不利评价。[3]一般认为，避税是对税收构成要件的成立予以回避，即在税收构成要件满足之前（纳税义务发生之前）即通过特定交易安排（通常是非常规的交易安排）使更高税负的税收构成要件在形式上全部或者部分不能满足。与法律和社会情感对逃税和节税行为的非黑即白的态度相区别，从观念上看，避税处在二者之间过渡的"灰色地带"。[4]换一种说法，法律对逃税、避税和节税的接受度、容忍度依次提高。

根据以上的概念区分，相比其他减少税负的行为，避税有以下特征。

第一，从时点看，避税行为发生在纳税义务成立之前。这

---

〔1〕 Reuven Avi-Yonah, Nicola Sartori and Omri Marian, *Global Perspectives on Income Taxation Law*, Oxford University Press, 2011, p. 101.

〔2〕 ［日］金子宏：《日本税法》，战宪斌等译，法律出版社 2004 年版，第 94 页。

〔3〕 有关三个概念的区分，学者将其称为横向区分，并对三类不同的节税行为作了区分。参见翁武耀：《避税概念的法律分析》，载《中外法学》2015 年第 3 期。

〔4〕 之所以强调"观念上"的区分，是因为对避税是否违法的定性还有些许争议，对避税是否加以处罚在各国也有不同的实践。

一点与逃税不同。一般认为，逃税是在纳税义务成立之后，通过隐瞒收入、虚列支出的方式，掩盖纳税义务以达到少缴税款的目的。也就是学者所称的"纳税人没有避免纳税义务，但却避免了税的缴纳，结果纳税人逃脱了税的缴纳并且违反了法律条文"。[1]这个特点构成了一些国家区分避税和逃税的关键，如英国、加拿大和澳大利亚等。[2]从《税收征收管理法》[3]和《刑法》对于偷逃税行为的界定看，也体现了"逃税"是纳税人对已成立纳税义务的隐瞒。但时点特点不能将避税与节税行为进行区分。

需要进一步澄清的是，时点特征强调的无论是在纳税义务成立之后予以欺骗和隐瞒，还是在之前就避免纳税义务之成立，都并不是指逃税行为没有事前的谋划或者筹划。事实上，现实中采用诸如"阴阳合同"等手段逃避缴纳税款的，都有事先的计划。根据民法的原理，阴阳合同为虚假行为，合同无效，按照当事人真实意思表示发生效力，故此，阳合同不具有约束力，纳税义务按照被隐藏的阴合同履行。事后纳税人以阳合同进行纳税申报，为虚假申报，构成逃税，该虚假申报行为（欺诈行为的实行行为）发生在纳税义务成立之后。其中的法理是，虚假的行为在民法上是无效的，从而无法有效"避免"纳税义务发生。以虚增投资合伙人，借此分解投资者所获分配利润，并重复利用扣除额以缩小税基为例，该行为构成逃税还

---

〔1〕 翁武耀：《避税概念的法律分析》，载《中外法学》2015年第3期。

〔2〕 John McLaren，"The Distinction between Tax Avoidance and Tax Evasion Has Become Blurred in Australia：Why Has It Happened？"，the Australasian Tax Teachers Association，Vol. 3，2（2008），p. 143.

〔3〕 为表述方便，本文凡涉及我国的法律规范均用简称，如《中华人民共和国税收征收管理法》简称为《税收征收管理法》。

是避税争议不断，有观点认为此类借名行为属于逃税，但是也有观点认为，其发生于税收债务成立前，应认定为避税。[1]如果虚增投资合伙人的事实是虚构的，虚假行为不发生效力，但即使其虚构行为发生于税收债务成立之前，税收债务的构成要件满足时无可避免已经成立，纳税人不进行纳税申报，即应认定为避税。反过来，如果该投资合伙人有真实的商事登记，则一般应成立避税。

第二，从手段看，避税行为通常采用"非常规"的交易手段。如金子宏教授认为，当事者一般都会利用私法上的选择可能性，虽从经济贸易所固有的见解来看没有其合理的理由，但他们通过选择通常所不用的法律形式不仅达到了在实质上实现所预想的经济目的乃至经济性成果的目的，而且回避了同通常所采用的法律形式相对应的课税要件的充足，以使其税收负担减轻或排除他们的税收负担。[2]也就是说，避税通常是通过精心设计，迂回选择商事组织形式、交易形式、交易步骤甚至注册地点等，来实现税负的减少，而如果仅采取常规商事交易方案达到同样的交易目的，税负会更高。这种非常规交易形式，尤其是其中的单个交易步骤、环节本身并不为法律所禁止，在大陆法系国家，最多被认为属于滥用意思自治和法律形式。相反，逃税则是采取欺诈的手段，这些手段本身通常属于禁止性行为，违反税法明文规定的协力义务，如如实记账、如实和及时申报义务等。手段特点也可以区分避税和节税——节

---

[1] 侯卓：《个人所得税反避税规则的制度逻辑及其适用》，载《武汉大学学报（哲学社会科学版）》2021年第6期。

[2] ［日］金子宏：《日本税法》，战宪斌等译，法律出版社2004年版，第93—94页。

税所采用的手段，或者是纳税人的绝对自由范围，或者是受税法鼓励，或者是行使法律范围内选择权的结果。[1]但一国法律所允许的纳税人选择权范围的大小，决定了界定避税"侵入"节税领域的范围。从另一个角度说，对"非常规"交易界定的宽窄，决定了避税行为和节税行为的不同领地范围。从纳税人权利保护的角度而言，选择权的范围应该尽可能大。[2]

第三，从结果看，避税所导致的税收减少的结果违背了税法的目的，尤其是量能课税的公平理念。这一点与逃税相同。相反，节税行为的税负减少结果被认为不违反税法的目的甚至有时候是税法刻意追求的目的。[3]正因为避税行为违背了量能课税原则，减少了国家税收收入，间接影响了政府提供公共服务的能力，且不同的收入水平避税能力不同，也会进一步加剧税负分配的不公平，各国对避税行为的容忍程度逐渐降低，以致引发全球性的解决税基侵蚀和利润转移（BEPS）问题的行动[4]。

第四，避税的法律效果。如下文所述，避税一般不被认为违法。但这一特点并不能帮助界分避税行为和其他行为，而是

---

[1]　参见翁武耀：《避税概念的法律分析》，载《中外法学》2015年第3期。

[2]　只有基于这一点去理解我国一般反避税条款的"合理商业目的"才能得出合理的结论。如有观点认为，没有其他商业目的，单纯为了税收考虑，决定与子公司共同进行研发为避税行为。但公司有权力决定自己单独研发还是与其他公司共同研发，这种减少税负的举措并不构成"非常规"举措，不应认定为避税行为。

[3]　节税权也为英国威斯特敏斯特公爵案所确认。我国有学者提出纳税人税收筹划权的概念，参见侯卓、吴东蔚：《税收筹划权的理论建构及其实现路径》，载《东北师大学报（哲学社会科学版）》2020年第4期。

[4]　全书统称为"BEPS行动"。

行为界定之后，由法律评价的结果。

根据以上归纳可知，逃税、避税与节税在理论上的区分相对而言是明确的。但因为诸如"非常规""滥用"属于不确定概念，"税法目的"认定或者证明困难，所以在实践中对特定行为进行界定则更为困难。以节税和避税的区分为例，节税是依据税法规定谋求税负减轻的行为，而避税是采取税法没有规定得异常的法律形式来谋求税收负担减轻的行为。[1]理论上，二者的区别一在于是否符合税法的目的，区别二在于是否采取了异常的法律形式。但税法目的和"异常的法律形式"都很难认定，前者主要属于价值判断，后者属于经验判断，最终只有通过社会通念来确定。诚如学者所言："由于避税与合法节税的界限太'细薄'，存在消失的可能，甚至一个可能被另一个所吸收，两者间的界限非常易逝和易变（取决于解释者主要就税收规则的目的和税法制度演变程度的立场），对它们进行区分并不容易。"[2]

而避税和逃税之间的区别也不像想象中那么清晰——当纳税人的筹划行为发生于纳税义务成立之前，但其采取了虚假或者不具备经济实质的手段时，则会带来定性的挑战或者争议。如我国税收执法中，比较容易引起争议的是，某些行业常见的所谓"筹划"到底是逃税还是避税——我国逃税（现行《税收征收管理法》称为偷税，本书不予区分）和避税的法律后果截然不同，查处的程序也截然不同，而一些税务机关倾向于按照偷税进行调查和处罚。如将网络直播、演艺人士采用的

---

〔1〕 ［日］金子宏：《日本税法》，战宪斌等译，法律出版社 2004 年版，第 94 页。

〔2〕 参见翁武耀：《避税概念的法律分析》，载《中外法学》2015 年第 3 期。

"收入拆分"、劳务报酬转换为经营所得等手段减少税负的行为定性为逃税，引发了学术争议。这些行为应当结合《税收征收管理法》第 63 条的规定，从手段是否虚假、是否存在欺诈行为进行定性。通常而言，纳税人在从事业务时，有权利出于节税的考虑，采用不同的商事组织形式，进行常规的商事活动。这也是法律创设不同商业组织供人选择的意义所在。典型如合伙企业等形式被投资基金选用，税收是重要的考虑因素。商事主体一经商事登记成立后，通常不应当否认其真实性，不能单纯基于纳税人采用了成立商事组织形式，以商事组织的形式承接业务，而认定纳税人不当将劳务报酬人为转化为经营所得，将相关行为定性为避税甚至逃税。只有在纳税人存在以欺诈手段隐瞒已经成立的纳税义务、不为相应纳税申报时，才可能构成逃税。但因为相关案例的新闻报道中，案件事实并不清楚，在此无法准确评价。再如，实践中，汽车销售公司销售超豪华小汽车时，拆分价格以不同账户进行隐匿而规避缴纳消费税的，会按照偷税进行定性和处罚。[1]纳税人拆分价格时，不仅其收取费用的名目是虚构的，而且有隐匿行为（欺诈），手段违法，不再属于避税，而构成逃税。[2]

从国际上看，初步的判断是，随着各国反避税立场更为坚

---

[1] 2016 年 12 月 1 日起施行的《财政部、国家税务总局关于对超豪华小汽车加征消费税有关事项的通知》（财税〔2016〕129 号）规定，"小汽车"税目下增设"超豪华小汽车"子税目。对于售价超过 130 万元的小汽车，在零售环节加征 10% 的消费税。故此，汽车销售公司销售超豪华小汽车时，降低超豪华小汽车的销售价款，试图少交税款。参见贺卓、郑一方：《百万豪车亏本卖 税务稽查揭真相》，载《中国税务报》2023 年 10 月 24 日，第 7 版。

[2] 这种情况下，仅拆分价款而不隐匿的，一般而言无法实现"避税"。因《消费税暂行条例》和《增值税暂行条例》都"预置"了反税基侵蚀条款，规定计税依据为销售额和价外费用。

定和强硬，一些国家和地区对一些比较激进的避税手段的法律态度有所转变。如欧洲法院在早期甚至只接受对"完全虚假"的避税行为进行纳税调整，而后慢慢才扩展至虽不属于完全虚假但不具有合理商业目的的行为；[1]澳大利亚在晚近加大了对利用避税"天堂"的不具有经济实质的避税行为的打击，使得避税和逃税的界限更加模糊。[2]

　　如前文所述，这种定性的争议，除了取决于事实认定和法律解释，还取决于法律对这一类手段相对更为"激进"的避税行为的政策性选择——是否采用比较彻底的实质性认定方法，甚至取决于社会对于税收本身以及纳税义务的认识和看法，这些态度和认识，决定了法律容忍的程度。[3]从反避税实践看，法律立场的选择应当考虑到纳税人权利与反避税调查权制衡、执法效率等程序性和管理性规则，如果将以徒具形式而完全欠缺实质的手段减少税负的行为认定为逃税，则其要求的举证责任应更高，认定程序应更严格，从而不见得更有利于税收利益的保护。政策性选择也需要考虑到特定情形，如法律原本意在"形式"或者取决于"形式"，此时就不宜采取"实质主义"立场以虚假认定之。

　　在概念的中心清晰而边缘"模糊"时，如何去寻找德沃

---

〔1〕　参见贺燕、张亚伟：《欧盟反避税之禁止权利滥用原则》，载施正文主编：《中国税法评论》（第2卷），中国税务出版社2014年版。

〔2〕　John McLaren, "The Distinction Between Tax Avoidance and Tax Evasion Has Become Blurred in Australia: Why Has It Happened?", *Australasian Tax Teachers Association*, Vol. 3, 2 (2008).

〔3〕　或者这也是一个在法律限度内的"政策"选择问题，根据税基侵蚀的情况，在特定领域作出决断。但在缺乏司法对行政权制衡的国家，应由立法机关作这种政策选择。

金所称的"唯一正解"，可能不仅需要寻求所谓的非规则标准[1]（当然，在税收法定原则的约束下，税法中非规则标准的来源也是值得讨论的[2]），更需要从程序法的角度设计有助于提高定性确定性的调查和审查制度，以平衡特别纳税调整权与纳税人节税权。需要指出的是，不同的国家基于其自身的法律体系和社会背景，反避税制度适用的范围和条件会有所差异，从而即使对避税采用了类似的界定，在真实的案例场景下也可能有不同程度的差别。

避税作为一种纳税人借由积极筹划减少税收负担或者以迟延纳税为目的的行为，法律对其应取何种之评价（无论应然还是实然），这需要去探讨避税行为之法律定性。如按照行为与法律规范之行为模式是否吻合来区分，这种评价意指避税是合法行为还是非法行为抑或其他呢？

二、避税行为的法律定性

（一）避税行为的定性争议

在作者的研究范围内，一般的观点为，逃税行为是违法行为，能引起行政处罚或者刑事责任；税收规避通常被认定为非合法（illegitimate），并没有明确违反法律的规定；而节税行为则是一种合法行为（licit）。以下表述有代表性：避税处于一个或多或少有些微妙的地位，表现为一种所谓的"灰色现象"。"灰色"作为一般税法学说赋予避税的一个标签，通常意味着这

---

[1]　[美]罗纳德·M.德沃金：《没有上帝的宗教》，於兴中译，中国民主法制出版社2015年版，第19—20页。
[2]　关于税法不确定概念的具体化过程中，原则的使用参见董学智：《论税法上的不确定法律概念》，载《交大法学》2018年第2期。

类现象并不是绝对的合法也不是绝对的违法。[1]也有学者认为，避税行为虽然不违反法律条文的字面规定，但是很显然违反法律条文的精神（the spirit of law）。[2]尽管避税很少被界定为违法行为，而更可能被定义为非合法、非正当行为，但是也并不是完全没有争议。

关于避税行为的法律性质有几种观点，大体可以分为合法行为说、非法行为说、脱法行为说。避税在美国的一些文献中被表述为合法，主要是与构成逃税的行为相对应。北野弘久也认为，为了保护纳税人权利，"避税行为有不应该接受任何法律性谴责的理由"。[3]但这一观点已经被当前各国的反避税实践所孤立，尤其当我们对避税概念进行了限定，将其区别于节税行为之后。

有观点认为，避税行为是民法上的非法行为，是不能预期后果发生的无效行为。理由是避税行为侵犯了公共利益，基于此，避税行为是以合法形式掩盖非法目的的行为。其论证进路为：税收是国家财政收入的主要来源，国家取得的财政收入主要用于提供社会公共产品，税收体现的是社会公共利益，而避税行为却使国家本应取得的税收利益落空，即损害了社会公共利益。针对非法行为的观点，学者提出了针锋相对的疑问，认为避税产生之原因不可完全归责于纳税人，且以避税有违税法

---

〔1〕翁武耀：《避税概念的法律分析》，载《中外法学》2015年第3期。

〔2〕Reuven Avi-Yonah, Nicola Sartori and Omri Marian, *Global Perspectives on Income Taxation Law*, Oxford University Press, 2011, p. 101. 这一个观点后面再继续深入讨论。

〔3〕[日] 北野弘久：《税法学原论》（第四版），陈刚等译，中国检察出版社2001年版，第150页。

宗旨和税法基本原则来认定避税非法性不能成立。[1]避税行为确有诸多危害，各国法律意在对避税行为进行打击，消除其带来的危害，然而从学理上直接认定其为非法行为虽然便利，却仍值得深入探讨。

还有的学者主张避税是脱法行为，所谓脱法行为，是指行为虽抵触法律的目的，但在法律上无法加以适用的情形，[2]其多发生于当事人刻意将生活事实安排在法律漏洞之外。[3]

对避税行为的法律性质进行界定，应取决于两个前提：一是对避税概念本身的界定，二是对"合法"和"违法"等基础概念的解释。此外，从应然的角度来看，行为合法还是违法的判断本身不构成目的，界定的目的是要解决如何对避税行为施以法律责任以及施以何种法律责任。

前文已经对避税、逃税和节税在概念上作了区分，接下来需要对"合法""违法"概念本身作出界定。否则，相关讨论将迷失在概念的丛林中。这两个概念的界定，尤其是"违法"概念，并不像表面上想象得那么清晰。各个部门法中都有关于"违法"或者"违法性"如何界定的理论讨论。[4]在刑法中，

---

〔1〕 陈少英、谢徽：《避税行为非法性质疑》，载《现代财经（天津财经大学学报）》2006年第10期。

〔2〕 刘剑文、丁一：《避税之法理新探（上）》，载《涉外税务》2003年第8期。

〔3〕 陈敏：《税法总论》，新学林出版股份有限公司2019年版，第211页。

〔4〕 如周长军、马勇：《违法性判断：立场、功能与方法》，载《华东政法大学学报》2009年第6期；陈国栋：《论行政赔偿诉讼中的"违法"》，载《政治与法律》2010年第8期；程啸：《侵权法中"违法性"概念的产生原因》，载《法律科学（西北政法学院学报）》2004年第1期；郑泽善：《法秩序的统一性与违法的相对性》，载《甘肃政法学院学报》2011年第4期；张明楷：《行为功利主义违法观》，载《中国法学》2011年第5期。

对于"违法"概念的认识，就有所谓一元论、多元论的区分，即这里的"法"是指整体法律体系，还是指刑法中的"法"。

合法与违法，是针对特定行为是否违反法律规定的义务而言的。有学者认为，所谓合法，简单讲就是不与法律相悖。"合法"的反面就是"违法"。[1]在规范面前，既不合法又不违法的行为是不存在的，不合法的即是违法的，即不存在合法与违法之间的中间值状态。但这种二元区分被其他法学家质疑，法学家主张在合法与违法之间存在第三种状态，即"法律无涉之领域"。[2]至少在税法的场域中，并不只存在合法和违法的二元对立。进一步研究可以发现，是否存在中间态，取决于学者们对合法和违法概念界定范围的大小。如果对"合法"或者"违法"均采用狭义的解释，则会出现二元对立之间的空隙。如将"合法行为"界定为"社会主体根据法律授权和要求，依照法律规定的方式实施的、对社会有利或至少无害的、受法律保护的行为"，将"违法行为"界定为"社会主体违反现行法律的规定、具有社会危害性、有过错的行为"。在这个界定中，存在既不合法也不违法的行为，既不是法律保护也不是法律禁止的行为。[3]这种二元之间的状况，这里不妨称为"中间态"或者"模糊态"，在税法语境下，可能源自哪里呢？

第一个可能的来源是法律规范未对特定行为作出规定——

---

〔1〕周长军、马勇：《违法性判断：运动、功能与方法》，载《华东政法大学学报》2009年第6期。

〔2〕参见〔德〕阿图尔·考夫曼、温弗里德·哈斯默尔主编：《当代法哲学和法律理论导论》，郑永流译，法律出版社2002年版，第346页。

〔3〕参见吕世伦、公丕祥主编：《现代理论法学原理》，黑龙江美术出版社2018年版，第348—349页。

"法律无涉"。法律规定的义务，由法律规范以行为模式要素[1]规定的部分一般无异议。义务有消极义务和积极义务之分，如果法律要求行为人在特定条件下勿为某种行为，而行为人实施了该行为，或者如果法律要求行为人在特定条件下应为某种行为，而行为人没有为该种行为，则属于法律的违反。但由于公法和私法的性质之差别，以及运行逻辑的区别等，公法和私法上的权利义务是不同的。[2]二者之间存在未被任何法律部门纳入调整的空白地带，或者存在法律漏洞。这一点可能正是难以区分避税和节税的原因所在。

第二个可能的来源是法律义务来源本身的模糊。法律的核心组成部分是法律规范，但同时也包括法律原则等非规范性内容。尤其是法律原则，作为一种"最佳化命令"，并不是以或有或无的方式适用的。[3]具体的法律义务是否可以由法律原则、法之价值追求或者目的设定或者推定呢？不同的法律部门，因其调整的对象、手段和功能目标的差异，答案可能有所差别。但这会造成一种可能——合法、违法既可能存在于形式层面（具体规范层面）也可能存在于实质层面（法律原则和

---

[1] 法理学上认为，从逻辑结构看，法律规范由几个核心要素组成，而理论上又有三要素说和二要素说。三要素说认为法律规范由假定、行为模式和法律后果组成，二要素说则不认为假定是必备的逻辑结构。其中，假定是该规范适用的条件，行为模式则规定特定行为的允许性，分为可为模式、勿为模式和应为模式，法律后果则是法律规范对遵守行为模式或者违反行为模式所给予的肯定性或否定性评价。一般情况下，法律只需要规定否定性评价。勿为模式和应为模式分别对应消极义务和积极义务。

[2] ［日］美浓部达吉：《公法与私法》，黄冯明译，中国政法大学出版社2003年版，第105页及以下。

[3] ［德］罗伯特·阿列克西：《法概念与法效力》，王鹏翔译，商务印书馆2015年版，第76—77页。

目的层面），并且两个层面有所区别。

当形式和实质层面的结论有冲突时，刑法上有学者提出实质违法性的主张，以利益衡量标准判断实质违法性。其基本的主张是，不同的利益之间有位阶或者有质的差异性（如生命权高于财产权）或者有量的差异性（如财产权可以根据多寡进行衡量），当行为人行为损害的利益大于所保护的利益时，构成实质违法。但是刑法上主张应同时满足形式违法性和实质违法性才构成违法行为。其中，形式违法性的判断依赖于构成要件，而实质违法性的判断依赖于利益衡量理论。[1] 借鉴这个观点，整体上而言，避税是纳税人以意思自治取得的私益损害了税收所代表的公共利益，从而有实质违法性，但其采取的手段并没有违反法律的规定，不具有形式的违法性。因避税手段本身有差别，对于采用虚假手段避税的行为，如前文所述，可以另行讨论。

基于以上，有关避税行为定性的不同观点多源于视角的区别，实质上的区别或许并没有那么大。因为税利用了意思自治和法律形式的选择可能性，勾连了民法和税法，所以至少会涉及两个部门法的行为定性。一般性地讨论其合法性和违法性，似乎不会得出令人满意的结论。

不同的法律部门调整方式不同，且法律上定性的目的在于判断相应的法律后果，结合部门法讨论避税行为的定性及其后果会更有实践意义。以下归纳三个单独的命题展开分析：一是避税行为在民法上的效力，以及是否属于民法意义上的违法行为从而会导致相关民事行为无效；二是避税行为是否属于行政违法行为，相应地是否具有可罚性；三是避税行为是否违反刑

---

[1] 参见陈文昊：《从法益衡量到利益衡量：违法阻却事由的消弭与实质违法性的兴起》，载《厦门大学法律评论》2017年第1期。

法，从而可以入罪。

（二）避税行为是否属于私法上的无效行为

从私法而观之，避税是经济活动中纳税人对自己的税负进行有目的性的"规划"，其之所以能够产生，正是因为私法意思自治提供了可能。私法要保障意思自治，对于私人权利义务的分配、法律关系的形成和相应的法律后果的形成，要遵循其自己的意愿。纳税人之有目的性之"规划"，也是私权行使的结果。从私法而观之，私法自治原则的适用意味着对个体在法律关系形成过程中"自己意愿"的认可。20世纪以来，法律对意思自治的限制呈现出扩张的趋势，即便如此，在新的法律发展进程中，无论私法自治的范围在何种程度上以何种方式受到限制，它仍然是国家（指德国）法律秩序中最重要的构成因素。[1]由此可见，为尊重人的主体性，从人的理性假设出发，意思自治是当然的私法领域的准则，而唯理性人的假设在现代法律体系中已经日渐松动，整个法律体系对其进行限制构成自治的边界或者自治领域的例外。

私法领域之所以能够自治，缘于私法行为主要涉及私人之间的利益，也只能处分自己的权利和利益。一旦涉及第三人或者其他主体的利益，情况就变得不同。然而就私法自治而言，自己的意愿并非不受约束，它只有在法律秩序的限制下才能发挥作用。[2]这种法律秩序，既包括公法上的秩序也包括私法自身的秩序，如合法性原则和公序良俗原则等。

---

〔1〕［德］维尔纳·弗卢梅：《法律行为论》，迟颖译，法律出版社2013年版，第7页。

〔2〕［德］维尔纳·弗卢梅：《法律行为论》，迟颖译，法律出版社2013年版，第19页。

基于以上探讨，如果认为避税是纳税人的绝对自由，或者属于纳税人的自治范围，就难以成立了。事实上，避税通常是被作为违反税法立法目的和税收公平性原则的行为而被认定需加以防范和规制。[1]大陆法系国家和欧洲法院也多在权利滥用的概念下对于避税行为进行界定和规制。[2]国内也有学者认为国际避税是一种权利滥用行为。[3]因为私法形式滥用不符合税收立法的意图，所以需要承受负面评价。[4]

但避税行为是否使得其私法效果归为无效，则还需要进一步讨论。因"自治和管制是民事法律行为效力制度的关键点"，[5]是否使避税行为在私法上无效，取决于国家管制的限度。需要表达清楚的是，这里所指的避税行为的私法效果，更确切地说是指避税交易（手段行为）的私法效果。根据民法的规定，违反法律、行政法规的效力性强制性规定的民事法律行为无效，违背公序良俗的民事法律行为无效，行为人与相对人恶意串通损害他人合法权益的民事法律行为无效。[6]有民

---

〔1〕 蒋遐雏：《数字经济背景下中国避税规制的法律路径》，载《法学评论》2023年第2期。

〔2〕 参见贺燕、张亚伟：《欧盟反避税之禁止权利滥用原则》，载施正文主编：《中国税法评论》（第2卷），中国税务出版社2014年版。

〔3〕 高华：《国际避税与反避税法律问题研究》，载《华中科技大学学报（社会科学版）》2003年第5期。

〔4〕 参见刘剑文、熊伟：《税法基础理论》，北京大学出版社2004年版，第154页。

〔5〕 王利明：《论效力性和非效力性强制性规定的区分——以〈民法典〉第153条为中心》，载《法学评论》2023年第2期。

〔6〕 《民法典》第153条、第154条。在《民法典》通过之前，前述规则曾经有所变化，总体而言，无效情形在逐步限缩，显示法律对民事行为的干预在逐渐减少。例如，1999年《合同法》规定的民事行为无效情形，在原来1986年《民法通则》第58条规定的基础上就有所缩小。《民法典》进一步删除了恶意串通损害国家、集体利益无效的表述。

法学者认为规避课税的行为属于违反公共秩序应属无效。[1]
但该学者对规避课税概念采广义还是狭义理解难以确知。对于
这点，税法学界的认识似乎更趋一致，一般认为不影响私法效
果，司法实践也有相同的认定。典型如中国法学会财税法研究
会主管评选的中国 2019 "年度影响力税务司法审判案例"之
一"易某良、崔某合同纠纷案"[2]，尽管二审法院认为当事
人的房屋买卖合同涉嫌逃税，但也并没有以此为由确认合同
无效。

首先，纳税人为实现避税而从事的（系列）交易，并不
属于违反法律、行政法规的强制性规定而无效。强制性规定是
法律平衡私人利益与公共利益的工具，又分为效力性强制性规
定和管理性强制性规定，前者的违反导致行为无效，以避免实
质性地对公共利益造成损害，而后者的违反并不导致行为效力
受到影响，违反此类强制性规定仅应受到法律制裁。[3]2009
年《最高人民法院关于适用〈中华人民共和国合同法〉若干
问题的解释（二）》第 14 条对效力性强制性规定首次正式作
了区分，《民法典》第 153 条虽然没有采用这个概念，但规定
"该强制性规定不导致该民事法律行为无效的除外"。尽管从
表述看，一些特别反避税条款使用了"不得"的用语，但税
法并没有针对避税行为的强制性规定。

以关联交易、资本弱化等反避税规则为例，税法并没有对
纳税人设定"勿为"或者"应当为"的行为模式——税法也

---

〔1〕 王利明：《论无效合同的判断标准》，载《法律适用》2012 年第 7 期。

〔2〕 案号：（2017）湘 01 民终 9719 号。

〔3〕 王轶：《民法总则法律行为效力制度立法建议》，载《比较法研究》
2016 年第 2 期。

不应当干预当事人所选择的民商事交易形式本身，而仅不接受其税法效果。为此，税法赋予税务机关特别纳税调整权，否认纳税人自己意欲达到的税法效果。如《企业所得税法》第46条资本弱化条款规定，超过规定标准的利息支出不得在计算应纳税额时扣除。该禁止性规定针对的是税额确定环节，而并不是在禁止超过规定的比例举债。而对于有关协力义务的强制性规范，属于管理性强制性规定，不需要以民商事行为的无效为手段对避税行为予以规制。

以上精神也体现在近期出台的《最高人民法院关于适用〈中华人民共和国民法典〉合同编通则若干问题的解释》（法释〔2023〕13 号）中。该解释第 16 条第 1 款第 2 项规定："强制性规定旨在维护政府的税收、土地出让金等国家利益或者其他民事主体的合法利益而非合同当事人的民事权益，认定合同有效不会影响该规范目的的实现"，属于不导致民事法律行为无效的情形。

其次，纳税人为实现避税而从事的（系列）交易，一般而言，也不应当基于公序良俗原则宣告其无效。避税交易的内容通常不违法也不违反公序良俗。避税交易的动机是减少税收负担，根据民法理论，当事人的动机违反公序良俗并不导致行为无效，除非该动机影响到行为的内容。[1]减少税负的动机是每个纳税人都正常拥有的，难以称其违反公序良俗。何况公共秩序是一个不确定的概念，公共秩序多已经体现在强制性规范中，意在划定意思自治不可逾越的"红线"，秉持着对私法自治的最低干预原则，[1]解释不宜过宽。[2]在当前的税收文化中，公民关于纳税的道德义务感还没有形成，对公序良俗解释过宽不仅不能培养、增进纳税人的道德义务感，还会让纳税人更为反感。

从效果上看，在税法上否认纳税人避税行为的税法效果之后，避税行为对税收利益的损害已然恢复，不应当再进一步干预到私法行为的效力，滋扰私法秩序。虽然通过《最高人民法院关于适用〈中华人民共和国民法典〉合同编通则若干问题的解释》（法释〔2023〕13 号）第 17 条尚不能清楚地推导出这一点，但在司法实践中，建议按照前述精神把握尺度。甚至单纯基于税收利益的角度，也更应当避免宣告交易无效——交易无效之后，课税的基础和源头就会丧失，反而不利于税收利益的保障。

对于避税是否属于"恶意串通"损害国家税收利益而归于无效，分析路径与前述公共秩序并无本质区别。需要指出的是，"恶意串通"的情形通常构成欺诈，已经超出了避税的范畴，其私法行为的效力一般会因欠缺真实意思表示而归于无效。

（三）避税行为是否属于行政违法行为

如果将行政违法行为定义为违反相关法律应课予行政处罚予以制裁的行为，则从应然的角度，特定行为只有具有社会危

---

[1] 董学立：《民法典编纂视野下法律行为的效力制度体系研究》，载《河南社会科学》2017 年第 4 期。

[2] 民法学者也主张对于《民法典》第 153 条第 2 款中的公序良俗不应当作过于宽泛的解释。参见王利明：《论效力性和非效力性强制性规定的区分——以〈民法典〉第 153 条为中心》，载《法学评论》2023 年第 2 期。

害性，法律才能将其界定为行政违法行为，课以行政处罚。从公法而观之，现代国家税收负担之分配，应遵从公平原则分担之。避税行为与逃税行为同样会使得公平分担的目的落空。但避税行为相较逃税行为，从结果上看，损害的是征税的期待利益而非已经发生的税收债权，程度上有区别。[1]从手段上看，避税行为系利用法律漏洞的非常规行为，为符合量能课税，故而类推适用常规行为的税负，不同于逃税行为，而处罚以"禁止类推"为原则，因此对其以不处罚为原则。[2]对避税不予比照逃税进行处罚也符合处罚明确性原则。[3]从价值立场看，因为"租税法原则上仅根据人民之经济活动课征租税，并不限制人民之经济活动自由，强制其以租税构成要件所规定之形式"。故此对于避税，税法仅考虑如何防制和调整，但并不予以制裁。[4]

还可以从技术的角度分析其不应处罚性——因手段差别使然，逃税行为更容易由标准化且经法律抽象、确认的社会通念识别，而避税行为则存在难以识别的障碍，其区分的标准更倚重于价值判断（如对私法自治边界的判断），从而规制成本更高，不确定性更大。为了避免行政权在处罚上过大的自由裁量空间，权衡纳税人之自由、商业创新和实际的社会效果，避税一般不得被认为属于行政违法行为。至于对避税进行处罚从而达到威慑效果的观点，学者认为避税制裁的目的与功能非但无

〔1〕汤洁茵：《避税行为可罚性之探究》，载《法学研究》2019年第3期。

〔2〕葛克昌：《纳税者权利保护法析论》，元照出版有限公司2018年版，第57页。

〔3〕陈清秀：《税法总论》，元照出版有限公司2018年版，第239页。

〔4〕陈敏：《税法总论》，新学林出版股份有限公司2019年版，第212页。

法实现，反而可能造成新的不公平和过度阻吓。[1]

从规范分析的角度，当一国税法规定了反避税条款时，纳税人的避税行为是否构成对税法义务的违反从而属于税法上的违法行为？[2]这首先需要研判反避税条款是否设定了特定的行为义务，以及税法是否在反避税条款中对该义务的违反设定了处罚作为否定性评价。其次取决于对"违法"概念的认识。以《企业所得税法》第41条为例，该条规定：

"企业与其关联方之间的业务往来，不符合独立交易原则而减少企业或者其关联方应纳税收入或者所得额的，税务机关有权按照合理方法调整。"

"企业与其关联方共同开发、受让无形资产，或者共同提供、接受劳务发生的成本，在计算应纳税所得额时应当按照独立交易原则进行分摊。"

从该条可以推导出企业与其关联方之间业务往来应遵守独立交易原则，从条文表述看，尤其从第2款的表达看，该义务存在于"在计算应纳税所得额"[3]时，换而言之，税法并没有要求关联方在交易时遵守独立交易原则，而是在进行税收自我评定和纳税申报时应当遵守独立交易原则。同样的逻辑也体现在《企业所得税法》第46条资本弱化条款，税法并没有禁止纳税人超过债股比的负债，而是超过的部分，"不得在计算

---

[1]　汤洁茵：《避税行为可罚性之探究》，载《法学研究》2019年第3期。

[2]　税法中针对避税行为设有预防性规定，比如严格税收优惠的适用条件、限制特定支出项目的扣除比例等。这些预防性规定的运行目的和通常所讲的反避税条款可能没有本质的不同，都是为了防止侵蚀税基，但在运行原理上有所不同。对于预防性规定的违反，通常被认定为属于违法行为，被施以处罚。

[3]　根据税收的评定和征收原理，"计算应纳税所得额时"可以理解为进行税收自我评定和纳税申报时。

应纳税所得额时扣除"。从以上分析看，反避税条款的确为纳税人设定了税法上的行为义务，但对该种义务的违反，我国税法上仅规定纳税调整，补征税款、加收利息，但并不给予惩罚性结果。

如果违法的概念在与否定的评价相关联时才有意义，在税法语境中，学者们之所以不将其界定为违法，是因为该种定性内置了一个关于纳税人权利保护的基本立场，即不应当对避税行为进行处罚，纳税调整本身并不构成否定的评价——其仅仅是对纳税人本应当承担的纳税义务的恢复，而不构成额外的、不利的负担。

从其他国家的反避税实践看，各国税法对避税行为一般仅调整应纳税额，并不予以处罚。但也需要看到的是，对于明显的激进避税行为，已经有给予处罚的立法例。如在澳大利亚，可以按照纳税人的所得税利益金额的 50% 加以处罚，如果存在合理的抗辩理由使得一般反避税条款可能没有适用，则可以按 25% 加以处罚。在不同的情况下，税务机关有权予以增减，或者免于处罚。新西兰有点类似，纳税人如果实施了一般反避税条款规范的恶意避税行为，最高能被处以少缴税额 100% 的罚款，但是，对于主动提供信息的纳税人，以及在最近四年中没有接受过处罚的纳税人，处罚比例将降低。[1]在欧洲的几个主要国家（法国、德国、意大利、西班牙和英国）中，只有法国对税法上的权利滥用行为进行处罚。根据《法国税收程序法典》第 1729 条的规定，可对实施避税行为的纳税人科

---

〔1〕 David G. Duff, "Tax Avoidance in the 21st Century", in C. Evans and R. Krever eds., *Australian Business Tax Reform in Retrospect and Prospect*, Thomson Reuters, 2009, p. 494.

处避税额 80% 的罚款。但如果法国税务机关没有证明纳税人存在以下情形，则罚款金额为 40%：①纳税人是构成滥用法律行为的交易安排的主要促进者；②纳税人是避税方案的主要受益者。因此，受益于滥用交易的当事人根据他们在交易中的作用被科处 40% 或者 80% 的罚款。而且，根据该法典第 1754V-1 条，所有参与滥用交易的各方应当对罚款的支付承担连带责任，这使得税务机关可以将纳税调整通知送达给其中一方即为已足。[1]但法国在税收管理实践中，反法律滥用程序只有在极少数情况下才被适用。被确认发生了法律滥用行为的纳税人一般情况下会被处以罚款，该罚款相当于重新核定税款的80%，还要加上相应的滞纳金。

从理论上看，我国可以参考前述国家的做法，从立法上将手段过于激进的避税行为宣告为违法，但为了平衡纳税人和国家之间的关系，应仅限以明显缺乏经济实质的税收套利工具、利用法律空壳等特定危害性更大的手段从事的避税行为，且即使以法律明文宣告其为可处罚，也需要从"量"上即处罚上予以限制，并从程序上对税务机关施加更高的举证责任要求。[2]

（四）避税行为是否属于刑事犯罪行为

根据刑法的谦抑性，刑法仅对具有严重社会危害性的违法行为宣告为犯罪，以刑事制裁方式予以威慑，为法律秩序提供

---

〔1〕 Sébastien de Monès et al. , "Abuse of Tax Law Across Europe", *EC Tax Review*, Vol. 19, 3（2010），p. 89.

〔2〕 主张对避税行为进行处罚的学者，也仅主张对特定的避税行为或者违反协力义务的行为进行处罚。如有学者提出 BEPS 行动计划中提到的一些避税做法非常恶劣，有必要制定特殊的处罚机制，提高跨国企业的违规成本。参见孔丹阳、冯道宇：《澳大利亚〈跨国企业反避税法案〉评析》，载《税务研究》2017年第 7 期。

保障。各国对税收领域的违法行为入罪的宽窄稍有不同，主要体现在对违反协力义务的虚开发票、虚假记账行为（预备行为）是否处罚以及处罚的范围上，一般都对危害税收的实害行为以逃税罪或者逃避缴纳税款罪的罪名入罪。[1]而对避税行为最多给予行政处罚。虽然我国刑法涉税罪名数量较多，但避税行为不属于犯罪行为。

如前所述，当采取的避税手段过于激进，使得避税和逃税的区分过于模糊时，一旦税务机关激进执法，一些国家认定为避税的行为，在另一些国家可能会被界定为逃税，从而有遭受刑事处罚的可能性。澳大利亚政府出于打击逃避税、信息共享等目的，曾经在政策上"有意识地"模糊逃税和避税的概念。[2]

三、避税的成因及其对税法价值的损害

（一）避税的成因

避税现象在税法产生之初可能就已存在，在税收史上也不鲜见，如在18世纪、19世纪，英国、法国征收门窗税，导致人们建房子的时候减少门窗数量或者缩小门窗尺寸以实现少缴税。然而，避税现象在最近几十年所引起的关注是史无前例的。避税现象是如此的普遍，甚至有美国学者戏言，旧时有名言称人生有两件事是无法避免的：死亡和税收。现今普遍的认识是，在现有的税法典下，只有一件事（指死亡）是无可

---

〔1〕 如意大利甚至一度只对实害行为入罪，1982年才引入逃税预备行为犯罪规定。参见翁武耀：《税收犯罪立法研究——以意大利税收刑法为视角》，法律出版社2022年版，第6—7页。

〔2〕 John McLaren, "The Distinction between Tax Avoidance and Tax Evasion Has Become Blurred in Australia: Why Has It Happened?", *Australasian Tax Teachers Association*, Vol. 3, 2 (2008).

避免的。[1]

由于税收不以具体给付为对价，少交税似乎是很自然的心理"冲动"。如果聚焦经济和商业的角度分析，则避税现象的成因可归纳为以下主客观两方面的原因：①主观方面而言，存在避税方案的需求和供应市场。在全球化背景下，企业面临的竞争激化，存在控制成本包括税收成本、提高收益包括税收利益的需求。与此同时，企业的需求催生了税收中介的发展壮大，中介内部的竞争增大，反过来形成税收规划方案的供应。②客观方面而言，税法漏洞的存在、各国税制的现实差异以及税负的沉重是重要的原因。[2]与此同时，新的金融工具的层出不穷、税制的复杂化无疑也给了纳税人更多可以采取的手段。

（二）避税的危害

避税现象的大量存在无疑使得税负的分配违反了量能课税原则，降低了各国取得税收收入的能力，并间接影响到政府公共服务的有效提供。

1. 避税损害税收公平

避税带来不公平，包括税收负担的不公平和经济竞争的不公平。从横向上看，避税使得具有同样经济地位而守法的纳税人处于不公平的地位，也使税收负担不公平地向具有较少移动性的劳动和消费转移。[3]此外，各国税制的差异提供了更大的避税可能，从事避税交易的跨国纳税人，相较避税空间和手

---

[1] Joseph E. Stiglitz, "The General Theory of Tax Avoidance", *National Tax Journal*, Vol. 38, 3 (1985).

[2] 刘剑文、丁一：《避税之法理新探（下）》，载《涉外税务》2003年第9期。

[3] Reuven S. Avi-Yonah, "Globalization, Tax Competition, and the Fiscal Crisis of the Welfare State", *Harvard Law Review*, Vol. 113, 7 (2000).

段少的国内纳税人而言，税负负担也存在不公平。从纵向而言，避税使社会财富在国家和纳税人之间的分配比例发生变化，增加了纳税人的收入，减少了国家的财政收入，[1]纳税人负担的税负与其得到的公共服务失衡。

2. 避税损害税收效率

避税的危害不仅在于不公平，还在于损害经济，即带来效率降低。一个不准确定性交易的纳税人意味着更高的征管和遵循成本，从而导致无效率。[2]就征管效率而言，为了应对避税问题，各种反避税条款又使各国税法复杂化，提高了税法的遵从成本。

此外，据研究，避税行为还带来资源配置的无效率，削弱了议会和国家财政设定、执行国家经济政策的能力。[3]还有学者提出，避税导致国际资本不正常流动。为逃避缴税，跨国纳税人经常采取各种手段转移收入，从而导致国际资本流动秩序的混乱，并进而影响到一些国家外汇收支平衡，妨害正常的国际经济合作与交往。这些都严重损害相关国家的社会公共利益。[4]

综上，避税活动的大量发生，会阻碍税法的再分配功能和

〔1〕 郑仁荣、梁伟：《避税问题的法律思考》，载《商业研究》2002 年第 17 期。

〔2〕 Reuven Avi-Yonah, Nicola Sartori and Omri Marian, *Global Perspectives on Income Taxation Law*, Oxford University Press, 2011, p. 102.

〔3〕 South African Revenue Service (SARS), "Discussion Paper on Tax Avoidance", available at https://www.sars.gov.za/wp-content/uploads/Legal/DiscPapers/LAPD-LPrep-DP-2005-01-Discussion-Paper-Tax-Avoidance-Section-103-of-Income-Tax-Act-1962.pdf, last visited on 2023-12-29.

〔4〕 高华：《国际避税与反避税法律问题研究》，载《华中科技大学学报》（社会科学版）2003 年第 5 期。

影响社会调控功能的发挥，是对税法价值和目标的违背。避税行为尽管具有形式上的合法性，但实际是对税收分配正义和税法实质正义的损害，这是多数国家反避税的基本理由和依据。但也因避税行为是对意思自治的限制，需要以保护税收利益的必要性为限。从某种意义上说，反避税制度是纳税人节税权和税收代表的公共利益的平衡机制。

第二章
反避税原理、方法和制度体系概述

　　晚近以来，公众对避税的态度经历了从渴望、模仿，到道德上的责难的转变。[1]从国家层面来看，在过去几十年里，各国政府都在加大力度打击逃避税，维护税基，反避税制度因此也实现了实质性的发展。反避税制度是税法中比较独特的内容，可谓是税法中的"特别法"，其遵循特定的原理和方法。发展到今天，各国的反避税制度是包括实体、管理和程序规则的庞大体系，并在国内和国际税法层面有不同的表现形式，技术复杂程度不一。反避税制度中的特定制度如转让定价制度，又自成体系，包括转让定价方法、预约定价制度、协同调整制度、同期资料管理制度等内容。

一、反避税的原理

　　反避税是对私法交易秩序的调整，是对契约自由、意思自治的矫正与限制。[2]但为了平衡契约自由和税收利益，如前所述，国家并不是通过直接干预纳税人行为私法效力的方式实现反避税，而仅在税法层面发力。就此，反避税的作用原理

---

〔1〕 翁武耀：《避税概念的法律分析》，载《中外法学》2015年第3期。

〔2〕 王宗涛：《税法一般反避税条款的合宪性审查及改进》，载《中外法学》2018年第3期。

为：通过宣告避税行为在税法上无效，并赋予税务机关特别纳税调整权，重新推定纳税人相关交易的税法效果，实现对避税行为的规制。

首先，纳税人避税行为所欲实现的税法效果无效。避税属于法律欺诈（fraud of law）的一种。法律欺诈是指逃避意向法令的意图但是遵循该项法令的措辞。[1]在民法中，对于强行法规所禁止之事项，依据其他方法迂回达成的情形，被称为脱法行为，[2]也属于法律欺诈的范畴。在民法实践中，对于被规避之法律旨在禁止某种结果发生，法院可以不顾当事人的手段为何，而将被规避的法律类推适用于规避行为，否认规避行为的效力；相反，规范目的如仅禁止某种手段的运用，则法院承认当事人选择的行为方式，不进行类推，承认规避行为的效力。[3]

与民法上的脱法行为类似，避税是以形式上满足税法条文的方式，避免税法所意图课予的纳税义务。与民法上对脱法行为的规范方式类似，税法旨在禁止避税行为的结果发生，即否认其减少或者推迟纳税义务的税法效果，而该等税法效果的否认是通过不认可当事人所采用的行为方式实现的。

其次，纳税人相关交易的税法效果通常需要进行法律的推定和拟制，此乃特别纳税调整的内涵。因纳税人采取了迂回的

---

〔1〕 翁武耀：《欧盟增值税反避税法律问题研究》，中国政法大学出版社2015年版，第26页。法律欺诈，也有称其为法律规避的。参见王军：《法律规避行为及其裁判方法》，载《中外法学》2015年第3期。但是"法律规避"的用语在国际私法上还专有所指（evasion of law），又称僭窃法律或欺诈设立连接点，它是指涉外民事关系的当事人为利用某一冲突规范，故意制造某种连接点，以避开本应适用的法律，从而使对自己有利的法律得以适用的一种逃法或脱法行为。参见马海明：《中国禁止法律规避制度的困境与重构》，载《法学杂志》2017年第4期。

〔2〕 史尚宽：《民法总论》，中国政法大学出版社2000年版，第333页。

〔3〕 王军：《法律规避行为及其裁判方法》，载《中外法学》2015年第3期。

或者不常规的交易形式达到其所欲达到的交易目的，税务机关需要按照当事人实现同样的交易目的通常采用的交易形式，而为税负"类推"，也就是我国税法上表述的以合理的方式进行纳税调整。

经过特别纳税调整所课予的税收，是对原本被规避的课税权的恢复，而不是新设了课税权。但在为税负进行"类推"时，需要考量各种因素或者参数，不同的因素或者参数的选择会有不同的结果，从而实际上会影响到税负的分配效果。典型的如转让定价中不同方法的采用，纳税人的税负、所涉国家之间的税收利益的分配会有差别。而其本质上讼争的其实是被规避了多少课税权。基于此，当前国际税改中的支柱一方案并不完全属于反避税规则，因为其为市场国创设了新的课税权。

最后，特别纳税调整的方法需要合理。为了避免重复课税，"矫枉过正"损害税收公平，往往需要对纳税人交易行为的税法效果进行体系性调整。如适用受控外国公司规则对特定未分配利润视同分配课税后，事后纳税人得到现实分配时，已缴纳的税负需要予以抵扣。

二、反避税的方法

从法学方法的角度，民法上对规避行为的处理最终都要转化为法律解释和漏洞填补，甚至在某些情况下需要法官续造法律。[1]从税法的角度，避税的消除，理论上也可以通过前述方法论予以实现。早期各国在立法上的反避税条款欠缺时，尤其需要依托法律适用的方法论，适用实质主义的解释立场，重

---

〔1〕 王军：《法律规避行为及其裁判方法》，载《中外法学》2015 年第 3 期。

新建构税法规范或者应税事实，否认纳税人避税交易的税法效果。但因税法需遵从法定原则，所以税法目的解释和类推的可允许性和边界，以及对应税事实建构方法的选择，都会影响到执法和司法反避税的立场和限度。现代国家为了更有效地反避税，除从减少税法漏洞着手更精细地设计税法、预置反避税机制之外，还会在立法上规定专门的反避税条款对避税行为进行规制，只是法律层面反避税条款的设计和适用也会贯彻实质主义的价值立场。

（一）法律适用角度的反避税方法

避税是对税法效果的"避免"，相应地，从原理上讲，反避税是否定避税交易所追求的税法效果（不交税、少交税或者迟延交税），重新赋予税法效果。反避税原理运行的逻辑过程，从法律适用角度看，是将避税交易重新纳入所规避掉的税法规范的涵摄范围的过程。因适用法律之涵摄过程，根据三段论，取决于法律（解释）和事实（认定），为使得避税交易被重新"涵摄"，在法学方法论上，既可以运用税法目的解释和类推适用的方式扩大法律的涵摄范围实现之，也可以通过重新建构事实，对交易进行重新定性，从而实现将其纳入既有税法文义的涵摄范围，也不排除有的时候需要"双向奔赴"。在笔者看来，二者貌似泾渭分明，但实则都在遵守一些共同的价值立场、原理甚至方法。

从税法解释的角度，反避税可以适用目的解释的方法，以补足文义解释的不足。英美判例法中即认为经济实质原则是一种目的解释方法。比如，我国税法上多有对"一次"取得的收入分别计税，并分别适用费用扣除规则或者免税规则。如果有人予以利用进行税收规避，则可以通过目的解释，将"一次"界定为不以"物理"上的一次性动作为限。但从逻辑上看，如果认为避税是利用税法漏洞才得以实现，而税法漏洞产生于税法解释穷尽之处，故而学者认为无法透过法律扩张解释来防制税收规避行为。[1]因此反避税的基本思路是用何种途径、方法识别填补税法漏洞。[2]但考虑到税法目的解释与漏洞填补可能的模糊之处、税法漏洞的判断往往需要基于目的解释，以及一般反避税条款对避税界定的路径或有不同等原因，[3]这里仍将目的解释作为可能的方法选择。

税法漏洞填补的主要方式是类推适用和目的论限缩。前者使法律评价上相同的事物在法律上为相同之处理，后者则使法律评价上不同的事物为不同法律处理。[4]一般的法律原则也可以为补充的手段。[5]

因税法遵从法定原则，立法上可能选择不允许行政机关为漏洞填补而课税，而是将纳税人滥用法律形成可能性予以变形之经济活动，调整回复为租税构成要件，适用原有规定进行课税。[6]即从事实认定的角度实现反避税。如台湾地区"税捐稽征法"原第12条之1第2款的规定，[7]即可据此从事实认定的角度，重新对纳税人的交易形式按照经济实质定性，实现避税的规制。英美判例法上的分步交易原则等，也可以作如是

---

〔1〕　参见陈清秀：《税法总论》，元照出版有限公司2018年版，第227页。

〔2〕　王宗涛：《一般反避税条款研究》，法律出版社2016年版，第37页。

〔3〕　此外，英美法可能对目的解释概念界定更为宽泛。

〔4〕　陈敏：《税法总论》，新学林出版股份有限公司2019年版，第214页。

〔5〕　孙健波：《税法漏洞补充理论研究》，载《中南大学学报（社会科学版）》2008年第3期。

〔6〕　同上注。

〔7〕　该款规定，"税捐稽征机关认定课征租税之构成要件事实时，应以实质经济事实关系及其所生实质经济利益之归属与享有为依据。"

观。以实质主义建构事实，仍然不免受到违背税收法定原则的质疑。但相较于法律解释这一端的思路，事实认定可以通过程序规则为纳税人提供制衡手段，相对而言，更有利于纳税人。如应将按照经济观察法认定应税事实的举证责任设定给税务机关，纳税人仅提供协力义务。[1]

除了以上基于三段论分析式的法学方法论思路，实质课税被用来作为反避税的方法，[2]从主要导入经济观察法的德国立法和学理看，无论是从法律一端还是从事实一端来说，兼有以税法解释及课税事实认定为对象的现象。[3]

反避税中实质课税原则的适用也无疑最能体现实质课税原则精神。北野弘久教授对实质课税原则的各种学说进行分析和批判后，甚至认为在即使法律未作明文规定，也可以否认避税行为的时候（这种情况下，在课税上可以认定这种关系实际上是与当事人设定的关系不同），实质课税原则才真正成为税法固有的实质课税原则。[4]

在运行目的解释和漏洞填补之时，法院还会借用法律体系中的其他资源寻找反避税的法律依据。如大陆法系国家法国、德国均将民法中的禁止权利滥用原则引申进入税法领域反避税，而2010年，意大利最高法院引用了宪法规定的量能课税

[1] 参见叶姗：《应税事实依据经济实质认定之稽征规则——基于台湾地区'税捐稽征法'第12条之1的研究》，载《法学家》2010年第1期。

[2] 参见施正文、贺燕：《论实质课税原则的税法定位》，载刘剑文主编：《财税法论丛》2013年第13卷。

[3] 参见黄茂荣：《法学方法与现代税法》，北京大学出版社2011年版，第200页。

[4] 参见［日］北野弘久：《税法学原论》（第四版），陈刚等译，中国检察出版社2001年版，第85—92页。

原则，确立了反避税的判例基础和法律依据。还有一些国家，在一般反避税规则确立之前，即使用普通法上的规则规制某些类别的避税交易。如伪装行为规则（sham）是很多国家反逃避税行为的重要手段之一，在一些没有反避税规则或者反避税规则供应不足的国家，如墨西哥、哥伦比亚，还被引申、扩展为反避税规则。[1]

尽管理论上，在税法适用层面可以利用税法实质解释方法或者利用法律补充方式填补税法漏洞，[2]或者具体化为利用实质课税原则，抑或借用私法资源进行反避税，但因为税法遵从法定原则，在没有法律明文规定的时候，即在没有立法上的反避税条款依据时，税务机关是否可以进行反避税不乏学理和实践争议。在行政机关的税法解释、漏洞填补得不到司法审查的有效监督时，如果缺乏明确的反避税法律依据，税务机关不应当被赋予从法律这一端利用漏洞填补对纳税人的交易进行特别纳税调整的宽泛权力。但在法律整体秩序范围内，尤其是不损害私法基础秩序的情形下，税务机关应有通过事实定性手段实现反避税以维护税法尊严的权限。

（二）立法层面的反避税工具

从加强税基保护的角度，法律层面可以通过减少税法漏洞、增强税法的体系性来"预防"避税。立法机关也可以用诸如法律拟制、溯及立法的手段填补漏洞，或者直接引入反避税条款对避税行为进行调整。

---

〔1〕　See Frederik Zimmer, "General Report, International Fiscal Association 2002 Oslo Congress", in *Volume LXXXVIIa Form and Substance in Tax Law*, Kluwer Law International, 2002, p. 30. 具体介绍见贺燕：《实质课税原则的法理分析与立法研究——实质正义与税权横向配置》，中国政法大学出版社 2015 年版，第 132—135 页。

〔2〕　葛克昌：《脱法避税与法律补充》，载《财税法论丛》2009 年。

1. 防杜设计

比如，调整失之过宽的优惠政策、修补税法条款的瑕疵和漏洞等。[1]增值税法和消费税法中均规定作为计税依据的销售额包括全部价款和价外费用，即可很大程度上防止纳税人拆分交易价格规避税收。企业所得税法对于扣除项目相关性的要求和扣除限额等，都有防止税基侵蚀的功能。税法上的预先防杜从某种意义上说是最符合税法安定性和可预期性的反避税手段，也是最应当首先依赖的手段。

2. 法律拟制

对于可能的税法漏洞，立法上还可以借用法律拟制的手段，将可能达到类似经济效果的行为借用拟制纳入纳税范围，使纳税人无法实现避税。法律拟制有广义和狭义之分，这里所称的法律拟制是狭义上的，是指在立法或者法律中以"视为"这一引导词作为规范词，所引出的把两个或两个以上虽然类似，但又有区别的事实纳入同一法律概念或规范而处理的立法方式（视为肯定），或把其中一个事实排除出特定法律概念或规范而处理的立法方式（视为否定）。[2]税法中存在大量的法律拟制行为，具有扩大税基、填补漏洞、便宜行政等功能。典型的如增值税法中的视同交易行为的规定，可以实现防杜税收规避和填补税法漏洞的双重功能。[3]当税法将实现同样经济效果的不同行为进行拟制，赋予其同样的税法效果，实际上会

---

〔1〕 有关我国税法中的实例，参见朱青编著：《避税之盾：税务机关反避税解析》，中国人民大学出版社 2023 年版，第 40—64 页。

〔2〕 谢晖：《论法律拟制、法律虚拟与制度修辞》，载《现代法学》2016 年第 5 期。

〔3〕 参见叶金育：《回归法律之治：税法拟制性规范研究》，载《法商研究》2016 年第 1 期。

使纳税人通过选择不同法律形式进行避税的可能性丧失。其内在的原理便是税法拟制以立法形式转换了应税的构成要件，使避税交易得以符合。[1]在特别反避税条款中，往往也需要用到法律拟制的手段，如受控外国公司条款规定对符合要件的未分配行为视同分配进行课税。

我国税法上出于效率的考虑，有较多的以税法拟制进行反避税的实践，但"一刀切"式的税法拟制，给纳税人权利带来了很大威胁，扩张了税务机关权力而缺乏程序制约。故学者主张运用税法拟制进行反避税是不妥当的，应当剥离税法拟制的反避税功能。[2]典型的比如我国个人所得税法中对于自然人股东借款不还，视同股息红利进行课税，[3]会将一些正常且必要的交易纳入调整范围，存在反避税过度可能。[4]但因为特别反避税条款的有限性和一般反避税条款的不确定性，权衡效率原则，谨慎按照反避税的法理采用法律拟制反避税还有其存在的价值和必要性。

3. 溯及立法

直接以溯及立法来填补漏洞，宣告特定避税行为无效，也不乏实践。美国和澳大利亚均有税法溯及实施来反避税的做法，[5]

〔1〕　参见欧阳天健：《税收法律拟制的反避税功能论析》，载《财经法学》2023年第6期。

〔2〕　同上注。

〔3〕　《财政部、国家税务总局关于规范个人投资者个人所得税征收管理的通知》（财税〔2003〕158号）。

〔4〕　曹映平、胡邵峰、王维顺：《股东借款个人所得税的反避税尺度——从财税〔2003〕158号文看个人所得税反避税的政策困局》，载《税法解释与判例评注》2019年第2期。

〔5〕　美国税法上的溯及填补漏洞实践，参见贺燕：《论美国税法溯及力的司法审查规则——以联邦最高法院对溯及性税收立法的审查为基础》，载《税务研究》2019年第1期。

但以澳大利亚为典型。如澳大利亚于 2013 年修订了《税收法案修正案（反避税和跨国利润转移）》［Tax Laws Amendment (Countering Tax Avoidance and Multinational Profit Shifting) Act 2013］，该修订案于 2013 年 6 月 29 日获得同意，溯及草案公布之日的 2013 年 11 月 16 日起实施。[1]加拿大也曾经于 2004 年修订其《所得税法案》(Income Tax Act) 第 245 条规定的一般反避税条款，该条款是 1988 年引入，但实践证明其没有发挥反避税功能；2004 年的修订溯及适用于 1988 年该条款引入以后的避税交易。印度于 2012 年修订所得税法，对涉及印度资产的离岸交易回溯征税。[2]而在英国，为了确保税法的安定性，一般仅在有反避税的需要或者预防避税并满足严格的条件时，如事先明确告知，才被允许溯及税收立法。[3]

需要注意的是，澳大利亚、英国和加拿大这三个国家之所以采用溯及立法反避税，和这三个国家司法机关长期在威斯特敏斯特公爵案的影响下倾向于对税法进行文义解释不无关系，或有不得已而为之的情况。法律以不溯及既往为原则，乃罗马

---

〔1〕 See Australian Law Reform Commission of Australian Government, "Traditional Rights and Freedoms—Encroachments by Commonwealth Laws: Final Report", available at https://www.alrc.gov.au/wp-content/uploads/2019/08/alrc_129_final_report_.pdf, last visited on 2023-12-29.

〔2〕 参见单晓宇：《征税溯及既往 印度财长安抚国外投资者》，载《中国税务报》2012 年 6 月 13 日，第 5 版。

〔3〕 英国在 1978 年提出所谓的里斯规则（Rees Rules），确立在反避税或者预防避税时可以制定溯及的税法，溯及政府发出正式警示（warning）之日，但要满足四个条件：①警示形式上看应是具体的；②警示所处理的问题应及时提交给起草委员会；③委员会应起草合适的条款；④该起草的条款应写入下一个预算法案中。See Antony Seely, "Retrospective Taxation", available at https://researchbriefings.files.parliament.uk/documents/SN04369/SN04369.pdf, last visited on 2023-12-29.

法以来的公则。[1]尽管反避税构成一些国家正当溯及立法的理由，但需要严格审查手段的必要性、适度性，权衡纳税人的信赖利益和税收代表的公共利益。

4. 反避税条款

更为针对性的反避税立法举措则是在税法中植入专门的反避税条款。包括通常所称的特别反避税条款和一般反避税条款，前者主要是指转让定价规则、受控外国公司规则、资本弱化规则等。有关一般反避税规则的正当性与必要性争论不断，但采用一般反避税规则的国家日渐增多，原来有不成文的一般反避税规则的国家，也纷纷通过了成文的条款。

反避税条款可分别来源于国际税法和国内税法层面。国际税法层面的反避税条款主要以双边税收协定中的规定为主。早期的税收协定因主要侧重于消除双重征税而不是规制双重不征税，较少规定反避税条款。随着 BEPS 行动的推进，越来越多的税收协定中加入了诸如利益限制、主要目的测试等条款。[2]国际税收协调机制随着 BEPS 行动的逐步推进而呈现出多边全方位调整，[3]未来或许会产生全球性多边条约中的反避税条款。国内税法中的特别反避税条款和一般反避税条款，尤其是后者在不同国家采用了不同的入法模式。因早期的税收协定中多缺乏反避税条款，适用国内税法中的反避税条款对滥用税收

---

〔1〕 史尚宽：《民法总论》，中国政法大学出版社 2000 年版，第 14 页。

〔2〕 参见闫海等：《因应 BEPS 行动计划的反避税体系构建研究》，中国政法大学出版社 2023 年版，第 23—25 页。

〔3〕 参见朱炎生：《BEPS 项目十年回顾：国际税收协调机制的多边化转型》，载《国际税收》2023 年第 12 期。当然根据 BEPS 行动计划而采纳的《实施税收协定相关措施以防止税基侵蚀和利润转移的多边公约》，也已经有了多边的色彩，但其运行原理是以公约迅速修订现有税收协定。

协定的行为拒绝给予税收协定待遇是否构成推翻协定，一直不乏争议，[1]因此，有必要处理好国内反避税规则和协定中反避税规则的竞合问题。根据国家税务总局《一般反避税管理办法（试行）》第 6 条第 2 款的规定，企业的安排属于受益所有人、利益限制等税收协定执行范围的，应当首先适用税收协定执行的相关规定。根据该规定，我国企业所得税法中的一般反避税条款可以兜底适用于税收协定滥用行为。[2]

三、反避税的法律制度体系

为有效打击避税活动，同时保障纳税人的自由权和财产权，反避税法律制度体系通常需要包括实体反避税规则、反避税管理和程序制度，以及一些配套性的遵从管理制度等。晚近以来，各国尤其重视银行等第三方信息共享制度、各国税务行政合作等的建设。2013 年经济合作与发展组织（OECD）主导推出 BEPS 行动以来，一种全新的反避税模式跃然而出，反避税从单边行动转而进入多边合作的历史性"新时代"，反避税的法律制度也相应有了比较完备的发展。

（一）实体反避税规则

1. 特别反避税条款

特别反避税条款（Special Anti-Avoidance Rules，SAAR）是针对特定类型的反避税安排/交易而适用的，意图针对特定类型的避税行为进行税法的重新调整，使其避税目的不能实现

---

〔1〕 相关讨论参见罗翔丹：《国内法一般反避税规则在税收协定中的适用——基于法国"范达内案"的分析》，载《税法解释与判例评注》2022 年第 1 期。

〔2〕 但当前我国采纳的主要目的测试条款与一般反避税条款都比较宽泛，在完善国内税法中的一般反避税条款时，应当考虑国内层面和国际层面反避税规则的衔接问题。具体本书在后面章节予以讨论。

的条款。特别反避税规则适用范围明确，税务机关的调整手段除转让定价更为复杂外，一般而言比较确定，其适用相对更具有可预见性。

　　早期的研究中就总结了各国常见的特别反避税条款。比如各国的税法中通常会包含适用于国内税的一些反避税规则，包括：①设定招待费和差旅费的扣除限额；②对于利息的课税采权责发生制而不是现收现付制；③对关联方纳税人之间，或者纳税人和免税主体之间适用独立交易原则；④反股息剥离规则；⑤对纳税人将税法上的损失转移给其他人进行限制；⑥限制合伙人以及不缴纳公司税的公司之股东对损失的扣除。对于国际税收而言，各国税法中通常会包括如下所列常见的反避税规则：①对于跨国交易适用独立交易原则；②资本弱化规则；③未经纳税禁止将产生收入的资产向国外转移；④受控外国公司；⑤限制纳税人的移民；⑥限制对源于"避税天堂"收入的税收优惠；⑦限制境外公司的总部或者分支机构成本和损失的扣除。[1]

　　严格来讲，以上规则并不是单纯的特别反避税规则，而是包括税法上出于保证征管效率的类型化处理，还有防止漏税逃税的功能。我国税法中也不乏这一类可以称为防偷漏税、减轻应税事实认定负担的规则。BEPS 行动一方面推动引入一些新的特别反避税规则，另一方面也更新了旧的特别反避税规则。

　　其中，国内税法学界更为熟悉的特别反避税条款是转让定价、资本弱化、受控外国公司。世界最早的转让定价法规是

────────────

　　[1]　Victor Thuronyi ed. , *Tax Law Design and Drafting*, Kluwer Law International, 2000. pp. 53-54.

1915 年英国颁布的，而最早通过立法采取行动的国家则是美国。美国在 1954 年《国内收入法典》第 482 节中，就有关于对国内关联企业间不合理转让定价进行调整的规定。到了 20 世纪 60 年代初，美国将《国内收入法典》第 482 节的适用范围从"国内关联企业间"扩大到"跨国关联企业间"的贸易活动，并于 1968 年制定了详细的实施规则，至此确立了美国对跨国关联企业间转让定价调整的法律制度。继美国之后，英国、德国、法国等西方发达国家也纷纷在本国税法中加入了对跨国关联企业间不合理转让定价有权进行调整的条款和具体实施规则。[1]我国《企业所得税法》在 2008 年修订时，就在转让定价规则的基础上，借鉴国外反避税制度的成果，系统制定了包括转让定价、资本弱化、受控外国公司等特别反避税规则，从而搭建起我国反避税制度的基本框架。[2]

2. 一般反避税条款

特别反避税规则打击精准，可操作性强，但是其缺点也很明显，就是打击范围有限。一旦纳税人创新了避税手段，现有规则就会难以应对。因此，一般反避税条款（General Anti-Avoidance Rules，GAAR）应运而生。一般反避税条款以概括方式抽象出对所有避税安排普遍适用的法律规定，力图通过要件的描述，囊括违反立法意图的所有税收规避行为。[3]而抽象的结果是，一般反避税条款通常含有诸如"非常规交易""无

---

〔1〕 高华：《国际避税与反避税法律问题研究》，载《华中科技大学学报（社会科学版）》2003 年第 5 期。

〔2〕 有关特别反避税条款比较全面和深入的讨论，参见陈少英主编：《新企业所得税法探析：东方财税法研究》，东方出版中心 2010 年版，第 49—116 页。

〔3〕 汤洁茵：《〈企业所得税法〉一般反避税条款适用要件的审思与确立——基于国外的经验与借鉴》，载《现代法学》2012 年第 5 期。

合理商业目的""滥用权利"等不确定的概念，从而颇引争议，反对者认为有损害税收法定原则之嫌。虽然反避税的一般条款充满不确定性法律概念，但该概括条款的合宪性，近些年几乎受到压倒性肯认。[1]围绕一般反避税条款的实施和运行，形成了一般反避税制度。

一般反避税条款的功能在于保护其他法律条款设定的纳税义务。一般反避税条款并不是一个收入条款，本身并不包括收入筹集举措。其目的在于保护议会所确立的税收基础，而不是扩充其基础，这与反避税的原理一致。此外，一般反避税条款并不也不应当取代立法的良好设计与起草。这是一个基本认知：即使最好的起草和税收立法，也不能预计所有可能出现的细微变化或者情形，更不用说其后专门为了应对它而作的设计。[2]

在我国台湾地区，理论界和实务界一致认为，税法具有不可规避性，有无一般反避税条款并不影响税务机关的反避税，一般反避税条款只是一种宣示性条款，不具有创造性功能。而在日本和德国，理论界和实务界往往认识不一，有的认为没有一般反避税条款税务机关不得对特殊条款以外的避税行为予以防杜，也有观点认为即使没有一般反避税条款，税务机关也可以反避税。[3]

---

〔1〕 葛克昌：《脱法避税与法律补充》，载《财税法论丛》2009 年。

〔2〕 South African Revenue Service（SARS），"Discussion Paper on Tax Avoidance"，available at https://www.sars.gov.za/wp-content/uploads/Legal/DiscPapers/LAPD-LPrep-DP-2005-01-Discussion-Paper-Tax-Avoidance-Section-103-of-Income-Tax-Act-1962.pdf，last visited on 2023-12-29.

〔3〕 王宗涛：《一般反避税条款研究》，法律出版社 2016 年版，第 37—40 页。

尽管存在争议，一个事实是，越来越多的国家引入了一般反避税条款，继澳大利亚、新西兰制定一般反避税条款后，我国 2008 年引入了一般反避税条款。美国的反避税规则如实质重于形式原则、商业目的原则、经济实质原则等是由法院发展出来的，最近几年普通法发展出的原则被一些成文法适当吸收，2010 年的《国内收入法典》更是将经济实质原则写入第 7701 节。英国经过多年的讨论，于 2013 年在其《财政法案》（2013 Finance Act）规定了统一的一般反避税条款。意大利原本只有"准一般反避税规则"，2008 年最高法院在欧洲法院权利滥用概念的影响下，根据宪法上的量能课税原则发展出禁止权利滥用原则用于反避税，[1]最终于 2015 年修订《纳税人权利宪章》，其中规定了一般反避税条款，该条款适用于除关税以外的全部税种。

3. 反避税条款之间的逻辑关系

对于一般反避税条款和特别反避税条款之间的逻辑关系，通常认为，从适用方式上，后者作为特别规则优先适用，[2]而前者作为兜底条款，可以补充后者"对于繁杂避税交易的不敷适用"。[3]但是一般反避税条款作为兜底的一般性条款，在内容上是否构成特别反避税条款的约束性框架，则值得讨论。换句话说，立法者在设计反避税制度时，对某行为以特别反避税条款的方式加以规范时，是否需要遵从一般反避税规则

---

〔1〕 See Roberto Cordeiro Guerra and Pietro Mastellone, "The Judicial Creation of a General Anti-Avoidance Rule Rooted in the Constitution", *European Taxation*, Vol. 49, 11 (2009), p. 511.

〔2〕 如《德国租税通则》第 42 条第 1 款规定：个别税法设有防堵避税的规定时，于其构成要件实现时，依其规定确定法律效果。

〔3〕 王宗涛：《一般反避税条款研究》，法律出版社 2016 年版，第 75 页。

所设定的基本标准？这对于我国的反避税规则的制定和审查而言，更是一个有意义的问题。

从立法技术的角度，"兜底条款是以前面的各项规定为典型情形，对剩余的次要事项，以命题的形式作总括式规定，它是一种特殊形式的例示规定。"[1]换言之，特别反避税条款所规定的避税手段，是典型的避税情形，符合一般反避税条款所描述的特征。从我国反避税条款的文字表述看，也符合此等法理。以《企业所得税法》为例，该法第 47 条规定，"企业实施其他不具有合理商业目的的安排而减少其应纳税收入或者所得额的……"从法律解释的角度，意味着该法第 41 条至第 46 条规定的特别反避税条款所规制的情形，均属于"不具有合理商业目的的安排而减少其应纳税收入或者所得额"之类，本条作为一般反避税条款，仅适用于未专门列举、特别规定的其他避税情形。而《个人所得税法》第 8 条第 1 款，更是将一般反避税条款作为最后一项，是典型的兜底条款立法方式。

根据以上法理，从立法的角度，被特别反避税条款规制的对象，应当符合一般反避税条款所归纳的特征，从某种意义上说，特别反避税规则是法律以禁止推翻的方式，推定某些行为具备一般反避税条款所归纳的特征，属于避税行为。反过来说，如果特定的行为，从性质上看不符合一般反避税条款所归纳的特征，通常非基于其他正当理由，不应当以特别反避税规则的方式列举和规范之，不得赋予税务机关特别纳税调整的权力。

通常一国的反避税立法会立基于一定的法理或法律原则，

---

[1] 刘风景：《例示规定的法理与创制》，载《中国社会科学》2009 年第 4 期。

如大陆法系国家以禁止权利滥用的法律原则为反避税规则构建的基础，将避税的概念放在"滥用"概念下，对于纳税人减少税负的交易行为，仅在构成"滥用"时，方给予干预，否定其税收利益。特别反避税条款仅适用于特定类别的避税行为，但首先从立法论的角度，仅当特别反避税条款的打击对象是构成滥用时，才具有正当性，手段和目的也才具有一致性。而我国税法中绝大多数具有反避税功能的特别规则诞生于我国法治化进程初期，以部门规章、规范性文件的方式存在，呈现零散化和碎片化的特点。囿于当时的征管能力，不得不采取"泛化"或者"一刀切"式的反避税措施，呈现出鲜明的国库本位色彩。这些条款系针对当时比较"流行"的纳税人避税行为，有鲜明的时代性。从内容观之，其事实上游离在一般反避税条款的统领之外，很多条款不符合反避税的基本原理。

如《财政部、国家税务总局关于规范个人投资者个人所得税征收管理的通知》规定，自然人股东从公司借款，该纳税年度终了后既不归还，又未用于企业生产经营的，视同企业对个人投资者的红利分配而进行的征税，存在反避税过度和不足[1]，其无法排除纳税人与公司之间的真实借贷行为，如日后借款得以归还，缺乏相应的追溯调整规则。《国家税务总局关于以转让股权名义转让房地产行为征收土地增值税问题的批复》（国税函〔2000〕687号）规定，对转让100%股权，且这些以股权形式表现的资产主要是土地使用权、地上建筑物及附着物的情形，应按土地增值税的规定征税。这

---

〔1〕 参见曹映平、胡邵峰、王维顺：《股东借款个人所得税的反避税尺度——从财税〔2003〕158号文看个人所得税反避税的政策困局》，载《税法解释与判例评注》2019年第2期。

种处理无法排除合理的股权交易行为，对纳税人的交易安排干涉过度。以上均需要按照一般反避税条款归纳的标准审查予以调整。[1]

（二）反避税管理和程序制度

除了实体规则，反避税法律制度的重要组成部分是反避税的管理和程序制度，虽然执法机构需要从管理的角度建设内部的反避税管理和程序制度，但这里仅讨论外部制度，即对纳税人和相关第三方主体具有约束力、影响其权利义务的制度。在所有的反避税管理和程序制度中，转让定价和一般反避税中的制度体系最为复杂。除了国内的反避税管理和程序制度，国际上还有诸多双边或者多边条约、公约对国际税收征管合作、信息交换作了规定，国际合作是一个发展趋势。

反避税管理和程序制度不仅关系到税务机关调查发现避税实施的手段、方法和反避税执法能力[2]，还关系到纳税人和第三方主体制度遵从成本和反避税制度实施的确定性。考虑到一些反避税条款本身所需要以及难以避免的灵活性，还需要从程序权利保障的角度，为纳税人提供平衡和救济的手段。

反避税管理制度主要包括对于具有重大避税风险的领域，要求纳税人或者涉税信息占有主体承担信息报送或披露义务等，以解决税务机关和纳税人之间的信息不对称问题。[3]强

---

[1] 参见贺燕：《论我国一般反避税条款的体系化》，载《中国政法大学学报》2023年第4期。

[2] 当然反避税执法能力不限于制度建设，还包括人力资源、组织和体制保障等多个方面。参见易波：《发展中国家反避税执法能力建设及我国的对策》，载《法学杂志》2016年第2期。

[3] 美国的反避税披露制度中还包括税收规避登记制度等诸多种类。参见俞敏：《税收规避法律规制研究》，复旦大学出版社2012年版，第136—145页。

制信息披露还能对纳税人参与避税交易起到威慑效果。[1]该等协力义务往往还涉及相关主体的保密义务，以及商业秘密、个人隐私等，其设置应当遵守比例原则和法定原则。除了国际上的征管协助在大力推进，一些国家对税务中介在反避税管理中的作用也开始予以关注，甚至对税务中介规定了法定的预先披露义务，如加拿大、南非、英国、比利时、美国等国家就规定了税务中介机构在进行纳税申报之前向税务机关披露其特定的计划和安排的法定义务。此外，新西兰、加拿大等国还规定了对税务中介提供激进税收筹划的第三方惩罚制度。[2]强制信息披露，使税务机关尽早获得税收筹划的信息也是 BEPS 行动计划的思路，其第 12 项行动计划即提出了信息披露的建议性规则框架。

反避税程序制度包括反避税调查程序和争议解决程序等。反避税调查程序中的举证责任、证明标准等往往关系到反避税条款能否成功适用。争议解决程序作为纳税人的最后救济手段，在国际税法层面尤其重要。以下章节对其均有不同程度的讨论。

值得关注的是，从税收合作遵从和税收服务理念的角度，在反避税领域，预约定价制度和事先裁定制度是比较有效的提高税法适用确定性、降低反避税执法成本的机制。我国已经有预约定价制度，但尚没有事先裁定制度。尽管事先裁定制度并不是专为反避税而生，其本质是在税法适用与解释中发现并填

---

〔1〕 俞敏：《税收规避法律规制研究》，复旦大学出版社 2012 年版，第 136页。

〔2〕 参见刘天永、叶莉娜：《论税务中介机构在反避税管理中的地位和作用》，载《税务研究》2015 年第 4 期。

补规则漏洞，[1]但由于其是"为纳税人提供的以税法解释为中心的个性化纳税服务"[2]，该制度有助于为纳税人未来交易提高税法适用的确定性，天生地适合作为反避税管理制度的一部分。而自 2015 年国务院法制办公室公布的《税收征收管理法修订草案（征求意见稿）》中引入事先裁定制度以来，因为改法修订的搁置，事先裁定制度尚未实际推进，仅在地方层面有所实践。

---

[1] 参见滕祥志：《税收事先裁定的理论基础和制度考量》，载《国际税收》2018 年第 1 期。

[2] 朱大旗、姜姿含：《税收事先裁定制度的理论基础与本土构建》，载《法学家》2016 年第 6 期。

第三章
反避税与禁止权利滥用原则[1]

　　各国的反避税实践有两种典型的经验：普通法系国家的"实质重于形式原则"和大陆法系国家的"禁止权利滥用原则"。实质重于形式原则由法院创造，其基本含义是在纳税人选择的交易形式与其实质不相符时，可以抛弃其形式而直接按照其实质进行课税。一些大陆法系国家（如法国[2]）则发展出禁止权利滥用原则，用以否认纳税人的避税交易。当纳税人滥用权利采取非常规的交易形式而达到预定的经济效果、谋取税收利益时，税务机关据此原则否认该交易形式。税法中的禁止权利滥用概念在欧洲大陆各国有一些差别。而且至少在税法的语境下，根据滥用对象表述的不同，有"滥用法律（abuse of law）"或者"滥用规则（abuse of rules）"及"滥用权利（abuse of rights）"的不同用语，一般在使用时根据语境和情

---

　　〔1〕　本章原文以"欧盟反避税之禁止权利滥用原则"为题，原载施正文主编：《中国税法评论》（第2卷），中国税务出版社2014年版。相关表述适当调整。

　　〔2〕　法国在权利滥用的概念下进行反避税，其避税规则包括一般反避税规则和特别反避税规则。一般反避税规则是由《法国税收程序法典》（French Tax Procedure Code）第 L 64 条规定的，该条通常被理解为是一个法国法上更为普遍的法律原则"滥用法律"（abus de droit）在税法领域的适用。而且，现行的法律条文从很大程度上而言，是从判例法中得出的。See Sébastien de Monès et al.，"Abuse of Tax Law Across Europe"，*EC Tax Review*，Vol. 19，2（2010），p. 86.

境而定，而不加严格区分。[1]考虑到纳税人滥用法律和规则很大程度上是滥用法律和规则所赋予或者设定的权利，本章按照我国的使用习惯采用"滥用权利"这一表述，并根据行文及引文需要而适当调整。

本章试图介绍和讨论的是欧盟税法中构成反避税规则的禁止权利滥用原则，确切地讲是欧洲法院（European Court of Justice，也译为欧盟法院）在判例中发展出的，也适用于税法领域的禁止权利滥用原则。之所以需要明确主旨和范围，在于以下三个基本事实。

首先，所谓欧盟税法，是指欧盟法中与税法相关的部分内容，其概念是与欧盟成员国国内税法与国际税法相区别的。其法律渊源或法律文件（materials）包括：欧盟（及其前身欧共体）基础条约（constitutive treaties），欧盟立法机构通过和制定的条例（regulations）、指令（directives）、决定（decisions），以及欧洲法院的判例（judgments）等。[2]其次，对于成员国而言，欧盟的每个成员国都有自己的国内税法体系，与欧盟税法、成员国签订的税收协定一起构成其税法体系。这些不同的税法之间关系密切，相互影响，如欧盟税法对成员国的国内税法有重大的影响：欧盟成员国的国内税法不得违反其基于欧盟

---

〔1〕 当然，如果严格区分也可能是有意义的。如有专家分析认为：根据滥用的对象不同，可能欧洲法院对滥用行为的审查标准就会不一样。See Ben Kiekebeld, "Anti-Abuse in the Field of Taxation: Is There One Overall Concept?" *EC Tax Review*, Vol. 18, 4 (2009), pp. 144-145.

〔2〕 需要指出的是，并不存在真正的欧洲税，欧盟机构中并没有税收征管机构，也没有在共同体层面的税收课征和征收活动（对欧共体公务员及欧盟官员薪酬的工薪税除外）。

各成立协议及国际协定所应履行的义务。[1]正因为欧盟税法深刻地影响了其成员国的税收立法及其法律的解释和适用，且这种影响越来越复杂，欧盟税法成为研究欧盟各国国内税法不得不面对的课题。最后，在欧盟税法层面，"权利滥用"的概念是由欧洲法院发展而来的，除了个别的成文条款，相关的判断标准、适用条件都是由欧洲法院在判例中确立的。欧盟税法中由欧洲法院发展而来的反滥用规则对成员国国内税法层面乃至国际税法的反避税制度均有深远的影响，是判断成员国一般反避税规则、特别反避税规则合欧盟法性的标准，并引发了后者的调整和指引了其走向，欧洲法院关于避税行为的基本观念甚至也影响了欧盟层面的成文法，为后者所吸收。

与以上三个事实密切联系，如下文所介绍，欧盟禁止权利滥用原则的适用，根据税种的不同而有不同的方式：欧盟层面间接税如增值税已经基本协调，有统一的适用规则，欧洲法院可通过行使条例、指令等欧盟税法的解释权而直接设立规则，而直接税属于各国自主权范围，除股息利息指令和公司重组指令等几个有限的指令外，没有得到协调，欧洲法院只根据条约的解释设置涉案反避税规则符合欧盟法性的审查标准。各成员国禁止权利滥用原则以及反避税措施的适用，亦根据所涉交易性质的不同而有不同的界限：对于欧盟内部跨境的交易，因有大量的欧盟条约义务如禁止歧视等，需要严格遵守欧洲法院确立的禁止权利滥用规则，适用范围应当仅限于"完全虚假行为（wholly artificial arrangements）"并符合比例原则；而对于

---

[1] Marjaana Helminen, *EU Tax Law-Direct Taxation*, 2nd ed., IBFD, 2011, p. 4.

单纯的国内避税行为，如不涉及欧盟条约的各项权利与义务，反避税规则属于各成员国的自主范围，受到来自欧盟层面的限制要少得多，从理论上看不排除"反国民待遇"的现象，尽管欧盟委员会倡议避免这种现象；对于仅仅涉及第三国尤其是欧洲经济区[1]以外的第三国的跨境交易，与单纯的国内情形类似，较少受到欧盟层面限制与审查，适用的范围更宽，不限于"完全虚假行为"。

欧盟税法中的"权利滥用"概念，尽管和主要的大陆法系成员国的权利滥用概念一样，与"避税"行为是几乎同等的关系，但适用的条件、程序乃至含义与各成员国税法相比，仍然有很大的差别。原因不仅在于欧盟税法本身的特殊性，也在于欧盟内部是一个包含大陆法系和判例法系的结合体，尊重各自的文化和体制是欧盟发展的基本前提，欧洲法院在引申出这项原则时，需要照顾和协调不同的法律体系，这可能也是其被诟病的，该规则或者"原则"的构成要件不够明确甚至法院的用语也不够统一的原因所在。[2]

一、禁止权利滥用原则在欧盟税法领域中的发展和演变

（一）罗马法中的权利滥用概念

通常认为，权利滥用的概念起源于罗马法。实际上早期的罗马法中并没有"权利滥用"的概念，诚如罗马法彦所说："行使自己的权利，无论对于任何人，皆非不法"。直到几个

---

〔1〕 根据欧盟协议，资本流动自由适用于《欧洲经济区协定》(The Agreement on the European Economic Area, EEA) 缔结国家，如挪威、冰岛等。

〔2〕 Rita de la Feria, "Prohibition of Abuse of (Community) Law: The Creation of a New General Principle of EC Law Through Tax", *Common Market Law Review*, Vol. 45, 2 (2008), pp. 395-397.

世纪后的后罗马帝国时代，绝对权的行使才必须满足特定的条件。然而，无论是安东尼·庇护还是盖尤斯都没有试图去减少财产权的内容，这个权利仍然是绝对的和排他的，是根据公共利益的要求，认为权利的行使应当具有外在的和客观的边界。[1]

中世纪，罗马法中的权利滥用概念传播到了整个欧洲大陆。学者认为，这个概念的基本观点是：①任何权利的行使都不得损害其他人；②权利的行使应当本着诚实信用原则，而且应当在立法者意图保护的权利的范围内，或者符合立法者创造权利的目的。税法上的权利滥用概念主要是基于第二个观点。[2]其核心是蕴含了一种实质正义价值观和目的解释方法。

随着民法的法典化，立法权被立法机关垄断，法院解释权缩小，民法上权利滥用概念的重要性一度降低。然而在最近一个世纪以来，各国法院出于反避税的需要纷纷求助于滥用权利的概念。欧洲法院也采用了这个概念，以应对欧盟各国居民滥用欧盟条约赋予的基本权利的问题，其中包括滥用欧盟条约的自由权以谋取税收利益。

当然，尽管税法中的权利滥用概念来源于民法，且都出于处理利益冲突的必要，但因为各自调整范围及方式等的不同，发展到今天，税法上的概念和民法上的概念已经有很大的不同。如在法国，"abuse of law"是一种"损人不利己"的行为，即不为自己的利益，唯一目的在于损害他人的一种权利行使行

---

[1] See Marco Greggi, "Avoidance and Abus De Droit: The European Approach in Tax Law", *E-Journal of Tax Research*, Vol. 6, 1（2008），p. 29.

[2] 同上注，pp. 30—31.

为。[1]税法上的"abuse of law"或"abuse of rights"大相迥异，可谓"损公肥私"。因为纳税人的避税行为是以减少或者迟延纳税为目的，追求自己的税收利益，而损害代表公共利益的国家税收收入。虽然有部分民法学者认为权利滥用在民法上的适用范围非常窄，在中世纪仅适用于防止不当行使建筑物权利以及帮助城镇规划。通过借助其他更清楚的概念和规则，"禁止权利滥用"原则几乎没有未来。[2]而且民法史上对于该原则的正当性及其适用范围，因个人主义取向和社会主义取向不同而多有争议和反复。然而，禁止权利滥用，至少在适用成文法体制、法官没有更大造法空间的诸多大陆法系国家，已经发展成为一种反避税规则、方法。这个被认为起源于民法的原则，已经成为与普通法系"实质重于形式"原则相当的一种反避税经验，[3]在最近一个世纪以来，被众多大陆法系国家采用，随后欧洲法院也采用了这个概念。

（二）禁止权利滥用概念在欧盟税法中的发展和演变过程

1. 最初在其他欧盟法领域中使用，被欧洲法院发展成为一项普通法原则[4]

在欧盟法中，禁止权利滥用的概念并不是首先出现于税法领域，更不是一项成文的法律原则。欧盟条约和其他成文法中

---

[1] See Maurice Cozian, "What Is Abuse of Law?", *Intertax*, 2 (1991), p. 103.

[2] See Antonio Gambaro, "Abuse of Rights in Civil Law Tradition", *European Review of Private Law*, 1995, p. 561.

[3] See Reuven Avi-Yonah, Nicola Sartori and Omri Marian, *Global Perspectives on Income Taxation Law*, Oxford University Press, 2011, pp. 105-107.

[4] 禁止权利滥用是否已经成为一项"法律原则"，受到欧盟法学者的广泛争辩和讨论，得出的答案是肯定的。See Rita de la Feria and Stefan Vogenauer eds., *Prohibition of Abuse of Law: A new General Principle of EU Law?*, Hart Publishing, 2011.

最初并没有滥用的概念，20 世纪 70 年代欧洲法院才引入该概念，其最早的相关案例大概可以追溯到 1974 年的 Van Binsbergen 案。[1]该案是一个关于"服务提供自由"的案例。该案中，法院认为：如果一个完全或者主要在某国境内提供服务的服务提供者，为规避如其设立于该国的企业并执业本应遵守的执业规则，而选择在其他成员国设立，反过来利用条约赋予的服务提供自由权实现在前一国家执业，此时，前一个成员国有权采取其他措施，拒绝《欧共体协议》第 59 条所规定的服务自由之适用。[2]此后，Van Binsbergen 案在 20 世纪 90 年代末关于广播权的案例中被欧洲法院再次确认，且被法院应用到涉及企业设立自由和公司法领域、竞争法领域的案例中。在 20 世纪 90 年代以前，欧洲法院的"滥用"概念及其适用范围并不明确，[3]因此也并未引起学术界对这个概念或者"原则"的更多关注。然而，在将要介绍的农业政策的案件——Emsland-Stärke 案之后，欧洲法院不仅明确地"坚定"了"滥用"的用语，而且突破性地确立了关于滥用的构成标准，从而引起理论和实务界经久不衰的讨论"兴趣"。欧洲法院对于禁止权利滥用原则的适用，并不是面向所有的欧盟法领域，或许是出于推行欧洲一体化政策的考虑，欧洲法院对于公民和工人流动自由

---

〔1〕 Case 33/74，Van Binsbergen v. Bedrijfsvereniging Metaalnijverheid. See Rita de la Feria, "Prohibition of Abuse of（Community）Law: The Creation of a New General Principle of EC Law Through Tax", *Common Market Law Review*, Vol. 45, 2（2008），p. 395.

〔2〕 Case 33/74，Van Binsbergen v. Bedrijfsvereniging Metaalnijverheid, para. 13.

〔3〕 See Rita de la Feria, "Prohibition of Abuse of（Community）Law: The Creation of a New General Principle of EC Law Through Tax", *Common Market Law Review*, Vol. 45, 2（2008），pp. 396-397.

的规制要宽松得多，禁止权利滥用原则并不适用于这个领域。对于利用人员流动自由，采取一些复杂的步骤，唯一目的在于取得一个成员国的国籍或者获得欧盟公民待遇的情况，尽管有案件诉至法院，欧洲法院也并没有支持成员国的意见来排除人员流动自由的适用。

2. 在哈利法克斯银行案[1]中，首次明确适用于间接税法

尽管禁止权利滥用原则已经在多个领域被欧洲法院支持，但是它是否适用于税法领域仍然存在很多疑问。终于在2006年2月被期待已久的哈利法克斯银行（Halifax）案的判决中，欧洲法院认为，禁止权利滥用原则也适用于增值税领域。[2]

哈利法克斯银行案是一个有关增值税的案例，它不仅在欧盟税法上是一个重大的、涉及欧盟反避税制度以及增值税制度时不得不提的案例，而且在更广范围的欧盟法中，它的重要地位也不言而喻——引发了欧盟法学者关于禁止权利滥用是否构成欧盟法上的一项法律原则的激烈讨论。该案中，哈利法克斯是一家银行，根据欧盟的增值税指令，它的绝大部分服务不属于增值税的应税范围[3]，增值税进项税额中只有最多5%能够被抵扣。因业务所需，哈利法克斯银行在北爱尔兰、苏格兰和英格兰的四个城市建立了四处电话服务中心（call centers），从而产生数额较大的建设费用支出，然而，为此而支付的巨额进项增值税不能得到抵扣。为了能够抵扣这笔巨大的进项税，哈利法克斯银行利用几家关联公司设计出了一系列的交易。忽略些许的差别，大致的交易模式为，哈利法克斯银行采取逐层

---

〔1〕　Case 255/02 Halifax and others.

〔2〕　Case 255/02 Halifax and others, para 70.

〔3〕　根据欧盟增值税指令，金融业不属于增值税的应税范围。

委托的方式，将电话服务中心的建设工程事项在关联公司之间进行两层有偿委托，系列合同均是同一天签署，最后受托的公司实际负责与独立的建设公司签署合同，所涉及的资金，除以报酬的名义支付外，均由哈利法克斯银行以无息贷款的形式提供，且在最后的受托公司与独立的建设公司签署合同时，哈利法克斯银行以担保人的名义实际取得参与并且监督工程的权利。该系列交易的增值税效果是，末端的两家关联公司可以就因本系列交易承担的进项税额尤其是因实际的建设合同而发生的进项税额进行抵扣。后因关税与消费税委员会（Commissioners of Customs and Excise）拒绝给予抵扣而发生争议，从而引发对于滥用权利进行避税的行为，是否应当给予增值税抵扣权的讨论。

对于哈利法克斯银行案，欧洲法院的结论是，禁止权利滥用原则适用于增值税，纳税人滥用权利（包括欧共体层面的和国内规则层面的）唯一的目的在于谋取税收利益的，将被拒绝给予该等税收利益，按照本应该发生的交易效果判断税法效果。本案中，欧洲法院也沿用了在 Emsland-Stärke 案中确立的主客观判断标准。

3. 此后的吉百利公司案，在间接税法中确立的规则被适用于直接税领域

尽管有哈利法克斯银行案，欧洲法院已经明确了增值税领域的禁止权利滥用规则，但是考虑到当时的欧共体层面间接税的规则已经大体统一，而直接税仍然是成员国自己的主权范围，除了几个直接税指令，几乎没有受到欧共体层面专门协调和统一，欧盟法上禁止权利滥用原则能否适用于直接税领域仍然不明确。直到 2006 年 9 月的吉百利公司（Cadbury Schweppes）案

判决[1]中，禁止权利滥用原则被明确用于直接税领域。如前所述，因直接税领域的特殊性，禁止权利滥用原则被以一种与间接税略有不同的方式在适用。

吉百利公司案涉及的国内法是英国的受控外国公司条款。根据英国当时有效的 1988 年所得税和公司税法案的规定，设立于低税率国家的受控外国公司（居民公司持股权超过 50% 的公司），其未分配利润应当归结到居民公司进行纳税。如果同一笔利润事后现实地被分配给居民公司，则居民已经缴付的税收被视为一种在境外支付的额外的税收，允许在该股息收入的应纳税额中抵免。而根据英国当时的法律，在其他非受控外国公司规则适用的情形下，一则居民公司从本国境内子公司分回的利润免于征税，二则不对子公司未分配利润征税，且对居民公司从境外子公司取得的股息提供抵免，避免双重征税。在本案中，吉百利集团在爱尔兰都柏林的国际金融服务中心（International Financial Services Centre）设立了子公司，该国际金融服务中心适用的税率低，符合英国受控外国公司条款的适用标准，因该子公司利润的征税问题而引发了争议。原本英国的受控外国公司规则比较常见，大多数国家均有受控外国公司条款，但在欧盟条约所保障的企业设立自由以及禁止歧视原则背景下，其存在几大核心问题。首先，英国的受控外国公司规则是否构成歧视并且限制企业设立自由？其次，英国的限制是否存在正当性且是否符合比例原则？就滥用权利而言，企业仅为了享受一个成员国的低税率而选择投资于彼，是否滥用了欧盟条约赋予的企业设立自由？

---

[1] Case C-196/04, Cadbury Schweppes and Cadbury Schweppes Overseas.

对于欧洲法院而言，因其职权范围的原因，对案件事实本身进行审查的重要性要远低于对讼争国内税法规则进行审查的重要性。其在审理过程中逐一回答了前述问题，除重申审查滥用的两个标准之外，还强调了只有在存在完全虚假行为的情况下，才存在受控外国公司规则的适用余地。[1]

如前所述，因为直接税领域的特殊性，该领域禁止权利滥用原则的适用，主要体现在欧洲法院以此为标准来审查成员国的反避税制度是否构成妨碍欧盟条约赋予的各项自由，如果构成，即审查这些反避税规则是否具有正当性基础、是否超过必要的限度及是否符合比例原则。虽然吉百利公司案被一致认为是欧洲法院首次明确禁止权利滥用原则适用于直接税领域的案例，但并不能说欧洲法院在本案中首次承认成员国反避税措施限制欧盟自由的正当性，更不意味着此前欧洲法院没有反避税规则审查标准。从历史上看，欧洲法院对成员国反避税规则的态度是一个从无到有、从严格到适度宽松的过程。1983年的归集抵免案[2]中，欧洲法院不承认任何的反避税理由。[3]此后，在1998年7月16日的帝国化学工业公司案[4]中，法院

---

[1] See Case C-196/04, Cadbury Schweppes, para 55-70.

[2] Case 270/83, Commission v. France (Avoir Fiscal).

[3] 在这个直接税的案件中，法国拒绝为支付给外国保险公司（非居民）的法国分支机构的分红提供归集抵免，但是在居民公司的情形下，就可以享受归集抵免。法院简单拒绝了法国避税风险的理由，认为《欧共体协议》第43条清楚地禁止了任何对非居民、外国经济活动提供的不利抵免措施，为防止滥用而采取的任何对自由设立商业机构的基本原则构成限制的措施都不被允许。本案中，法院没有引用合理原则，而是仅仅依据欧共体作为裁判依据而没有提到滥用。Ben J. M. Terra and Peter J. Wattel, *European Tax Law*, Fifth Edition, Kluwer Law International, 2008, p. 747.

[4] Case C-264/96 Imperial Chemical Industries v. Colmer.

引入完全虚假测试，[1]如果成员国反避税规则适用的范围能够限于完全虚假安排，则具有合理性。可见，欧洲法院早已认可了直接税领域成员国进行反避税的必要性以及如因此限制了纳税人的各项基本自由时，其构成正当性理由，它仅仅是没有把反避税与"禁止权利滥用"及其判断标准联系起来而已，这正是吉百利公司案的意义所在——欧洲法院在直接税中，把禁止权利滥用原则与此前在其他案件中确立的反避税标准"完全虚假安排"建立了联系（在间接税中，实际上哈利法克斯银行案也联系了两个概念），使得二者均增强了逻辑性和理论依据，并一定程度上增加了规则的确定性。如果说在欧洲大陆法系国家，权利滥用行为近似等于避税行为，则在欧洲法院眼里，二者还等同于"完全虚假安排"。

二、欧盟税法案件中禁止权利滥用原则的适用

欧洲法院在判例中，逐步形成了禁止权利滥用原则的适用规则（包括权利滥用行为的判断标准、认定滥用权利的程序即举证责任的分配问题），以及成员国反避税措施的比例原则，其中有些规则还在发展之中。

欧洲法院禁止权利滥用的实践，大体也是遵循了前述罗马法的传统。在欧盟法的背景下，罗马法中的"权利"在欧盟法上成为欧盟条约赋予的四项基本自由，即人员流动自由

---

[1] 本案中，英国的企业集团税收政策允许母公司按照一定比例抵扣合资子公司的损失，条件是该合资子公司的大部分股东是英国居民。法院在本案中引入了完全虚假测试，认为避税的风险应当被消除，但是本案中，英国采取的反避税措施不区分情形就一概排除纳税人的基于欧盟协议赋予的基本自由，因此不具有正当性。Ben J. M. Terra and Peter J. Wattel, *European Tax Law*, Fifth Edition, Kluwer Law International, 2008, p. 747.

（free movement of persons）、资本流动自由（freedom of capital）、货物和服务流动自由（free movement of goods and services）、企业设立自由（freedom of enterprise establishment）。这些基本自由不是专门为税法目的而设立的，而是提供了一个欧盟税法运行的法律背景和基础。根据欧洲法院的观点，"权利"也指成员国内部法律体系所保障或者所提供的各项选择可能性，[1]纳税人利用成员国国内的法律来安排交易结构、唯一目的在于获得税收利益的，也属于欧盟税法上的权利滥用行为。

以下是欧洲法院判例法中关于适用禁止权利滥用原则的基本要点和规则。

（一）禁止权利滥用在税法（主要是直接税）上适用的基本要点

1. 纳税人有权利用其他成员国的低税率，有权减少税收负担

基于各成员国不同的税率并加以利用的税收筹划，在一定程度上是完全可以接受的。欧盟居民有权选择在税负最轻的国家从事活动，因为各国的税收体制尚未被协调一致。一个国家税率较低的事实本身，并不能成为税率高的国家限制条约基本自由的借口。[2]如在欧洲之翼航空公司案[3]中，法院认定，只要经济活动是真实存在的，成员国不得惩罚利用其他成员国低税率的行为；在吉百利公司案中，法院同样认为只要经济活动是真实的，就不是权利滥用，即为了逃避不利的国内税法规

---

〔1〕 如在哈利法克斯银行案中，纳税人就是利用了国内法上的规则。See Case 255/02 Halifax and others, para 67.

〔2〕 Marjaana Helminen, *EU Tax Law-Direct Taxation*, 2nd ed., IBFD, 2011, p. 123.

〔3〕 Case C-294/97 Eurowings Luftverkehrs.

则而单纯地选择管辖权的行为不构成权利滥用。

在哈利法克斯银行案中，法院认为，当增值税纳税人可以从两种交易中进行选择时，增值税指令并不要求他选择税负更高的交易，相反，纳税人可以设计其商业行为以减少税负。[1]同样，在吉百利公司案中，法院认为：纳税人利用企业设立自由获得某成员国更优惠的税收待遇，该事实本身不构成滥用设立自由。[2]由此可见，欧洲法院承认纳税人享有税收筹划的权利，只是那些构成权利滥用的行为不被允许。

2. 滥用权利并不导致权利本身的丧失，仅构成对其权利进行限制的原因

在案例中，欧洲法院不止一次地强调，滥用行为的存在并不能使行为人丧失基于欧盟条约和各种法律赋予的四项基本自由。

3. 行为人滥用权利构成成员国对其权利进行限制的正当性理由

成员国不得对欧盟居民的基本自由随意限制，但在满足一定的条件时，行为人的权利滥用行为构成成员国对其基本自由进行适当限制的合理理由。也就是说，如果行为人存在滥用欧盟条约赋予的基本自由获取不当利益的行为时，成员国可以对行为人的基本自由进行适当限制，拒绝给予其谋求的利益。

（二）构成权利滥用行为的主、客观条件

对于什么是权利滥用行为，欧洲法院通过案例确立了一些审查的标准。

---

[1] See Case 255/02 Halifax and others, para 73.

[2] See Case C-196/04, Cadbury Schweppes, para 37.

1. 滥用权利的主观标准和客观标准——Emsland-Stärke 案

对滥用权利行为最明确和最具有影响力的定义是欧洲法院 2000 年在 Emsland-Stärke 案的判决中作出的，该案确立的审查标准也在哈利法克斯银行案中被秉承。

Emsland-Stärke 案[1]是一个农业政策的案例，当时的欧共体条例规定，凡是向欧共体外的第三国出口农产品，并在该第三国使用的，出口商有权申请出口补贴（export refund）。当事人 Emsland-Stärke 从德国出口农产品到欧共体外的第三国瑞典，德国根据欧共体规定向其支付了出口补贴。事后，德国海关在调查中发现，这些农产品在出口后很短时间就被瑞典的进口商在瑞典转手给其姐妹公司，随后被该姐妹公司再卖回欧共体国家，其中一批被卖回德国，另一批被卖到意大利，在货物再次进入欧共体边境的环节支付一定金额的关税之后进入商品流通。在这个"出口—再进口"的"流程"中，这些农产品原封未动，连运输方式也完全一样，甚至运输公司开具的发票直接包括了出口、再进口两个环节。从形式上看，这种操作方式完全是合法的，显然当事人因出口补贴高于再进口的关税而获利。

德国海关基于其调查结果，作出了取消出口补贴的决定，Emsland-Stärke 不服，提起行政诉讼之后，一审败诉，再经过上诉程序到上诉法院。后德国的审理法院提请欧洲法院进行预先裁决，即本案的情况如果成立，欧共体条例相关规定可以解释为：德国有权拒绝出口补贴或者取消出口补贴。

欧洲法院在审理该案过程中认为，判断是否存在滥用权

---

[1] Case C-110/99, Emsland-Stärke GmbH v. Hauptzollamt Hamburg-Jonas.

利，应当符合两个标准：

首先，主观要件。主观上，行为人具有创造虚假条件迎合共同体规则的规定以谋取其利益的故意。主观要件的认定，可以通过行为人故意创造虚假条件的行为进行事实自证。在本案中，尤其可以通过出口商 Emsland-Stärke 与瑞典的进口商之间存在共谋的事实予以确立。[1]

其次，客观要件。结合客观事实，尽管从形式上观察，共同体规则设立的条件已经被满足，但是，规则的目的没有实现。[2]在本案中，法院认为，出口商申请农产品出口补偿的形式要件已经满足，因为根据条例的规定，申请退税的条件有两个，即在申请补贴时，其一，货物离开了欧共体的地理边境；其二，提交了条例所列的证明货物进入第三国并在该国使用的海关入关文件。然而，像本案一样，如果行为人通过权利滥用的方式，不当谋取这个补贴利益，给予其补贴显然会违背这些规则本身的目的。

至于以上主、客观要件在本案中是否成立，欧洲法院认为应当由成员国法院根据本国的证据规则进行认定。

2. 进一步明确主观标准：哈利法克斯银行案

在 Emsland-Stärke 案中，主客观要件的标准是宽泛的，欧洲法院的观点也是模糊的，很难直接适用于其他案例。此后，Emsland-Stärke 案中确立的滥用权利规则被运用到间接税领域，其中最为典型的就是哈利法克斯银行案，该案中法院认为，在

---

〔1〕 See Case C-110/99, Emsland-Stärke GmbH v. Hauptzollamt Hamburg-Jonas. para 53.

〔2〕 See Case C-110/99, Emsland-Stärke GmbH v. Hauptzollamt Hamburg-Jonas. para 52.

增值税领域中，一项权利滥用行为仅在以下条件满足时才能确立：首先，相关的交易尽管在形式上满足《增值税第六指令》相关条款设定的条件，能够因此取得税收利益，但是，给予其税收利益将违背这些条款本身的目的。其次，众多客观事实能够明确显示，交易的核心目的是谋取税收利益。如果经济活动存在除获取税收利益以外的合理目的，则不存在权利滥用。

法院进一步指出，为了证明主观要件的存在，应审查纳税人的交易行为是否以寻求税收利益为核心目的，以及行为人之间法律的、经济的以及个人的联系。

根据哈利法克斯银行案，需要证明的不是特定的意图（specific intention），而是行为的目的（aim of the behaviour），后者可以通过客观的事实，如交易所采取的完全虚假的本质（wholly artificial arrangements）加以确立。

从以上可以看出，尽管欧洲法院强调避税的主观要件，但该要件是否成就是以客观的行为来判定的，尤其是如果一项交易安排是完全虚假的，则谋取税收利益的意图当然存在。

3. "完全虚假安排"的发展：从客观真实交易到合理商业目的

从欧洲法院的判例看，认定权利滥用行为的关键是存在完全虚假安排。甚至可以说，"完全虚假安排"的界定范围决定了欧洲法院以及欧盟委员会所能接受的反避税的范围，尤其在直接税领域。

在最初的欧洲法院判例中，完全虚假安排仅仅是指不具有真实性的交易或者经济活动，一项交易只要是真实存在，比如，一个受控外国公司如果真实地在国外设立、运营，而不是皮包公司，则不属于"完全虚假安排"，不能适用受控外国公司条款。

然而，在很多的避税方案中，一些经济行为的确真实存在，但是可能不具有税法以外的经济效果或者商业目的，若对避税行为的界定过于狭窄，则不利于保护各成员国的税基。逐渐地，欧洲法院在判例中扩大了"完全虚假安排"的范围，审查经济行为是否存在除税法利益以外的其他合理商业目的。甚至如果避税目的是行为的主要目的之一，也构成反滥用规则的适用，如哈利法克斯银行案，再如《公司合并税收指令》第 15 条的反避税条款。[1]

特别要留意的是，不排除完全虚假安排的范围会随着避税与反避税之间的博弈、成员国税收利益与欧盟共同利益的博弈而发展。欧盟税法的特性也使得这个观念在涉及不同的欧盟基本自由并区别直接税和间接税时而稍有差异。[2]

综上，我们可以发现，大陆法系和英美法系的两种反避税形式最终殊途同归，法律方法或有差别，但基本的价值选择与原理是相通的，标准上也没有本质差别。在普通法系国家的实质重于形式方式中，审查是否构成避税最后也是基于主观标准和客观标准，[3]而大陆法系的权利滥用，同样也用到了普通法上类似的合理商业目的或者经济效果的标准等。

---

〔1〕　Council Directive 2009/133/EC of 19 October 2009 on the common system of taxation applicable to mergers, divisions, partial divisions, transfers of assets and exchanges of shares concerning companies of different Member States and to the transfer of the registered office of an SE or SCE between Member States（codified version）, art. 15.

〔2〕　有学者基于欧洲法院在审理直接税案件和间接税案件以及涉及不同基本自由的案件中，法院用语的细微差别，认为不同类型的案件中，避税观念会有所区别。See Ben Kiekebeld, "Anti-Abuse in the Field of Taxation: Is There One Overall Concept?" *EC Tax Review*, Vol. 18, 4（2009）, pp. 144-145.

〔3〕　如美国成文化的经济实质原则所确立的主客观标准。

（三）认定权利滥用的程序：举证责任和举证"权利"

在 Emsland-Stärke 案中，当时的欧共体委员会曾主张认定滥用权利行为应符合三个要件，除主客观要件（大体与欧洲法院的主客观要件相当）外，还要满足程序要件，即举证责任应当由相关的国家行政机关承担，但是在一些存在严重权利滥用行为的案件中，初步证据（prima facie evidence）可以引致举证责任的转移。[1] 这个程序要件的主张并没有为欧洲法院所采纳，或者出于法院的管辖范围及欧盟的权力有限性原则的考虑，法院直接将这个问题留给了成员国自己的法律系统。主要欧盟国家的税法通常认为，一般应当由主张权利滥用的税务机关承担举证责任，然而，纳税人有提供相关资料的义务。如法国，就积极要件而言，权利滥用法律的要件已经符合的举证责任主要在税务机关，只有在案件已经被提交给权利滥用法律委员会以及后者认为具备权利滥用法律的特征时，纳税人才承担举证责任。[2] 在德国，以下要件的证明责任也在税务机关：一项不适当的法律形式被选择，因此给纳税人或者第三者带来法律目的以外的税收利益。然而，纳税人必须证明，其所选择的交易形式存在税收目的以外的动机，且就整体情形而言，该动机必须中肯。[3]

举证是一项"责任"，保护纳税人利益、为其提供抗辩所需，举证同时应是一项纳税人的"权利"。对于一些类型化的

---

〔1〕 See Case C‐110/99, Emsland-Stärke GmbH v. Hauptzollamt Hamburg-Jonas. para 39.

〔2〕 Sébastien de Monès et al., "Abuse of Tax Law Across Europe", *EC Tax Review*, Vol. 19, 3 (2010), p. 89.

〔3〕 Sébastien de Monès et al., "Abuse of Tax Law Across Europe", *EC Tax Review*, Vol. 19, 3 (2010), p. 94.

反避税措施的适用，比如受控外国公司规则，欧洲法院明确要求，成员国不能不加区分地一概适用，而是应当给予相关纳税人举证证明交易具有合理商业理由或者其他正当性的权利。

（四）纳税人行为构成权利滥用行为的法律后果

在笔者接触到的直接税案例中尚未看到欧洲法院对此问题进行过表述，成员国有权自主决定是否给予处罚，只要该等处罚不违反欧盟法义务即可。而各成员国在是否对避税行为进行处罚上做法不一。在增值税的哈利法克斯银行案中，法院明确表态，认为权利滥用行为的确立不得导致处罚，对处罚而言，清晰而不模糊的法律依据是必要的，相反，权利滥用行为毋宁只引发补税的义务。[1]

（五）适用反避税规则的界限：比例原则

比例原则也被认为是共同体法（现在的欧盟法）的一个法律原则，对于共同体法中私人部门利益的平衡非常重要，构成适用合理性原则[2]最重要的组成部分。比例原则同样适用于税法领域，包括直接税和间接税。[3]通常认为，比例原则包括三个分原则，即适当性原则、必要性原则和狭义上的合比例原则。欧洲法院也大体基于三个分原则发展出测试是否符合比例原则的三步测试法：采取的措施就目标的追求而言是适当

〔1〕　Case 255/02, Halifax and others, para 93.

〔2〕　合理性原则，即 rule of reason，一项重要的欧盟法原则。为了保障欧盟一体化和单一市场的建立，欧盟条约禁止成员国基于国籍进行直接或者公然的歧视，除非欧盟条约明确允许区别对待，如基于公共健康、公共秩序或公共安全等合理理由所进行的区别对待。增加财政收入不属于合理理由，反避税的需要被认为属于合理理由。

〔3〕　Adam Zalasiński, "Proportionality of Anti-Avoidance and Anti-Abuse Measures in the ECJ's Direct Tax Case Law", *Intertax*, Vol. 35, 5 (2007).

的一措施必须以必要为限，即没有其他对于自由造成更小限制的替代选择一措施的采取必须与目的相一致。[1]

因直接税属于各成员国的完全自主权范围，没有授予欧盟，但成员国行使权力应当遵守欧盟的各成立条约，不得损害欧洲一体化的目标，不得损害各条约所赋予的欧盟公民的各项基本自由和其他基本权利。面对愈演愈烈的避税现象，成员国亦有权采取措施维护自己的税收利益。因反避税措施的特性，难免对跨境的资本和人员流动、企业的跨境经济活动造成影响。故此，各国的反避税措施被欧盟委员会密切关注，一有违反欧盟条约之嫌疑，就被欧盟委员会诉至欧洲法院。如前所述，反避税的重要性和必要性已经得到包括欧洲法院在内的欧盟层面的认可，成为各成员国限制某些滥用欧盟自由行为的合理理由。即使成员国有合理的理由对居民的基本自由进行限制，该项限制也应当符合比例性，即以足以制止和消除权利滥用行为造成的不当收益为必要限度。欧洲法院认定的比例原则是如此之重要，以至于很多欧盟成员国的反避税规范尽管被法院认可具有正当性，但是都因无法通过比例原则的审查，对"完全虚假安排"和正常的商业行为不加区分地适用，而被认为违反了欧盟条约的规定。

三、欧洲法院权利滥用观念对欧盟及其成员国税法制度的影响

欧盟致力于欧洲经济、社会领域的一体化以及单一市场的建立，并积极协调各成员国与该目标相悖的国内法律制度。因

---

[1] See the sopra note, pp. 311–312.

其对经济、社会生活牵一发而动全身的影响，税法的协调无疑是欧盟协调对象的重中之重。目前，间接税领域经条例、指令等"积极协调措施"的统一规范，辅以欧洲法院对规则的解释，被公认为已经基本实现了协调。然而，间接税所解决的主要是货物和服务的自由流通问题，而资本的自由流通、企业的设立自由等，与直接税的关系更为密切，恰恰直接税领域因议事规则的一致同意原则以及其他原因[1]在条例和指令层面进行协调的难度大，进展也比较缓慢。欧洲法院的判例被认为是一种"间接协调措施"，对于成员国国内直接税规则的协调和趋同，产生了更为深远并且具法律约束力的影响。这些影响不仅体现在欧盟法层面，即其核心的观念被欧盟委员会的各种建议所采纳以及被成文法吸收，而且也体现在成员国的税法变化中，直接或者间接地影响了成员国的反避税规则。

（一）欧洲法院权利滥用观念对欧盟层面的影响

新世纪以来，税收欺诈和税收规避已经引起了欧盟层面的密切关注，因此欧盟组织采取行动加强成员国之间的合作。欧洲委员会鼓励成员国根据欧洲法院确立的原则修改其直接税的反避税法规；同时，欧洲委员会鼓励成员国在反避税领域寻找协调和建设性的解决方案，并力求实现反避税的公共利益需要与避免限制欧盟内部跨境活动之间的平衡。为此，欧洲委员会区分了适用于欧盟内部的反避税措施与适用于第三国的反避税措施，并于2007年12月10日以《直接税领域的反避税措施适用：欧盟内部和第三国》为题，向欧盟理事会、欧洲议会和欧

---

[1]　税收主权是国家主权的重要组成部分，且税收政策在现代社会中承担了很多的调整职能，被当成推行一些政策如环保政策等的得力手段，各成员国并不愿意轻易放弃其税收权力。

洲经济和社会委员会提交了一个通告。[1]该文件并没有在官方公报上刊登。根据《直接税领域的反避税措施适用：欧盟内部和第三国》，欧洲委员会系统地表述了自己对反避税的看法，列举出成员国之间可以采取的协调或合作，以便他们在遵守《欧共体协议》义务、避免双重征税的同时，实现税收目标以及保护税基。鉴于欧洲委员会的法定职责是确保成员国遵守其协议义务，其也有职责去寻求和促进建设性的解决方案，其意见对成员国政府具有重大影响，也构成欧盟层面和成员国层面反避税的参照，同时该通告也提供了欧洲反避税实践的框架。[2]概言之，该框架系以欧洲法院发展出的禁止权利滥用规则（anti-abuse rules）为基础。因为成员国反滥用措施在欧盟内部跨境交易的适用必须遵循四项基本自由，而对第三国适用则只需要遵守资本流动自由，[3]所以，通告认可反避税措施根据适用对象的不同需要而进行区别，大体而言，适用于欧盟境内跨境交易的反滥用规则要比单纯的国内交易及国际交易严格得多。对于欧盟境内跨境交易的反滥用规则，欧盟委员会

---

〔1〕 鉴于欧盟成立协议缺少关于直接税协调的具体规定，以及在税收领域措施要求一致同意表决机制，欧洲委员会经常以提交建议（recommendation）或者通告（communication）的方式，积极为成员国提供参照和施加影响。

〔2〕 See Europrean Commission, Communication from the Commission to the Council, the European Parliament and the European Economic and Social Committee- The application of Anti-Abuse Measures in the Area of Direct Taxation-Within the EU and in Relation to Third Countries, COM (2007) 0785 Final, available at http://eur-lex. europa. eu/smartapi/cgi/sga _doc? smartapi! celexplus! prod! DocNumber&lg = en&type _ doc = COMfinal&an _ doc = 2007&nu_ doc=785, last visited 2012-11-22.

〔3〕 鉴于成员国没有对欧盟以外的第三国的禁止歧视义务，他们可以适用受控外国公司和资本弱化条款，同时欧共体法律也没有对这些规则适用于欧盟以外的合法性提出特别的要求。但是这些规则应当遵守《欧共体条约》的第56条，与该条相关的只适用于纯粹虚假的交易。

认为其适用范围应当限于欧洲法院所认为的"完全虚假安排"；而对于第三国，则可能不以此为限。

欧盟在直接税领域的四个指令中有一些专门的反避税条款，如在《公司合并税收指令》中，第15条是一条专门的反避税条款。公司重组行为的主要目的或者主要目的之一是税收规避或者逃税时，成员国有权拒绝给予合并指令规定的迟延纳税的税收利益，重组交易没有有效的商业理由如重构或者使公司经营活动合理化，这个事实本身可以假定交易主要目的或者主要目的之一是税收规避或者逃税。由此可见，欧盟直接税领域的反避税规定仍然是基于欧洲法院的判例，因此甚至有学者认为其实该条款没有存在的必要性，该条款对商业目的和逃避税目的的要求在一定程度上是否有所区别尚待观察。

（二）欧洲法院禁止权利滥用观念对成员国反避税规则的影响

欧洲法院发展出的禁止权利滥用观念已经对成员国的反避税规则产生了一些看得见的影响，我们有理由相信这些影响会随着欧盟直接税的协调进展以及欧洲一体化的发展而继续扩展。就看得见的影响而言，有学者观察："尽管出现的是欧盟观念，这些观念不仅仅决定有关欧盟法问题的答案，并因此在成员国之间提供一定程度的标准，而且，一些动向正在开始表明，这些观念可能正更普遍地在影响着国内税法上滥用概念的进化，甚至可能包括欧盟法没有直接相关的领域"。[1]这种影

---

〔1〕 Judith Freedman, "The Anatomy of Tax Avoidance Counteraction: Abuse of Law in a Tax Context at Member State and European Union Level", in Rita de la Feria and Stefan Vogenauer eds., *Prohibition of Abuse of Law: A new General Principle of EU Law?* Hart Publishing, 2011, p. 366.

响至少通过两个途径在进行：一是欧洲法院的标准成为判断成员国既有反避税规则符合欧盟法与否的标准，使之被动地作出相应的调整和整改；二是随着禁止权利滥用原则成为一般法律原则，欧洲法院的判例一定程度上因其兼顾了纳税人自由和国家税收利益、成员国的税收利益和欧盟的整体利益而具有法理正当性，并被各国的税法学者、实务人士的分析、讨论乃至反思得更加深入人心，从而使得成员国主动将其要旨纳入自己的税法体系中。

对于第一个途径来讲，其例证毋庸赘言，几乎所有的直接税反避税条款的案例都可担当此任。就第二个途径而言，一个例证是意大利反避税规则的一个新发展。意大利最高法院在2008 年作出的一个判决中，将欧洲法院确立的权利滥用法律原则适用于国内税法体系，据此，一个被认为构成"滥用"的行为将被禁止——即使没有特殊的反避税规则可以适用时，且该规则的适用不限于已被协调的税种。意大利最高法院认为，《意大利共和国宪法》第 53 条规定的量能课税原则，暗含了税法上的禁止权利滥用法律观念。[1]意大利最高法院发展出的这个一般反避税规则，在其成文的特别反避税条款以及所谓的准一般反避税条款之外，无疑是一个创举。同样在法国，欧洲法院的判决对法国国内法上反权利滥用规则的影响也非常明显。法院在一个纯国内案件的判决中使用了哈利法克斯银行案中的用语，该案中，法院认为，虽然《法国税收程序法典》第 64 条规定的一般反避税条款不适用于本案，但是禁

---

〔1〕 See Roberto Cordeiro Guerra and Pietro Mastellone, "The Judicial Creation of a General Anti-Avoidance Rule Rooted in the Constitution", *European Taxation*, Vol. 49, 11（2009）, p. 511.

止权利滥用是一项法律原则应当适用。法院对滥用权利行为所下的定义被认为很大程度上受到哈利法克斯银行案的启发。[1]

至于更多的影响例证，包括欧洲法院与成员国法之间的双向互动，很可能将随着欧盟法、国内法乃至国际税法层面的发展，财政压力与反避税形势的发展以及欧洲一体化的进程而出现。

四、进一步思考

反避税的必要性已经成为世界各国的共识。反避税措施的采取，一要在保障税收收入、保证法律遵从度与纳税人的民商事活动中的意思自由和自治之间谋求平衡点；二要在制度的灵活性与法治的安定性与纳税人的可预期性之间寻求最好的交点，以避免对正常的商业活动造成不良影响，损害税法的效率和中性。此外，反避税措施不可避免地赋予税务机关自由裁量权，如何制约这种自由裁量权以及给予纳税人权利救济的手段尤为重要。欧洲法院在税法领域确立了禁止权利滥用原则及其适用规则，为其他国家的反避税制度提供了一个比较独特的样本，具有比较研究的价值，不仅是欧洲国家税法理论界和实务界的研究热点，也是国际税法上的重要议题。

不可否认，欧盟税法因其运行的目的和背景而与我国大相迥异。我国法律体系类似于大陆法系国家，因此欧洲的法律滥

---

[1] Judith Freedman, "The Anatomy of Tax Avoidance Counteraction: Abuse of Law in a Tax Context at Member State and European Union Level", in Rita de la Feria and Stefan Vogenauer eds., *Prohibition of Abuse of Law: A new General Principle of EU Law?*, Hart Publishing, 2011, p. 378.

用经验对我国也具有借鉴的意义。进一步看，我国与欧盟之间的经济贸易、直接投资规模大，金额高，了解、掌握欧盟税制及作为其组成部分的反避税规则的现状、变动趋向非常有价值和必要。

欧洲法院需要平衡的利益相比其他主权国家而言，更为复杂，这可能导致欧洲法院在审理涉及成员国反避税规则的案例中比较谨慎，因为重要的反避税制度和措施大多与跨境交易联系在一起，这可能是欧洲国家的反避税力度和手段落后于美国的一个原因。加之欧洲法律制度的多样性和语言的多样性，欧洲法院确立的禁止权利滥用原则规则更为抽象，在案例中的用语存在一些模糊的地方，使其适用规则存在很大的完善空间。这也是我们学习欧盟税法需要注意的地方。

在欧盟境内直接税尚未协调、恶性税收竞争一定程度上不能杜绝的背景下，成员国如果仅依据禁止权利滥用原则的观念是不足以保护税基和本国的税收利益的。然而，让各成员国"倍感安慰"的是：欧盟委员会和欧洲法院也逐步认识到了欧盟法及欧盟一体化的要求与成员国税收利益的维护具有同等重要性，更是认识到了避税和反避税形势的严峻。欧洲法院并不局限于根据"禁止权利滥用原则"观念来判断成员国的税法规则，尤其是反避税规则是否符合欧盟条约。一些反避税措施，即使对于欧盟协议所保障的基本自由构成限制，也可能基于其他被欧洲法院接受的正当理由而得到认可，例如，保障财政监督的有效性、保护课税权在成员国之间的平衡分配、避免损失的双重利用、保护国内税法体系的配比性等。[1]无

---

〔1〕 See Marjaana Helminen, *EU Tax Law-Direct Taxation*, 2nd ed., IBFD, 2011, p.120.

论如何，禁止权利滥用原则对于欧盟成员国直接税中反避税制度的介绍而言，是一个被包括的基本内容但未完全穷尽的主题。[1]

---

〔1〕　欧盟为实施 BEPS 行动计划，分别于 2016 年和 2017 年制定了两个反避税指令，其中包含了一般反避税条款，其与欧盟法院判例法规则的具体关系还有待司法实践验证。参见贺燕：《欧盟反避税指令：欧盟反避税协调的新纪元?》，载《国际税收》2020 年第 1 期。

第四章

反避税与实质课税原则

　　反避税的税法实践中，无论遵循的路径和理由为何（普通法系的实质重于形式抑或大陆法系的禁止权利滥用，抑或所谓的漏洞填补方法），几乎都会不可避免地以实质课税原则作为重要的手段和调整税款的依据。从某种意义上说，实质课税原则因其反避税方法，有更好的适用性。但是，实质课税原则的适用，与税法解释法反避税一样，无法绕过税法目的之发现、确定与适用。

　　德发公司与广州地方税务局稽查局税务处理决定纠纷案（以下简称"德发案"），从一开始就受到各界的广泛关注。各界对其中所涉问题的讨论，不仅没有随着最高人民法院提审决定的作出而尘埃落定，相反，最高人民法院的判决书又提供了进一步探讨的话题。已有学者就其中涉及的法律问题，如稽查局管辖权的有无、税务机关税收核定权的性质及法律限制、行政惯例的适用等，从民法、行政法等法律角度展开分析。[1]

---

〔1〕　参见汤洁茵：《不可承受之重：税收核定的反避税功能之反思：以〈税收征管法〉第 35 条第（6）项为起点的探讨》，载《中外法学》2017 年第 6 期；陈新民：《论行政惯例的适用问题——评最高人民法院"广州德发房产建设有限公司诉广州市地方税务局第一稽查局税务处理决定案"判决》，载《法学评论》2018 年第 5 期；袁森庚：《最高人民法院提审的德发公司案分析》，载《税务研究》2017 年第 6 期；廖仕梅：《从民法视角探析推定课税——基于"最高人民法

不同视角和面向的讨论，提供了不同的研究思路。如果回归到税法上，本案的实体问题在于：税务机关对纳税人拍卖成交价格的否定是否具有法律和法理依据。从实质课税原则来探讨该问题，或许能有所启发。有关实质课税原则，尤其是经济实质原则如何适用，适用的方法、程序等，是有关实质课税原则的研究可以进一步拓展的地方，也是实质课税原则真正发挥其功能所应解决的问题。从德发案来切入，能够使这一类讨论更具有现实价值和指引意义。故此，笔者在已有研究成果的基础上，[1]试图再做一些澄清式和拓展性尝试，也试图回应一些新的观点。

德发案中，拍卖竞价活动是否合理、计税依据有无明显偏低，以及税务机关是否可以否定拍卖成交价格，或者更进一步说，税务机关是否可以否定市场交易的定价结果，如何在税法上重构一个符合纳税人经济地位的价格，是实体问题的核心。前述实体问题在法律上落脚为一个条文，即《税收征收管理法》第35条第1款第6项所规定的，纳税人成交价格偏低，缺乏合理理由时，税务机关具有核定权。如果用实质课税原则来分析，则是税务机关是否可以否定私法交易的形式及其所对应的经济效果，重构一个"经济实质"课税呢？应当指出，在实质课税原则适用的几个维度中，德发案所涉及的只是其中的"经济实质"维度。

（接上页）院提审广州德发公司案例"分析》，载《地方财政研究》2015年第10期；李登喜、李大庆：《论税收核定权的裁量属性及法律控制——基于"德发案"和〈税收征管法〉第三十五条的研究》，载《税收经济研究》2018年第6期。

〔1〕 参见贺燕：《实质课税原则的法理分析与立法研究——实质正义与税权横向配置》，中国政法大学出版社2015年版。

一、实质课税原则的再澄清

所谓的实质课税，简而言之，是在纳税人交易的形式和实质相悖时，税法应就其实质进行课税。现实中，形式和实质相符是常态，只有在形式和实质不符的时候，才有必要适用实质课税原则。实质课税体现的是一种实质的正义观，其基于对社会纷繁复杂，法律规则抽象结果难以涵摄变动不居、丰富多样的社会交易形态的基本认识而生。在其他国家，有所谓的实质重于形式原则、经济实质原则，但与我们所称的实质课税原则并不等同。在笔者所了解的范围内，如意大利、美国等国家的学界和实务上通常也没有"实质课税"或者"实质课税原则"这一概念。[1]此外，有学者指出，在日本有狭义的实质课税原则和广义的实质课税原则之分，前者仅指所得归属的实质主义，而后者则不限于此，与德国经济观察法做相同理解。[2]多数学者包括笔者在内，将实质课税原则追溯到德国的经济观察法，但同样，笔者并不将试图构建的"实质课税原则"等同于经济观察法。

"实质课税"作为一个概念，同其他的法律概念一样，是一个抽象思维的结果，用来"以一种简略的方式辨别那些具有相同或共同要素的典型情形的工作性工具"，[3]也同其他的

---

〔1〕 这也并不会让人费解——面对同样的实践难题，不同的法律体系充分发掘了其自有的法律资源，如英美法的普通法资源、大陆法的权利滥用理论。就如同同样是面对行政权的限制问题，美国从联邦宪法和英国法中生发出正当程序原则。而德国公法上则使用比例原则等。

〔2〕 参见张美惠：《实质课税原则之研究——从合作店营业税争讼案件谈起》，新学林出版股份有限公司2015年版，第14—17页。

〔3〕 ［美］E.博登海默：《法理学：法律哲学与法律方法》，邓正来译，中国政法大学出版社2004年版，第501页。

法律概念，如过错、行为能力、意思表示等类似，其在法学理论体系中能否得到一席之地、能否围绕其构建一套规范体系，取决于其现实价值和法理上的构建是否成功，以及这种法理上的构建能否为现实法律问题的解决提供有效规则指引。实质课税原则的法理构建已然初步完成，税法实践也已接纳。

从价值取向看，实质课税体现的是实质正义。税法中的实质与形式问题，同其他部门法中的实质与形式之争并没有本质的区别，不同的是，或许是因为课税作为一种对财产设定负担的国家活动，关系广泛，大量而反复发生，抛弃形式，天然地使人不安，从而带来所谓的缺乏稳定预期的难题。然而，实质课税原则的难题，与其说产生于该原则本身，不如说产生于其适用的方法。作为公共成本分担的理念和指导原则，追求实质正义，实现实质公平，不仅符合量能课税原则，还是实现社会政策目标的前提。

在适用阶段上，实质课税作为立法的指导原则，在于课税要素的选择上，要按照实质主义的要求选择课税要素。在法律的解释和适用中，需要采取实质主义的立场来对课税事实进行认定。无论是立法中的适用，还是执法、司法中的适用，实质课税原则都可指向课税事实，且其典型的功能是被用来分析诸如反避税的问题。

有学者结合当前对实质课税的探讨涉及的"抽象税收构成确立""法律文本解释"和"应税事实判断"三个维度，分别论证了"实质课税"并不是原则，而是"例外"，既然"实质课税"的适用不是一以贯之的，没有办法成立其所主张的

"原则"在法制度上的更多实践，[1]那么"实质课税原则"作为一项"税法原则"是否成立？下文也将继续回应这个质疑。然而该学者并不质疑某些情形下"实质课税"的必要性。此外需要指出的是，税法上所谓的"形式课税"做法，并不意味着税法放弃"实质课税"，而是税法推定实质与形式相符，从而取其外观课税。然而，在满足条件时，如需否认外观形式，则如下文所述，因实质课税原则的不同，维度也有不同的程序和要求。当然，围绕实质课税原则适用的方法和程序，仍然有一些基础性的工作需要完成，而这些基础性的工作需要围绕实质课税原则的几个维度展开，也有待在税法实践中通过个案去丰富。

二、实质课税原则的三个维度

现代国家的税收主要基于民商事活动的成果，在此基础上进行税法评价，以税法的方式来分担公共负担。民商事活动的基本运行规则是民商事法律，民商事法律作为基础性的法律，为整个法律体系完成了赋权、供给利益交换规则和分配规则等工作。学者提出税法交易定性理论，指出不同的交易中，税法和私法的定性可能存在协调融合也可能存在冲突和相悖。[2]可谓是看到民商事基础法律规则和税法第二次调整之间的辩证关系。从实质课税的作用领域看，也恰恰是在两种不同的评价本身，以及其交叉领域。因此，根据纳税人的实质与形式相悖的几种情形，实质课税原则也可以被总结为两个基本的维度，

---

〔1〕 参见汤洁茵：《形式与实质之争：税法视域的检讨》，载《中国法学》2018 年第 2 期。

〔2〕 滕祥志：《税法的交易定性理论》，载《法学家》2012 年第 1 期。

即法律的实质主义和经济的实质主义。除此之外，基于我国税收法治发展的阶段和税收执法的实际价值，还可以有事实认定的实质主义之存在价值。[1]课税事实的认定过程，既涉及民商法等法律的一元次评价，也涉及税法上的二元次评价，既包括比较纯粹的事实认定，也包括所谓法律定性，也即法律关系的认定问题。如可转换债应该界定为债券还是股票就是一种法律关系的定性。只要税法对不同的法律关系及其经济效果有不同的税务处理，课税事实和法律性质认定的难题和必要性就一直存在。

（一）法律的实质主义

所谓法律的实质主义，金子宏教授有过阐述，对课税要件事实认定所必需的法律关系，不应按照表面上所存在的法律关系而应按真实存在的法律关系来进行课税要件事实的认定。金子宏教授只支持法律实质主义，认为不应离开真实的法律关系去按照其经济成果或目的来对法律要件的存在与否进行判断。[2]法律实质主义，可以在交易定性中适用。如英国经典的威斯特敏斯特公爵案被认为确立了法律实质主义的立场，否认了经济实质主义的适用。然而，正如该案的异议法官所提出的，正是因为基于法律实质主义，公爵给家丁发放的报酬不应当被认定为年金，

---

[1] 这里的三个维度与前引汤洁茵《形式与实质之争：税法视域的检讨》一文并不相同。尽管其基于三段论的划分富有启发，但考虑到法律的适用，总不免目光在事实和法律之间流连忘返。实质课税，无论是哪个面向，总要落脚到课税要件上。课税要件的满足与否，既有事实认定，也有法律关系定性的问题，当然也有法律层面的解释问题，三者难免有所联结。故此，这里仍然在两个面向之外，按照税法调整的特殊性，来对实质课税原则按照其作用原理进行维度的划分。

[2] ［日］金子宏：《日本税法》，战宪斌等译，法律出版社2004年版，第103页。

而是对其劳动的报酬。[1]

　　法律的实质主义，是按照纳税人交易的基础法律规范（主要是民商事法律规范）来进行的定性或者课税要件事实的确定。法律的实质主义维度主要在税法的解释和适用阶段发挥其功能。在这个维度，通常并不需要有税法的二次判断存在。如郑州人和公司案[2]中，争讼的焦点是人和公司与商户签订的《商铺经营使用权转让合同》并取得收入的行为是属于销售建筑物取得财产转让收入，还是该合同从性质上来讲属于租赁合同，人和公司的收入为租金收入。在前述威斯特敏斯特公爵案中，发放的所谓年金，也可以基于税法以外的法律关系，对其进行认定。这里的法律实质主义，并不只是税法独有。因为概念和分类是解决法律问题所必需的，[3]类型化存在，就决定了"归类"或者说"定性"的必要性。如合同法中，合同的分类作为类型化法思考的范例，已然构成法律人学习、理解和适用合同法规范不可欠缺的工具，合同法基于对法律生活的观察梳理出不同的合同类型，[4]并配置不同的权义规则，

　　　　〔1〕　参见贺燕：《实质课税原则的法理分析与立法研究——实质正义与税权横向配置》，中国政法大学出版社 2015 年版，第 26 页。

　　　　〔2〕　人和公司系郑州火车站前大同路、福寿路、乔家门地下人防工程的投资开发人，该人防工程的产权属于国家。人和公司于 2008 年 12 月 28 日开始营业，当年与租赁户签订 603 份《商铺经营使用权转让合同》，并一次性收取了租金，在缴纳税款时，人和公司当时按照不动产销售这一税目缴纳所得税，在 2009 年 1 月一次性缴纳企业所得税 1.93 亿元。后人和公司提出退税申请，认为应当按照租金收入进行缴税。本案中，合同的不同定性，在企业所得税上的效果大不相同。参见河南省高级人民法院（2014）豫法行终字第 00042 号行政判决书。

　　　　〔3〕　参见［美］E. 博登海默：《法理学：法律哲学与法律方法》，邓正来译，中国政法大学出版社 2004 年版，第 504 页。

　　　　〔4〕　参见韩世远：《合同法总论》（第四版），法律出版社 2018 年版，第 68、69 页。

从而也有定性的需要。在合同法司法实践中，如明星和经纪公司签订的娱乐合同，是属于委托合同，从而艺人或者经纪公司可以随时解除合同，还是属于其他性质，常成为争讼焦点。

在税法上，不同的法律关系的税法效果不同，只要税法在民商事交易的基础上课予税收负担，就会有法律实质主义的适用。尽管单纯的法律实质主义，"并不得脱离真实所存在的法律关系来按照经济上的效果或者目的来判断法律要件的存在与否"，[1]然而，并不是说法律实质主义不需要考虑当事人之间的利益归属等经济效果，只要法律概念或者类型化系基于经济效果的因素来设置，则就有考虑经济效果或者目的来识别真实的基础法律关系需要。如陈建伟案件即需要适用法律实质主义，且需要考虑到其中实际的经济效果。法律实质主义符合纳税人的真实的法律关系及其对应的税收负担能力，故而符合税法要旨。

（二）经济的实质主义

经济的实质主义，可以称为经济观察法。经济观察法，通常适用于纳税人交易之法律形式没有反映其经济实质的情况下，按照其经济实质进行课税。税收负担有必要维持实质的公平，纵然其法形式或者名义相同，但其实质有差异，因此有必要做不同处理。[2]

一些学者将经济实质主义的理论根据溯至量能课税原则，因"税法规定的税捐义务乃是与经济生活事实关系相连结"而交易之外观并无法合理推导出给付能力，乃由量能课税原则推

---

〔1〕　陈清秀：《税法总论》，元照出版有限公司 2018 年版，第 198 页。
〔2〕　陈清秀：《税法总论》，元照出版有限公司 2018 年版，第 199 页。

导出经济观察法。[1]量能课税原则固然是经济观察法的有力注解，但在实质正义观下的经济实质主义可以有更广泛的价值目标。

唯学界对经济观察法的价值不存争议，但在适用的前提以及适用的方法和程度上存在较大的争议。经济观察法在反避税中的运用和其他情形下的适用价值等受到认可，经济观察法应当遵循严格的约束，这并没有异议。如此，对于这种只"例外适用"，或者严格适用，而不是原则上适用的"原则"，还称其为法律原则吗？[2]作为和法律"规范"相对应的法律"原则"的概念本身，当然和"例外"相对应的"原则"不是一回事。不同的法律原则体现了不同的价值主张，其适用范围有大有小，适用方式有差异是事物之理。

由此而观之，实质课税原则作为税法上特有的原则，与其他法律的原则有所不同。按照黄茂荣教授的观点，税捐法定主义属于形式正义，量能课税原则属于实质正义，稽征经济原则属于技术正义的要求，但"任何原则在实践上都不能或不得绝对化"。[3]此外，经济的实质主义适用范围也比较广泛，不仅在立法上适用，还适用于税法的解释和运用，后者主要在反避税中发挥功能。[4]需要指出的是，由于不同的适用范围和

〔1〕 参见陈清秀：《税法总论》，元照出版有限公司2018年版，第200—202页。

〔2〕 学者主张，为了保障安定性和税收法定原则，抽象构成要件规定的实质主义，实例少，税法解释的实质主义等则在"例外"情形方应采取。参见汤洁茵：《形式与实质之争：税法视域的检讨》，载《中国法学》2018年第2期。

〔3〕 参见黄茂荣：《法学方法与现代税法》，北京大学出版社2011年版，第129页。黄茂荣教授将实质课税原则作为量能课税原则法理念的体现对待。

〔4〕 如税收客体认定之有无、税收客体之归属等。参见黄茂荣：《法学方法与现代税法》，北京大学出版社2011年版，第203—227页；贺燕：《实质课税原则的法理分析与立法研究——实质正义与税权横向配置》，中国政法大学出版社2015年版，第103—128页。

情形与其他价值的冲突程度存在差异，受到的规制自然不同。因为尽管"原则要求某事在相对于法律上与事实上可能的范围内尽最大可能被实现，并能以不同的程度被实现"，而原则的适用程度还涉及与其他原则之间的权衡。[1]如果在解释和适用环节中应用实质课税原则，法治原则的稳定和可预期要求对其进行更多的限制，在反避税中适用实质课税原则自然也需要符合反避税的法理。

（三）事实认定的实质主义

事实认定的实质主义，则是在法律事实的认定上，基于事实认定和法律适用的划分而归纳出来的实质课税维度。事实认定的实质主义是在纳税人的真实意思与表示出来的意思相悖时，需要探究纳税人的真实意思表示。如普通法系所确立的伪装规则（sham doctrine），和大陆法系所确立的虚假意思表示的规则，秉持的是事实认定的实质主义立场。事实认定的实质主义可被纳入法律实质主义维度，二者也可能纠缠在一起。如我国曾有案例，纳税人将钱存入其姐账户，其真实的意思表示为何，借贷、赠与抑或是借用账户，不同的意思表示在税法上引发的效果不同而不乏争议。[2]税法上需要探求纳税人"真意"，根据事实的认定，才能有法律关系定性的可能。事实认定的实质主义，需要围绕一定的证据法则进行，其具体规则有根据税法的目的、功能和特性进行构建的必要性。

（四）三个维度的抉择

法律的实质主义和事实认定的实质主义，争议小于经济效

---

〔1〕　参见雷磊：《法律体系、法律方法与法治》，中国政法大学出版社2016年版，第46—47页。

〔2〕　常在国际法律事务所编著：《实质课税原则》，元照出版有限公司2015年版，第13—26页。

果认定的实质主义，原因可能在于前二者尚依存于基础法律关系，有比较成熟的方法论作为适用的指引，有更高的稳定性。对固守形式正义的税法实践或者学者而言，大多只接受法律的实质主义（和事实认定的实质主义）。唯对于经济的实质主义，则需要基于法的价值和目的进行解释，[1]而否认基础法律关系后，其法律后果的确定具有极大的技术性和专业性。如何在法律上确认技术性和专业性规则，是我们面临的难题。不独税法，金融法、竞争法，乃至知识产权法、民法等领域，都离不开这个问题。

经济实质主义是反避税的重要方法，一般认为为税法所特有，实质课税原则无疑应当秉持经济实质主义。对于法律的实质主义和事实认定的实质主义，已经有比较成熟的法学方法论指引，有必要将其专门纳入税法的实质课税原则吗？[2]答案是肯定的。如对于事实认定的实质主义，尽管《德国民法典》第117条规定了虚伪表示，[3]《德国租税通则》第41条第2款也规定"虚伪法律行为与虚伪事实行为对租税之课征不具意义。虚伪法律行为隐藏有他项法律行为者，按该隐藏之法律

---

〔1〕 经济实质原则的确定需要借助目的解释，这是对现实税法问题进行回应的必然要求。杨仁寿先生批判大陆法系一味只知为法律逻辑如数学公式般推理一番，不能切合现代法学的要求。其必须将目的论的思考方法及其历史条件带进法学领域之类，始得其肯綮。参见杨仁寿：《法学方法论之进展——实践哲学的复兴》，三民书局股份有限公司2013年版，第6页。

〔2〕 如陈清秀教授认为法律的实质主义不足以适当反映量能课税精神，不宜将实质课税原则理解为法律的实质主义，应理解为经济的实质主义更为稳妥。参见陈清秀：《税法总论》，元照出版有限公司2018年版，第199页。

〔3〕 《德国民法典》第117条第1款："表意人与相对人通谋而为虚伪之意思表示者，其意思表示无效"；第2款："虚伪行为隐藏其法律行为者，适用关于该隐藏法律行为之规定。"引自台湾大学法律学院、台大法学基金会编译：《德国民法典》，北京大学出版社2017年版，第97页。

行为课征租税。"

其理由如下：首先，税法的解释与适用，并不同于一般的民商事法律系主要由法官在"消极案件"中解释与适用，税收的解释和适用在行政机关的"主动执法"中大量而反复发生，法律实质主义立场本身不需要再行论证，其简便而有效率。换而言之，直接适用实质课税原则，可以省略原本需要进行的一系列的推理。在税收实践中，不是所有的参与者都有过法学的训练，税收执法也不是个案中司法，其大量而反复发生，需要一个容易操作和使用的"方法论"工具，以便可以从各种法律之解释和意思表示之解释的繁复规则中解脱出来。而他们只需要正确适用实质课税原则就足矣。如美国学者认为，经济实质原则的存在价值恐怕是其所能提供的一种适法的便利。[1]其次，法律的实质主义相比经济实质主义的优位适用，能满足稳定性和可预期性，符合人们对税收法定原则的预期。[2]再其次，法律的实质主义和事实认定的实质主义不可避免会因为税法价值目标、法律原则等不同，带入一些特质。如有需要，实质法律关系的认定或许有税法考量因素可以进入的空间。[3]最后也是最重要的，税法判断和民商事法律的判断并不是完全重合和相互制约的，认可税法上的法律实质主义，可以使税法判断的过程和结果一定程度上独立于民商事案

---

〔1〕 美国学者认为，经济实质原则和法院所创造的实质性并没有太大差别的其他原则一样，其成为税法的一部分已经如此之久，被法官接受，从而不需要更仔细地对可予适用的法律条款进行文义解读。See Joseph Bankman, "The Economic Substance Doctrine", *Southern California Law Review*, Vol. 74, 1 (2000), p. 11.

〔2〕 贺燕：《实质课税原则的法理分析与立法研究——实质正义与税权横向配置》，中国政法大学出版社 2015 年版，第 30 页。

〔3〕 如在和经济实质主义立场结合在一起适用时。

件。[1]如最高人民法院在陈建伟案中所主张的，"税务机关依照法律、行政法规的规定征收税款系其法定职责，在征收税款过程中必然会涉及对相关应税行为性质的识别和判定，而这也是实质课税原则的基本要求。否定税务机关对名实不符的民事法律关系的认定权，不允许税务机关根据纳税人经营活动的实质内容依法征收税款，将不可避免地影响税收征收工作的正常开展，难以避免纳税义务人滥用私法自治以规避或减少依法纳税义务，从而造成国家法定税收收入流失，而有违税收公平原则。"[2]

（五）德发案与经济的实质主义

德发案并未涉及法律的实质主义。或许有事实认定的实质主义存在的空间，但如同其他的案例或者社会事件一样，作为客观事实的"实质"已经迷失在"过去"的幽暗中，主要作为证据法上的重要议题。现已有学者关注到税法上的证据规则问题，[3]但这里仅基于法院认定的事实，不再谈及其他。德发案所关系到的实质课税原则，与其他反避税案件中所经常涉及的实质课税原则类似，主要是关于经济实质主义的适用。

经济实质主义系抛弃纳税人所采用的法律形式（尽管税

---

〔1〕 这种独立性是有必要的。毕竟不同的法律部门之间的调整目的和调整手段是有区分的。以民商法为例，首先，纳税人有大量的意思自由，其次，民商事案件的诉讼程序、事实认定规则也更多地体现了当事人主义和处分原则。如虚假诉讼的存在可为佐证。至于税法和其他法律部门之间的关系应该如何，税法独立的程度为何，已有大量的研究成果。参见李刚：《税法与私法关系总论——兼论中国现代税法学基本理论》，法律出版社 2014 年版；叶金育：《税法整体化研究：一个法际整合的视角》，北京大学出版社 2016 年版。

〔2〕 最高人民法院（2018）最高法行申 209 号行政裁定书。

〔3〕 参见张学干、贾晓东：《对最高人民法院提审德发公司案判决的法律分析》，载《税务研究》2018 年第 6 期。

法上的否认并不必然对基础法律关系发生法律效果），而采用其法律形式背后之经济效果。法律实质的判断有一套现有的比较成熟的民商事法律规则体系和学理体系，虽然也会经常引发争议。然而，经济实质的判断，如前所述，除个别领域外尚缺乏一套现有的、成熟的规范体系和理论支撑。[1]通常反避税就是要否认纳税人所采用的法律形式及该法律形式所表明的经济效果，而按照其经济的实质进行课税。经济的实质，可能是经济的实质归属，也可能是实际的经济利益（如交易金额）的大小等，其共同的特点是，不按照名义上的法律关系所对应的经济效果来课税，而是按照实际，或者是按照如果不存在某种权利滥用行为所采用的法律形式/关系时，所应该发生的经济效果来课税。美国的经济实质原则和所谓的分步交易原则等司法判决书规则，都可以归入经济实质主义的立场。

在德发案中，从实质课税原则的角度看，税务机关否认了德发公司交易行为的经济效果，并且对交易的结果在税法上进行了重新确定。不论本案是否满足"缺乏合理理由""定价偏低"的核定前提，这种核定都属于下文所称的经济实质的构建。税法上对当事人交易行为之经济效果的否定，并不构成对民商事基础法律关系本身及其效果的否认。换句话说，德发公司并不能基于税务机关核定的成交价格，向拍卖的买受人提出价款主张。从这个角度来看，正因为税法上的调整，通常无法对民商事基础法律关系本身及其效果相应发生效果，[2]如果

---

〔1〕 在转让定价的规则中，已经发展出了诸如成本收益法、公式法等方法来确定经济实质。

〔2〕 但因为税法的违反，会使法律行为的效力存在瑕疵。至少在民法学者看来，规避课税的合意，属于危害国家公序行为，而应归于无效。参见梁慧星：《民法学说判例与立法研究》（二），国家行政学院出版社1999年版，第16页。

这种经济实质的认定偏离了正当的范围，就会偏离纳税人实际的税负能力，从而使这种课税处分失去正当性。下文将围绕德发案涉及的经济实质主义的几个命题展开论述。

三、经济实质主义的适用条件

经济实质主义是税法能够实现实质正义的途径。现有的"实质课税"还是"形式课税"之争，根本上是围绕"经济实质主义"的；其争论是实质正义观还是形式正义观的原初争论，只是换了一个"税法"战场继续进行。不可否认，因为战场不一样，所面对的因素也会不同，从而会影响到结论。

一般会将经济的实质主义与反避税放在一起讨论。经济的实质主义，其基本功能在于否认纳税人所采取的法律形式的经济效果，而按照另外的途径重构一种经济效果，将纳税人的避税收益剥夺或者抵消。因为"避税"行为的界定比较难，且对实质的探究会有损及税收法定之虞，所以实质课税引发了诸多争议，也被要求应当严格限制条件。但经济实质主义的适用并不限于对避税的否认。

探求经济实质，存在法律形式与经济实质相偏离的情况。有一些偏离是客观发生的偏离，其税法效果不是主动追求的结果，只是一种"附随"的、"消极"的效果，税收负担本身并不是行为人考量的因素（即"消极偏离"），此时一般可优先适用法律的实质主义或者事实认定的实质主义即可解决，或者予以类型化在立法上制定具体的规则。还有一些偏离则是行为人主动追求的结果（即"积极偏离"），以期取得税法上的某种利益，这一类就是所谓的"避税"了。经济实质主义的适用，取决于不同的阶段和不同的适用类型，适用条件和程序当有区别。

不是所有的情形都有税收法定主义的冲突，如有关客体的归属、非法收益的课税等是消极偏离的实质课税，立法予以规定，则形式正义与实质正义实现了统一。对于积极偏离的情形，有特别规范的情况下，实质课税的适用需要满足特别规则设定的适用条件，并且以其规定的适当方法进行，在没有特别规范的情形下，则需要遵循合理的解释规则。如德发案中，对于纳税人所采取的价格的否认，设置的前提是"价格明显偏低"，且"没有正当理由"，从法律适用的规范分析角度，在个案中的适用需要紧扣该两个前提。

本章并不试图谈论避税的认定，而是试图根据我国反避税的核心概念，来聚焦"合理商业目的"这个要素在规范经济实质主义适用范围中的功能。

通常避税行为和节税行为一样，都以追求税收利益为目的。避税行为的可责性在于行为人滥用了法律形式的形成可能性。私法领域的基本理念是意思自治，纳税人具有选择交易形式以实现其目的的权利，税法上应当充分尊重这个权利。然而，权利的行使应当善意，这也是私法上的法理。如果纳税人采取通常采用的交易形式会产生纳税义务，则纳税人的纳税义务不得因其采取不合于常规的交易形式而被规避。故此，大陆法系国家以禁止权利滥用原则为法理基础制定反避税的规则。如果我们也将经济观察法立基于此，则在我国的反避税概念框架中，合理商业目的则可以是一项反向的排除规则。关于"合理商业目的"的证明，对纳税人而言是一项抗辩的权利而非责任，除法律根据情形对举证责任的分配另有规定外，纳税人的举证"权利"并不能使税务机关免除纳税人存在权利滥用行为的举证责任。

　　什么是商业目的？从文义看，这是一个与作为商主体的纳税人相关的概念，而不是与自然人普通民事行为相关的概念。商业目的，是指税收利益之外的目的，但不应当被限制为"营利"。企业的目的固然是追求经济利益，经济利益既有长远的，也有眼前的。取得经济利益的基础在于具有合法性，满足法律关于市场规制和管制的各种要求，良好的商誉和可供调配、运用的各项市场要素，基于这些因素和要素考虑而为的行为，都可能成立"商业目的"。故此，学者认为，"一般而言，商业目的必须根据特定的经济行业与特定商业活动的属性、实施交易时的经济环境等因素予以判断，必须考虑纳税人的动机和交易是否服务于有用的经济目的。"[1]此外，商业目的的判断还可与"非常规的交易"综合适用，如果一项交易安排是一个理性的善意的纳税人不会采用的，法律可为权利滥用的推定，纳税人则既可以推翻该推定，也可以通过证明商业目的而排除避税认定。商业目的的计划往往是事先的，事先的预计与执行的结果往往会有所差异，如何确保税务机关事后评价的公允和妥当？合理商业目的的判断，要基于一个理性和善良的商主体，根据计划当时即可合理预期的情形加以判定。

　　法律尽管可以确立标准，却无法穷尽列举各种具体情形，从实体法的角度，为确保公平，具体个案中的情形是否具有合理商业目的，需要遵从法律解释和构建的方法，权衡法律目的和所涉利益进行判断。故此，为了实现税法适用的稳定性，提高其可预期性，除了适用的条件，对经济实质主义还应当围绕

---

　　〔1〕 汤洁茵：《〈企业所得税法〉一般反避税条款适用要件的审思与确立——基于国外的经验与借鉴》，载《现代法学》2012年第5期。

程序构造、举证责任分配规则和权利救济规则等进行全方位构造法律规则。下文将围绕与德发案有紧密联系的经济实质的解释方法展开分析。

四、经济实质的解释（认定）

在实质课税原则的语境下，经济实质的确定重新发现甚至重构被交易形式掩盖的经济效果，多体现为税收客体的量化问题。毕竟在个案中适用实质课税原则解决是否应当适用实质课税原则对形式给予否认后，面临的问题之一是如何量化应税收入/所得等。[1]以往的观念，包括法学界的主流观念，忽视税收客体定量的法律属性，以为定量问题纯属会计学领域，显然失之偏颇。[2]有关实质课税原则，现有的研究过于集中在其法律地位上，并没有深入实质课税原则适用的方法论问题。这也无可厚非。[3]如果说"法律判断不仅擅长于定性，而且决定和指引着税收客体的量化"，[4]我们需要一个关于量化的"方法"。

（一）经济实质认定的基本要求和方法

从经济实质认定的基本要求来看，经济实质在个案中的解

---

　　〔1〕　当然在一些情形下，也有需要确定其他税收要素，如主体、归属等，但这些大概可以归入所谓的"定性"中。这里侧重"定量"问题，德发案的焦点之一即在此。

　　〔2〕　滕祥志：《税法的交易定性理论》，载《法学家》2012 年第 1 期。

　　〔3〕　当前税收体制面临数字经济形态转型，然而却停滞不前，我们当前的立法技术和规则还不能生成合适的对有关规则进行重新解释的规则，或者重新确定概念和规则体系。笔者以为，这种调整，与实质课税原则所面临的难题类似——传统的解释方法要么不能解决问题需要方法论上的创新，要么需要研究既有的方法如何迎合性地解释需求。

　　〔4〕　滕祥志：《税法的交易定性理论》，载《法学家》2012 年第 1 期。

释或者构建，应当尽可能地还原纳税人交易的真实经济效果，从而使课税更加客观。无论各相关要素对纳税人有利还是不利，均需要一体适用。与之对应地，税收之债的积极因素和消极因素均要考虑进来，这是经济实质认定的整体性要求。

这种个案的解释及作为其结果的经济效果的构建并不容易。原因来自至少两个方面：一是纳税人讼争交易的具体经济效果的确定信息主要掌握在纳税人的手中，或者相关信息被其他主体占有。作为证明义务人的税务机关通常没有足够的调查职权和调查手段（也有避免对私人领域过度干预的考虑），抑或这种事实的确定性证明是不经济的。二是很多情况下经济实质需要"构建"，某项交易的形式被否定之后，如何按照"通常"会采用的法律形式所对应的经济效果课税？如转让定价中"价格"的确定以及德发案中作为计税依据的"价格"的核定。市场中的定价取决于多重复杂因素，无法将所有这些因素一一量化形成具体指引。在实质正义的实现过程中，法律只能采用尽可能客观、稳定且可预期的方式，来进行"构建"。

鉴于以上，经济实质认定的基本方法与通常的课税方法无异，可以归结为直接认定法和间接认定法。在直接认定法中，税务机关需要基于课税要素的直接证据进行认定，即所谓的"查实征收"。在间接认定法中，即在纳税人不履行协力义务，或者查实征收不具经济和手段的可能性时，采用间接证据对经济实质进行"推定"，如关联交易的定价方法，就是比较典型的经济实质的间接认定法。直接认定法主要是证明问题，通常能够比较确定地还原纳税人交易的经济实质。而间接认定法，何种间接证据可为依据，如何使间接认定的结果最大可能反映纳税人的纳税能力，则需要根据不同的情形予以类型化，以提供个案中解释"经济实质"的方法论指引。[1]这种"量化式"方法论遵循一定数量公式，极具技术性，不同于一般的法律解释方法论更多考虑利益权衡。以下通过经济实质的推定来探讨间接认定法的可能方法。

（二）经济实质的推定（核定）

通常，税收核定一般适用于纳税人违反协力义务的情形，但其他情形也可以适用。[2]如我国台湾地区，纳税义务人即使没有违反账册凭证之协力义务，税务机关也可以依职权，或因申请以推计的方法课税。[3]也有学者主张，唯有在纳税人没有尽到协力义务的时候，方有推计课税的适用。理由是反避税调整是以查实征收为基本诉求的。在此所指的"实"应当是指能够表彰纳税人经济给付能力的实际发生的经济事实关系，量能课税原则才真正得以实施。为实现量能课税而探求交易的实际状况的反避税调查，在事实认定方法上必然是排斥税收核定的。而"税收核定是一种旨在降低税务机关证明困难的

----

〔1〕　直接认定，与诉讼过程中"再现式"的还原肯定是不同的思路。从而对所谓"证据"的选择和认定，自然也是不一样的。对于认定的程序，也会有不同之处。在民事诉讼中，对于已发生事实的还原和对抽象事实的证明应该是不一样的。如对是否存在侵权或者违约行为的认定，以及对损失金额的证明，存在区别。

〔2〕　一般认为推计课税的情形发生原因：一是事件性质使然；二是纳税人违法协力义务。参见上注。另见陈敏：《税法总论》，新学林出版股份有限公司2019年版，第700页。在适用实质税原则需要依法核定时，主要不是因为纳税人违反协力义务。

〔3〕　中国台湾地区"所得税法"第25条在所得额的计算上，应特殊情形而有成本费用分摊困难之情形，纳税人可以向"财政部"申请核定。参见黄茂荣：《法学方法与现代税法》，北京大学出版社2011年版，第278—280页。

应税事实的表见证明方式。"〔1〕因我国《税收征收管理法》第35条第1款第6项与其他各项不属于同一个类别，该学者反对该款以税收核定行反避税之功能殊值认同。但反避税中是否可以"不得不"放弃"查实征收"而采用"推计课税"，则可以再行讨论。

反避税的事实调查应当还原实际发生的经济事实关系，通常也有赖于纳税人协力义务的履行。此外，如前所述，因为纳税人交易形式被否认，实际的经济事实关系（这里所称的经济实质），有时需要"构建"。因此，在前述间接认定经济实质的情况下，即有所谓"推计课税"，或者"核定征收"适用的必要。不可否认，核定征收只是一种构建性的还原。此时如果放弃课税，则"与诚实保存课税资料，并据实保交税款的纳税比较，也不符合公平负担原则"〔2〕，也会使滥用权利的主体获得不当的利益。因此，"在核实课征，势有不能或稽征费用过巨时，基于租税经济要求，退而求其次，追求接近真实以切合实际"。〔3〕核定征收，并不是说免除了税务机关发现"经济实质"的责任，而是因为信息的不对称，以及违反纳税人协力义务，税务机关在还原或者认定"经济实质"的过程中承担"证明"义务的程度是可以有所降低的。

常用之推估方法有多种，如内部比较法、外部比较法、年度比较法、财产增益法、资金来往法等。〔4〕此时，需要依据

---

〔1〕 参见汤洁茵：《不可承受之重：税收核定的反避税功能之反思：以〈税收征管法〉第35条第（6）项为起点的探讨》，载《中外法学》2017年第6期。

〔2〕 陈清秀：《税法总论》，元照出版有限公司2018年版，第544页。

〔3〕 葛克昌：《所得税与宪法》，北京大学出版社2004年版，第128页。

〔4〕 参见陈敏：《税法总论》，新学林出版股份有限公司2019年版，第702—703页。

法律规定的顺位，以不违反伦理法则及一般经验法则为原则，力求接近于真实。[1]尽管如此，核定要达到"唯一""确定"的结果却也难以实现。如构建"经济实质"时，通常需要参照可比交易。在选择作为参照系的可比交易时，此交易与讼争交易之间是否具有相似性是需要证明的。有意见认为，只有税务机关综合评价收集的证据和各种间接事实并进行事实的精细分析，基于合理的商业目的的考量，才能够得出"系争交易只能以与可比交易相同或类似的状况发生"这一强制性的、最终的和唯一的且不可动摇的结论，由此确定的交易的实际金额才具有高度的信服力，[2]这一结论的达成自然是理想状态。然而，在现实的课税实践中是难以达到的，或者说如果要求达到这一程度所需要的成本是难以承受的，所需要的手段也是难以满足的。在达到以上确定程度不具有现实可能性时，唯有按照次优的方法，才能实现课税的公平。如果存在偏差，只要在经验法则所认可的正常幅度范围内，则因纳税人滥用权利避税本身具有非难性，其承受偏差造成的不利益并无不妥当，甚至可以归入一般商业风险的范畴。对于国家而言，如果因此偏差带来税收的损失，则考虑到课税成本的节约，[3]并无不妥。实质课税原则可以接受一个无法证明是"唯一""确定"但经合理方法和程序之后的核定结果。为了尽可能达到此种要求，在前述推估方法之中，为了增强纳税人和税务机关的认可度，

---

[1]　Vgl. Pahlke/Koenig, AO2, §162 Rdnr. 4. 转引自陈敏：《税法总论》，新学林出版股份有限公司2019年版，第701页。

[2]　汤洁茵：《不可承受之重：税收核定的反避税功能之反思：以〈税收征管法〉第35条第（6）项为起点的探讨》，载《中外法学》2017年第6期。

[3]　考虑到其中纳税人通常也有协力义务，对于纳税人而言，也会有成本节约。

是否可以引入类似于第三方的评估机制，值得探讨。

五、德发案所涉实质课税问题的评析

如前文所述，德发案中，关于实体问题引发的讨论主要可以归结为两个：一是本案适用《税收征收管理法》第 35 条第 1 款第 6 项的条件是否满足；二是税务机关对价格的核定是否合理。对于第一个问题，最高人民法院在判决书中表述为，"涉案房产以底价拍卖给唯一参加竞买的盛丰实业有限公司，而一人竞买不符合拍卖法关于公开竞价的规定，扭曲拍卖的正常价格形成机制，导致实际成交价格明显偏低。此问题的关键在于，在没有法定机构认定涉案拍卖行为无效，也没有充分证据证明涉案拍卖行为违反拍卖法的禁止性规定，涉案拍卖行为仍然有效的情况下，税务机关能否以涉案拍卖行为只有一个竞买人参加竞买即一人竞拍为由，不认可拍卖形成的价格作为计税依据，直接核定应纳税额。"然而，笔锋一转，法院认为"但对于拍卖活动中未实现充分竞价的一人竞拍，在拍卖成交价格明显偏低的情况下，即使拍卖当事人对拍卖效力不持异议，因涉及国家税收利益，该拍卖成交价格作为计税依据并非绝对不能质疑。"推理过程给人们造成错觉——当事人组织拍卖过程有"过错"，拍卖成交价格低是当事人自己的事，但不能使国家的税收利益受到减损，所以税务局有权核定应纳税额。然而在"本院认为"开首提出的，税务机关拥有法律赋予的核定权有两个前提：一是成交价格明显偏低；二是无合理理由。后续的推理中，仅强调了"成交价格明显偏低"，对是否属于缺乏"合理理由"论证不够清晰，考虑到这一类案件在实践中多有发生，最高人民法院在判决书中没有对其更多分析，是一缺憾。最高人民法院之所以对前述两个概念不更多分析，虽然与其试图保持一定"谦抑"有关系，但现行法律条文对两个概念缺乏必要界定也难辞其咎。这些因素也导致这类案件的争议空间增大。

价格明显偏低主要是一种事实判断，虽然现行法律没有确定何种程度属于"明显偏低"，但至少从可操作的角度而言，可以提供较为具体的规则。[1]而"没有合理理由"，不再单纯是事实判断，而是会带入价值判断，且法律并没有提供任何对于"正当理由"的定义，也没有提供正当与否的判断标准。从立法论的应然角度，这一条文大有改进的空间，但在立法改进之前，司法应承担起发展税法的使命，确立可供参考的规则指引，或至少给予必要界定。

对于《税收征收管理法》第35条第1款第6项，首先要追问的是，该条规制的目的是什么？是要规范故意的避税行为，还是仅仅为了增加国库收入？如果是后者，则应摒弃，如果是前者，该条规则限于"价格偏低"，能够打击的避税范围过窄。又因为"价格偏低"需要纳税人以不明所以的"合理理由"来正当化或者排除税务机关的核定权，又使国家干预正常的市场交易行为过多。

只要价格是正常市场活动形成的结果，国家不应该干预，而应尊重"意思自治"所形成的价格。虽然意思自治不是税法的价值追求，公平课税才是，但意思自治的意思是市场理性，其结果意味着纳税人真实的纳税能力。因此，从民法角度

---

〔1〕 如对于股权转让的征税问题，国家税务总局2014年制定的《股权转让所得个人所得税管理办法（试行）》（国家税务总局公告2014年第67号）就有尝试列举了股权转让收入明显偏低的情形作为指引，提高了确定性和可操作性。

批判税务机关的纳税调整妨碍了意思自治，从税法上而言，难以成立。从税法的角度，如果税务机关没有正当理由，否认了纳税人交易的法律形式及/或其经济效果，则可能会使应税事实的认定与纳税人实际的负税能力不相匹配，违背了税收公平原则。毕竟，"作为税收负担能力评价基础的交易活动及其经济后果首先属于民商法规范的范围。"〔1〕税法通常需要尊重这个负担能力，在此基础上实现税收债权。为了保障法的安定性，并维护纳税人的稳定预期，经济实质主义的适用还应当满足一定的前提并按照适当的方法进行方能符合正义。

在拍卖交易中，拍卖作为一种竞争性缔约机制，良好组织的拍卖本身是一种公开、透明，不容易受到人为干预的价格形成和交易对象确定的程序，因此达成的交易通常可以排除"权利滥用"的推定，〔2〕从而不具备适用经济实质主义的前提条件。唯在现实中，拍卖和同属竞争性缔约机制的招投标难免有被操控的情形，使其公开和竞争性不复存在。此种操控的高度盖然性被税务局证明后，当事人就无法仅以拍卖作为"合理理由"的依据。反过来说，假设本案中拍卖程序不存在瑕疵，则可以否定"价格明显偏低"的滥用假定，不需由纳税人再行证明"合理理由"。税法以实现公共负担的公平分配为目的，这是课税的实体正义。不否认税法要尊重意思自治，但是尊重意思自治的原因并不是因其本身在税法上的地位，而是因为税法要实现公平负担。市场交易价格的形成是市场主体自

---

〔1〕 汤洁茵：《形式与实质之争：税法视域的检讨》，载《中国法学》2018年第2期。

〔2〕 避税的构成要件通常包括客观行为要件和追求税收利益的主观目的要件。客观行为要件说的是纳税人存在权利滥用行为，一般表现为非常规交易。二要件中否认其一，即可以排除避税的认定。

主决定的，其反映了市场主体真实的负担能力。

就第二个问题，有关价格的核定，也就是经济实质的构建在本案中是否合法且合理呢？我国当前《税收征收管理法实施细则》第 47 条尽管列举了各种核定的方法，但列举的方式仅能提供一种方向或者可能。加上当前的税收核定制度本身也存在较大的缺陷，核定前的调查程序规则缺失，对税务机关核定方法选择也缺乏约束等。[1]不仅未能给纳税人提供确定性，还给税务机关埋下了潜在的执法风险，但该条规定了纳税人的异议权，程序上提供了双方达成一致的机会。在这种情形下，通常可比交易法是一种能够确保横向公平和中性的做法，德发案中税务机关也从可比价格的角度进行了价格的确定，从判决书看，似乎纳税人并未对价格的核定方法提出异议，税务机关关于经济实质重构的证明标准可以被接受。

综上，从法律完善的角度，应当将《税收征收管理法》第 35 条第 1 款第 6 项的规制精神纳入反避税规则体系，从现有的条文中独立出来。实践中，该条款也被视为一般反避税规则。[2]该条可以特别反避税思路构建，以一般反避税规则的思路行漏洞填补之功能。具体而言，即将价格明显偏低的交易行为归入一种明显不合常规的行为，作为法律对滥用权利、规避税负在客观方面的一种推定情形，而将合理理由的解释作为该种推定的排除。在商业的语境下，合理理由可以按照合理商业目的的规则进行解释。合理理由的提出和证明应由纳税人完

---

〔1〕　参见丛中笑：《我国税收核定制度的梳理与重构》，载《经济法论丛》2009 年第 1 期。

〔2〕　参见袁森庚：《最高人民法院提审的德发公司案分析》，载《税务研究》2017 年第 6 期。

成。以后对于德发案中类似的情形，还是要放在反避税的框架下，在我国目前基于"合理商业目的"所构建的规则体系中来谈论经济实质主义的适用前提和经济实质的认定方法。值得关注的是，原来营业税中也有类似条款，在营改增期间，陆续将"正当理由"改为了"合理商业目的"[1]。可惜2015年公布的《税收征收管理法修订草案（征求意见稿）》在文字上和体系上均没有对该款进行调整。在当下，司法机关应当发挥司法能动性，而不应保持"司法沉默"，应在个案中按照实质课税的原理解释现有规则，积极发展税法。

---

〔1〕《财政部、国家税务总局关于在上海市开展交通运输业和部分现代服务业营业税改征增值税试点的通知》（财税〔2011〕111号）（已失效），该通知第40条规定，纳税人提供应税服务的价格明显偏低或者偏高且不具有合理商业目的的，或者发生本办法第11条所列视同提供应税服务而无销售额的，主管税务机关有权按照一定顺序确定销售额。但其他领域仍然在沿用"合理理由"，如《股权转让所得个人所得税管理办法（试行）》。

第五章

反避税中的行政权规制

反避税的必要性已经得到各国的共识，从一般反避税条款立法例的增长，到经济合作与发展组织的 BEPS 行动计划可见一斑。近些年，也有学者从社会责任和收益贡献、成本节约角度对反避税的正当性进行论证。无论何种理由，当前经济合作与发展组织主导的反避税"风暴"中，财政压力是一个很大的推动力是有目共睹的。既然反避税已经成为国际税法、国内税法的任务之一，需要研究的就是如何构建合理的反避税制度。问题的一方面在反避税政策选择上，要斟酌纳税人的意思自治与国家税收利益、税收中立以及税收公平的关系；另一方面，反避税规则的具体设计更是要在税收形式正义与税法实质正义之间寻求平衡点，既要最大限度地保障税法的稳定性和可预期性，又要尽可能地消减反避税规则自身固有的不确定性和裁量性，使纳税人的权利有所保障，同时也要给其提供有效的救济手段。

然而，从反避税的权力架构上，现代国家的选择都具有趋同性，以代表税收利益的政府主导反避税。[1] 根据反避税制

---

〔1〕 从比较法的视野看，一些借助纳税人和避税方案提供方的中介机构的力量或者参与反避税的制度设计多少体现了反避税"协同治理"的技术设计，如强调避税有违企业社会责任、通过强制信息披露制度和对中介机构进行行为规范

度的运行方式，行政机关拥有包括裁量权、管理和程序的优势地位是不可避免的，需要通过包括程序规则在内的制度设计予以制衡。

一、反避税中的行政权

这里所称的行政权并不限于一个特定而具体的权力，也包括一种来自立法制度或者执行层面的优势或强势地位，这里主要从反避税规则供给层面（国家权力分配）和执法层面分别分析。反避税中的行政权是现代行政权扩张的一个缩影，但因反避税制度运行本身的特性，从国家权力分配到具体法律关系中的法律地位均有不同的表现。

（一）反避税规则供给的行政主导性

如前文所述，为了实现量能课税，使税负公平负担得以实现，在立法层面，设计和起草税法时，尽可能减少、填补漏洞，制定反避税规则，自然是预防和规制避税的一种思路。以日本学者北野弘久为代表的学者以及对税收法定主义持严格态度的学者，认为反避税首先是立法的任务，税法领域需要严格遵循税收法定原则。因此，我们需要解决的第一个问题是，仅凭立法反避税是否能够有效实现反避税的目的，并借此实现税负的公平和量能负担。

（接上页）等。从法律有效运行的角度，协同治理的技术方案可能更为有效——根据法社会学的研究，影响人们遵从法律的因素包括赏罚、直接的社会情境和内在感受、良知和相关的心理危机等复杂的因素。参见［美］劳伦斯·弗里德曼：《碰撞：法律如何影响人的行为》，邱遥堃译，中国民主法制出版社 2021 年版，第7—8 页。

1. 税收法定的形式正义不足以供给全部反避税规则

税法的形式正义，是法治（rule of law）在税法领域中体现的结果，基本的体现是税收法定原则。从历史上看，税收法定还是现代法治主义的开端。

作为形式正义的法治原则，税收法定应包含三个层面：其一，税收只能通过一个适当的议会程序加以课征，而不能通过行政命令或者司法的裁决课征。过多的自由裁量，甚至是立法机关对政府的授权都是有悖于此的，因为政府机关具有决定法律内容的可能性。其二，议会有完全的权力决定法律的内容，但是要在宪法的框架下行使权力。其三，议会通过的法律必须具有法律的属性，具有具体的规则，纳税人应当能够根据议会制定的法律事先预见他们行为的税法效果，并且有足够的确定性。[1] 从第三点而言，法治原则是反对一般反避税条款的，这也是一般反避税条款遭遇挑战的主要原因和重要依据。

税收法定主义，有深刻的宪法法理，甚至现代宪治和善治，都是以税治为开始的。从正义的几重面向看，税收法定主义代表了法的形式正义。[2] 然而，在避税面前，这种形式正义恰恰充分显示了自己的"命门"。具体而言，税法形式正义的最大挑战莫过于税法规则的滥用，税法规则的滥用包括各种

----

[1]　See Graeme S. Cooper, *Conflicts, Challenges and Choices：The Rule of Law and Anti-Avoidance Rules*, IBFD 1997, pp. 15-16.

[2]　当然，也不乏学者试图突破税收法定原则形式正义的不足，带入实质正义的因素。北野弘久教授提出税收法定原则发展的三个阶段，即融通形式和实质、收税和用税。[日] 北野弘久：《税法学原论》（第四版），陈刚等译，中国检察出版社 2001 年版，第 73 页及以下。国内学者也从税收法治的角度，强调税收法定原则的形式和实质两个层面的要求。参见张婉苏：《从税收法定到税收法治的实践进阶——以进一步落实税收法定原则为中心》，载《法学研究》2023 年第 1 期。

避税行为（tax avoidance）和逃税行为（tax evasion）。可以肯定的是，避税现象如同税收制度本身一样古老，在过去的几十年中，大量的税收代理机构和专业作者为避税现象的增加也作出了显著的贡献。[1]纳税人在趋利避害的经济利益驱动下，得益于精通税法规则和财务规则并且精于钻研利用规则的专业人士的帮助，利用私法上的自由，通过选择和组合各种交易行为，绕开常规交易方式下必须适用的税法规范，取得与税法目的相悖且与其经济地位、能力不相称的额外利益。从形式上而言，税法规范并没有遭到违反，只是被"绕开"了，纳税人的行为与经济效果若按照常规交易，是符合课税要件的，但是至少从交易的形式上看，包括经济效果和法律关系的形式，并不符合税法规定。当形式理性的税法规范被绕过，实际上税法的调整目的在这种情形下已经落空，税收国家本身也受到威胁，税法形式正义已经受到严重的挑战乃至"挑衅"。面对滥用税法的行为，税法形式正义或者税收法治是难以应对的，因为法律漏洞是不可能完全被填补的，引发避税的税收优惠也不可能被取消。在我国立法习惯的影响下，执法机关制定规则具有客观必要性。[2]

2. 司法消极规则供给者身份

司法只能作为反避税规则的最终和权威的解释者，甚至如美国等判例法国家，也曾经代行一般反避税规则供应者的角色，反避税法律制度具体的适用规则也由司法判例生成。纵然

---

〔1〕 See David G. Duff, "Tax Avoidance in the 21st Century", in C. Evans and R. Krever eds. , *Australian Business Tax Reform in Retrospect and Prospect*, Thomson Reuters, 2009, p. 477.

〔2〕 参见叶姗：《税收剩余立法权的界限——以成品油消费课税规则的演进为样本》，载《北京大学学报（哲学社会科学版）》2013 年第 6 期。

如此，司法难以承担反避税规则供给的重任，至少难以独自承担。理由很简单，司法机关作为中立和消极的争端解决机构，无法主动地介入征纳关系中，从而使得反避税功能的发挥比较有限。当然司法机关能对行政机关行使反避税规则剩余立法权或者行政裁量权时发挥审查和监督效果。

3. 行政机关作为反避税规则的"续造者"

反避税制度调整的对象是"非常规交易"，且不论立法技术层面周详立法的可能性，由于内容明确的反避税规则会产生"指引作用"，很轻易被避开，[1]采取标准模式而非规则模式反避税不可避免。[2]反避税条款尤其是一般反避税条款非常抽象，具有包含要件事实判断和结果裁量的"双重开放结构"。[3]其实施除了有赖于税务机关在执法中以专业的标准进行解释、据以认定避税之事实，并对纳税义务进行重构和相应调整，还需要主管机构通过制定行政法规或者执法指引的方式予以具体化。[4]从这个意义上讲，行政机关在整个反避税规则体系中已经天然地和必然地被赋予了形成者的职责，是一个事实上的"续造者"，某种程度上决定了反避税制度实施的尺度，在缺乏有力司法审查的国家更是如此。

---

〔1〕　参见刘为民：《法律不确定性与反企业避税》，西南交通大学出版社2015年版，第17—18页。

〔2〕　法理上可以将规则和标准进行区分，其区别在于法律内容是在具体行为之前确定还是在行为之后确定。

〔3〕　汤洁茵：《法治视野下一般反避税规则的续造》，载《法学》2022年第6期。

〔4〕　HM Revenue & Customs, "Tax Avoidance: General Anti-Abuse Rule Guidance-Latest Version", Guidances, available at https://www.gov.uk/government/publications/tax-avoidance-general-anti-abuse-rules, last visited on 2023-12-30.

（二）反避税程序中的特别纳税调整权

如果将政府的前述反避税职责抽象为反避税权力，这种抽象的权力，在具体的征管程序中是以特别纳税调整权为体现的。避税的产生，很多恰恰存在于法律规范文义穷尽之处，有赖于在法律执行中以适当的反避税方法的适用予以明确其税法效果，其责权主要在以税务机关为代表的行政机关。反避税制度首先有赖于税务机关贯彻执行方能实现打击避税、维护国家税收利益的目标。

1. 特别纳税调整权的裁量性

特别纳税调整权，是税务机关在反避税行政程序中的权力。在特别反避税条款的适用中，多数情况如受控外国公司规则之适用、资本弱化规则之适用，相对更为具体而明确，税务机关反避税的权力行使具有可预见性。然而，在诸如关联交易的调整和一般反避税条款的适用中，税务机关特别纳税调整权的行使具有相当大的裁量性。这种权力属于行政法上的自由裁量权。学者们对于行政自由裁量权的含义有不同的理解。在德国和日本也存在两种观点：一是广义的认识，认为行政裁量不仅包括效果裁量还包括要件裁量。二是狭义的认识，只认可效果裁量。所谓效果裁量，亦称行为裁量或者选择裁量，是指关于是否作出某种决定，或者在复数的决定中选择哪个决定，乃至何时作出决定的裁量。所谓要件裁量，亦称判断裁量，是指对法律规范所规定的要件进行解释以及将行政机关所认定的事实适用于法律规范所规定的要件时的裁量。相当于将法律规定的不确定概念之解释和适用纳入其中。[1]反避税特别纳税调

---

〔1〕 参见余凌云：《行政法讲义》（第二版），清华大学出版社2010年版，第154—156页。

整权恰恰既包括要件裁量，如对合理商业目的的解释，以及效果裁量，如在转让定价调整中，在多种调整方法之间进行选择。在一般反避税条款的适用中更是如此。

我国《企业所得税法》第 47 条，是一个适用于企业所得税领域的一般反避税条款，规定"企业实施其他不具有合理商业目的的安排而减少其应纳税收入或者所得额的，税务机关有权按照合理方法调整。"然而，该条存在两个核心问题：①何谓"合理商业目的"；②何谓"合理方法"。该类词语，都是极不确定的概念，从而使特别纳税调整的结果不确定，纳税人经济行为的税法后果不具有可预期性。以至于"税务机关应当按照什么原则来否认避税安排，又应当按照什么标准来重新确定交易的法律性质呢？又该怎样识别私法上的安排不具有合理商业目的呢？税务机关应当如何行使纳税调整权，其进行特别纳税调整的权力经得起司法检验吗？"[1] 至今难以有令人满意的答案。

2. 特别纳税调整权行使的技术性

有关前述合理商业目的以及特别纳税调整方法，具有较强的技术性。以"合理商业目的"的概念为例，合理商业目的最先出现于美国的判例法中，美国法院为了区分正常的商事交易活动和恶意的避税安排，发明了合理商业目的的规则，意指纳税人的交易如果以取得税法上的利益为唯一或者主要目的，而缺乏合理商业目的，此为一项避税安排，税务机关可以拒绝给予纳税人所意图追求的税法利益。欧洲法院判例也引入了合理商业目的的概念，用以帮助判断是否存在避税行为，以及税务机

----

〔1〕　叶姗：《一般反避税条款适用之关键问题分析》，载《法学》2013 年第9 期。

关是否有权给予纳税调整。我国 2007 年企业所得税法修订时，完全采纳了此种表述。无论是合理商业目的的认定、证明，还是纳税调整，都需要税务机关反避税人员既对常见和新兴的投资架构，尤其是跨国投资架构等行为熟悉，还要懂得法律方法，以及了解财务会计等的专门知识，因此，权力行使所要求的专业性很强，一旦行使严谨，就很容易损害纳税人的权利。

税基的类型化和概数化的计算规则非常典型地体现了税法的技术性。[1]特别纳税调整实际上也关涉到以类型化或者概数化方法确定甚至"重构"税基。典型以转让定价方法为例，不同的方法适用于不同的行业、企业等，其中各要素的选择、公式的采用一定程度上脱离了单纯的法学价值和伦理判断，甚至进入经济学理论的范畴——什么要素对利润有多大程度的贡献，谁有权决定具体的方法，纳税人对于税务机关所选用的方法是否可以救济，直接影响到纳税人在不同国家的应纳税额。

基于以上，"税务行政主导主义"的形象以及公权力的相互交织和交叉演化使得行政权不断扩大的现实[2]在反避税的场景下尤为突出。为了赶走"老鼠"反而引来"狼"的局面，并不符合法治国的理念，也不符合纳税人权利保护的基本立场，如何对这种行政权进行有效制约，是各国反避税制度设计绕不开的一个重要命题。

二、反避税行政权制约的困境与出路

对于国家权力分配层面的行政权的制约问题，涉及宪法问

---

〔1〕 参见黄茂荣：《法学方法与现代税法》，北京大学出版社 2011 年版，第 269—270 页。

〔2〕 参见叶金育：《税法建制原则立体化构造：一种方法论的视角》，北京大学出版社 2021 年版，第 101 页。

题，从反避税制度讨论的角度，仅适合将其作为讨论执法层面行政权制约的背景。以下基于这种背景，具体讨论执法层面的反避税行政权制约问题。

尽管客观上对反避税中的行政权进行制约尤其迫切，但从实体规制的角度而言，存在制约困境，需要从程序思维的角度探寻可能的出路。在我国，受限于法治化水平，税收行政权的范围更广，除实体规则约束不足之外，程序制约和外围监督均有不足，需要立足于实体规则完善、程序规则建构和外围的税法司法化等途径予以解决。

（一）反避税行政权制约之困境

1. 实体制约之不足

实体制约的不足是反避税法律制度本身的确定性困境造成的。诚如葛克昌教授所言，一般避税防杜条款之立法，如《德国租税通则》第 42 条或我国《企业所得税法》第 47 条，不论法律条文或法律解释，均不能免于不清晰的质疑。司法裁判亦面临其是否符合法治国要求的挑战。[1] 如前所述，尽管全球各国的司法者以及研究者想方设法穷尽所能，试图对诸如何谓"权利滥用""合理商业目的"进行界定，欧洲法院提出认定避税的主客观标准，以及美国法院继形式重于实质原则、合理商业目的之外，创立出分步交易规则和经济实质规则，然而这些标准作为个案的认定标准或许能够提供指引，但是对于消灭税收执法的裁量空间而言，难以解决问题。遗憾的是，试图通过探索避税与非避税行为的确定界限是徒劳无功的，主张应当在法律层面给出明确的指引或者标准，是强"法"所难的。

---

[1]　葛克昌：《脱法避税与法律补充》，载《财税法论丛》2009 年。

反避税制度中的一般反避税规则是法律的抽象艺术，其价值在于概括性和一般性，在于实现个案中课税之公平。[1] 不确定性，与税收作为一种公共负担，需公平分配、需具有可预见性，不可避免地发生冲突。或许只有当法律的技术进步和发达能够将人类的经验判断标准客观化，这个困境才能最终消除。相比较而言，我国税法上的一般反避税规则，更是极度抽象，因而存在适用障碍；特殊反避税规则缺乏精细化规定，因而打击范围过宽。此种制度现状将纳税人置于一个十分不利的境地。

2. 程序规则对反避税权力制约不足

这一点在我国体现较为明显。在 2008 年实施的《企业所得税法》第六章"特别纳税调整"搭建了反避税的框架后，该法的实施条例以及国家税务总局 2009 年制定的《特别纳税调整实施办法（试行）》，对相关内容作了较为全面的补充，并在 BEPS 行动推出以后予以完善。根据当前的规则，纳税人在反避税程序中处于弱势地位。如根据国家税务总局《一般反避税管理办法（试行）》的规定，税务机关启动一般反避税调查后，企业应在一定的时间内提供资料，以证明其安排具有合理的商业目的。企业没有在规定期限内提供资料，或提供资料不能证明合理商业目的的，税务机关可根据已掌握的信息实施纳税调整。但该办法对于税务局应当满足何种条件才可以认为纳税人有避税嫌疑并没有规定，纳税人很容易被附加过多

---

[1] 由此导致的行政裁量问题，学者查尔斯认为，裁量术语之所以垄断行政法，消极意义上说是因为立法能力的有限性，积极意义上说是为了实现个案的正义。转引自余凌云：《行政法讲义》（第二版），清华大学出版社 2010 年版，第160 页。

协力义务。[1]

此外，当前的反避税制度也欠缺对举证责任和证明标准的规定，在行政机关既是程序规则的制定者又是执行者的情况下，有关纳税人是否构成避税的判断，容易被税务机关的既有立场决定，纳税人无论如何"自证清白"可能都归于徒劳。典型如杭州儿童投资主基金间接股权转让案中，税务机关取得的证据中仅有部分证据对于证明"不具有合理商业目的"具有间接相关性，质和量都难谓充分，即使纳税人的举证形成了比较强有力的反驳，仍然无济于事。[2]

3. 司法监督对政府反避税权力的制约乏力

如前所述，对于税法的理解、事实的认定，如果能以法院为平台，实现税法的"司法化"，使税法真正在法院层面进行最后的解释，通过权力与权利在司法平台上竞争、辩驳乃至形成共识，协调形式法治与实质法治的税收法治才有可能真正实现。然而，我国的法治现状使税收司法权过小且过于依赖税收行政权，[3]并不能充分发挥司法职能，无法对税务机关的行为提供有效的制约，也无法对行政主管机关宽泛的规则制定权力、法律解释权力予以有效审查。[4]

（二）可能的出路

如果说反避税中的权力是一种极具技术性的自由裁量权，

　　〔1〕　参见任超：《我国一般反避税举证责任规则的构建》，载《兰州学刊》2017 年第 1 期。

　　〔2〕　参见汤洁茵：《反避税调查程序的举证责任：现行法的厘清与建构》，载《税务与经济》2018 年第 5 期。

　　〔3〕　董学智：《论不确定法律概念与反避税规制———以"合理"一词为例》，载《烟台大学学报（哲学社会科学版）》2017 年第 3 期。

　　〔4〕　郭志东：《税务行政争议中的司法角色——以复议前置为视点》，载《税法解释与判例评注》2017 年。

且是有多重裁量内容的权力，从行政法对裁量权制约的角度进行探讨，以及结合税收和税务行政的特殊技术性进行探索，是有价值的选择。在行政法学者看来，行政裁量权运作需要遵循基本的规则，如符合合法性原则的基本要求、符合合理性原则的基本要求、行政自我拘束和履行法定程序。从对行政裁量权的制约看，一般包括立法统制、行政统制和司法统制，还可包括社会统制等。[1]也有学者指出，比例原则和合理性原则分别从手段和目的、裁量过程的角度切入，在一定层面上实现了对行政裁量权的控制。但这些基本技术仍然是依托在上述机制和过程中，是一种微观层面颇为实用的具体技术。[2]国外学者更是详细讨论了上级官员的监督审查、行政申诉、立法机关监督、检察专员和司法监督的各种可能性。[3]这些研究和探讨的成果无疑对于反避税程序中的裁量权之制约构成启发。在综合现有研究成果和行政法实践探索的基础上，可以基于以下思路对反避税中的行政权予以规制。

1. 程序法思维

当专注于实体规则的界定而陷入不能之困境时，需要转换视角，转而关注权力行使的程序制约。从程序法规制出发，分析比例原则在反避税程序和管理中的具体要求，构建政府反避税程序制度，包括发起的主体、条件、反避税调查程序权限、纳税人的协力义务和参与权、避税事实的举证责任、纳税调整

〔1〕 杨建顺：《行政裁量的运作及其监督》，载《法学研究》2004年第1期。

〔2〕 参见余凌云：《行政自由裁量论》（第三版），中国人民公安大学出版社2013年版，第238—241页。

〔3〕 ［美］肯尼斯·卡尔普·戴维斯：《裁量正义——一项初步的研究》，毕洪海译，商务印书馆2009年版，第160—183页。

决定的救济等。如果说现代行政法理念的变化经历了从权力制约权力、司法监督、立法监督，到现在的以权利制约权力，以程序制约和保障权力，则在反避税制度中，大有可以探讨的空间。[1]

2. 协同与协作思维

从行政角度而观之，现在的行政已经脱离了警察行政，转变为合作行政。对于避税事实的调查，基于信息能力的明显差别，单方面赋予税务机关调查权可能只会取得一厢情愿的结果。明确协力义务、建立特别纳税调整事实的协商制度，以及探讨税务和解制度，将会扭转当前权力越大，纳税人权利的威胁越大的局面。

从税务系统内部看，税务机关也可以通过内部执法标准之构建实现反避税执法的规范化，为纳税人提供一个更为确切的预期，国家税务总局将避税类型、避税认定标准细化和具体化，也可以给地方税务机关提供更为明确的标准，为其在一般反避税程序中的启动审批权提供更为准确的坐标。[2]尽管这种尝试不能穷尽所有的避税行为，但也给予了税务机关以启动避税行为的基本标准和初步的判断指标，税务机关仍然可以通过适时捕捉常用的、新兴的避税方案，进行整理、发布，从而

---

〔1〕　参见姜明安主编：《行政程序研究》，北京大学出版社 2006 年版，第1—8 页。

〔2〕　除英国发布的反避税指南外，南非税务局试图将避税方案的特点归纳出多个：①缺乏商业实质的行为（通常是预先安排的循环交易或者自我抵消交易的结果）；②利用税负不敏感的资金融通当事人或者特别目的的主体；③采取不必要的步骤和复杂模式；④税法处理和会计处理的不一致；⑤过高的交易费用等。See David G. Duff, "Tax Avoidance in the 21st Century", in C. Evans and R. Krever eds., *Australian Business Tax Reform in Retrospect and Prospect*, Thomson Reuters, 2009, pp. 481-482.

也可以给纳税人对照交易安排衡量能否接受的一个指导。

综上所述，对于反避税的治理，应当采取系统治理理念，从多方位发力。既要保障反避税权力，也要切实对该种权力的制约设定具体制度。

3. 税法司法化

我国现有税法"司法化"[1]程度较低，大多数应当或者能够进入法院程序的案件在庭外化解。税法"司法化"对税收法治而言，是意义非凡的，体现在以下几个方面：首先，税法行政案件大量进入法院系统，有助于纳税人权利的救济和税务机关执法的规范、合法化。其次，有助于税法本身的发展。通常而言，法律本身和法理的发展是与"疑难案件"密切相关的，很多法学家也乐于通过分析疑难案件去检验和发展法学理论。[2]最后，税法案件的审理有助于宪法精神的提炼和纳税人意识的提升。

故此，应当推动对法官的税法教育，对于专门从事税务诉讼案件的法官，更要从财务管理、跨国投资等方面进行全方位教育。法院应当摒弃司法"谦抑"，过于倚重税务机关对税法的解释和判断，转而主动掌握已经法定化的话语，抛弃古老的所谓税法属于"技术性规范"的观念，重新将税法的运行拉入法律运行的逻辑、方法和体系框架中。如此，对于税务机关可

---

〔1〕 这里说的司法化，是指大量的税法案件能够进入司法环节，从而使税法能够在司法机关得到解释和适用，成为司法的依据，而不仅仅是执法的依据。这在法治国家是平常不过的，在我国却需要专门关注和推动。目前，因为我国税务行政诉讼案件非常少，税法的解释和适用主要是在税务行政阶段完成，从而影响了税法本身的"法律实证"或者所谓"教义法学"方向的发展。

〔2〕 如王泽鉴教授，其《民法学说与判例研究》集实务与理论于一体，被称为民法学上的经典之作。

能也是一种执法教育，对于税法适用结果的确定性更有保障。

我国现有的法律框架实际上已经提供了一个法院对税务机关行政立法权和解释权的审查途径。但是，该途径或者制度架构是有限的，因为能够审查的仅限于规范性文件，而不能对大多数的行政法规、部门规章进行审查。改善的方案是完善现有的司法审查制度，提高法院的地位和独立性。

三、反避税程序中权力制约之具体探索

反避税程序的基本功能是查明避税事实，在此基础上进行纳税调整。为了查明案件事实，提高反避税制度的效能，税务机关被配给调查权力，纳税人和相关主体则被施加提供资料等协力义务。程序的规则，如举证责任及证明标准的规则会间接影响到纳税人的实体税负，而一些管理性规则则会影响到纳税人和相关主体的遵从成本，如相关协力义务等。为了给纳税人提供平衡的手段，可以从以下两个方面探索制约路径。

（一）阶层性构建程序规则

有关程序规则的建构，可以借鉴阶层理论，从反避税调查的各个程序环节，围绕避税行为认定、纳税调整决定等核心事项，分别设计不同环节的启动条件、举证责任、证明标准等。

阶层理论，是目前在德、日等大陆法系国家普遍采用的刑法犯罪构成要件理论，并在过去的二十年间被学者引进我国加以中国化研究，影响力与日俱增，与从苏俄引进的"四要件"[1]理论"分庭抗礼"。在阶层理论体系中，犯罪构成要件不再如"四要件"呈平铺和并列的样貌，其对客观要件与主

---

　[1]　即中国刑法理论通说的"四要件"：犯罪客体、犯罪主体、主观方面和客观方面。

观要件、违法与责任、事实与价值的区分更为清楚，其实践指导性更强。在司法审判中，构成要件需逐层审查，被告人触犯刑法分则某一法条所规定的特殊构成要件即符合构成要件，这是初步的判断，之后才依次是违法性、有责性的认定。[1]在构成要件该当性的判断时，也要遵循一定的顺序，如先审查客观要素，再审查主观要素，步步推进。正因为如此，阶层理论具有更强的体系性，是一种"位阶体系"。[2]

　　阶层理论在刑法中的运用价值也一定程度上适用于税法和反避税实践。在税法学界中，已经有学者借鉴刑法的阶层理论构建"阶层税收构成理论"，抛弃平铺式的传统税收构成要件理论，而将税收构成要件分为"可税性"和"应税性"两个阶层，每个阶层均分为三级，使税收构成要件理论成为逻辑自洽和结构分明的体系化理论，增强了可操作性，发挥了税收法治的指引功能。[3]在反避税实践中，如加拿大，尽管其没有采用"阶层"的概念，但是实际上在反避税调查中是分步审查避税构成要件的，可谓实质上在运用阶层理论。

　　诚如学者在税收构成要件中引入阶层理论所归纳的比较优势，即理论的体系性与逻辑性、理论的说理性和包容性、理论的可接受性与操作性等，[4]此种理论优势完全也适用于根据

---

　　〔1〕　周光权：《阶层犯罪论及其实践展开》，载《清华法学》2017年第5期。

　　〔2〕　参见车浩：《阶层犯罪论的中国命运》，载《中国法律评论》2017年第6期。

　　〔3〕　参见叶金育：《税收构成要件理论的反思与再造》，载《法学研究》2018年第6期。

　　〔4〕　叶金育：《税收构成要件理论的反思与再造》，载《法学研究》2018年第6期。

阶层理论构造避税构成要件的情形。即将避税构成要件和反避税调查程序结合起来进行阶层设计。

反避税程序作为特别纳税调整程序，其具有专业性和复杂性、历时长、行为定性困难等特点，以阶层理论构造避税构成要件的运用价值具体而言可以归纳为如下四点：其一，可以为税务机关提供反避税调查的路标指引。反避税案件，尤其是跨国的反避税案件中，纳税人的避税交易安排通常时间跨度长，涉及的主体多，交易形式错综复杂。税务机关对照阶层化的避税构成要件的"指路标"和"检查清单"，先认定什么，再认定什么，流程清晰。其二，为纳税人提供程序法保障。阶层避税构成要件理论能增加反避税调查程序的透明性，分步推进的设计增加了纳税人阻挡程序往前推进的机会。其三，可以节约征纳双方的成本。第二步永远不会先于第一步，第一步不能确立的，反避税调查程序终止，这样做比对每个构成要件都进行审查更具有效率。其四，阶层避税构成要件理论还能与证据规则协同考虑，通过阶层性的分析和筛选，待证对象得以类型化，并产生逻辑关联，实现体系化构成，[1]如使不同的阶层及环节合理设置差异化的举证责任和证明标准成为可能。

（二）贯彻比例原则

不论是宏观制度设计抑或权力的微观运行，比例原则在反避税程序中对权力规制扮演着核心角色。虽然不同学者在具体表述上仍存在分歧，但对比例原则的基本意涵已达成共识。由于欧洲法院对比例原则的一贯坚持并反复适用，尤其是在欧盟合成性法律文化的影响下，一套相对清晰的适用标准在欧盟判

---

〔1〕 邓超：《阶层性犯罪构成视阈下的证明标准探析》，载《政治与法律》2019 年第 5 期。

例法中建立起来。[1]比例原则以利益平衡为实质要求和最终目标，其具体要求如下：[2]其一，存在合法目的，所采取的措施可实现预期目标。其二，潜在的要求是决定采取措施的一方必须证明该措施能够（suitable）达到预期效果。其三，为实现该目标，措施需满足必要性（necessary）要求。这一标准又被称为"不可替代"标准，即不得存在其他代价更小的可供选择的措施。其四，措施必须合理，相对于要达成相应目标，不得对利益相关人苛以过多的负担。[3]以上四项标准被广泛应用，并在欧盟法（尤其是欧盟判例法）中获得承认。[4]

比例原则在反避税中的运用主要体现在避税行为的认定以及税务机关反避税措施和纳税人程序性义务的设定这两个方面。首先，在避税行为的认定上，基于反避税是国家公权力对意思自治干预的基本认识，该种干预应当以保护税收利益为必要，并以最小化为限。比如，普通自然人纳税人的规划行为如果不涉及商事活动，往往涉税金额较低，其筹划手段还涉及身份关系的利用等，一般而言，国家无需过度干预。从这个层面

〔1〕 See Julian Rivers, "Proportionality and Discretion in International and European Law", in Nicholas Tsagourias ed. , *Transnational Constitutionalism: International and European Perspectives*, Cambridge University Press, 2007, p. 113.

〔2〕 See Tom Hickman, "Proportionality: Comparative Law Lessons", *Judicial Review*, Vol. 12, 1 (2007); Maniaki-Griva Alexia and Ballon Elke, "Common European Sales Law-Detailed Appraisal by the EP Impact Assessment Unit of the European Commission's Impact Assessment", available at http://www.europarl.europa.eu/committees/en/studies.html, last visited on 2023-12-30.

〔3〕 See Tom Hickman, "Proportionality: Comparative Law Lessons", *Judicial Review*, Vol. 12, 1 (2007).

〔4〕 See Wolf Sauter, "Proportionality in EU Law: A Balancing Act?" *Cambridge Yearbook of European Legal Studies*, Vol. 15, 2013.

而言，比例原则可以构成对纳税人实体权利的保障。

　　除可对避税认定发挥作用外，比例原则在反避税管理和调查程序方面有较大的适用空间。目前，反避税制度中多引入同期资料准备等纳税人的披露义务，给纳税人带来了额外的成本，如何基于信息的管理和控制，合理分配这种信息披露的义务，是事前披露还是事后披露，都需要用比例原则去规范，防止税务机关过度地将信息调查义务强加于纳税人。这个层面的比例原则适用，可以使纳税人程序权利义务得到保障。

下　篇
一般反避税条款研究

本篇聚焦于反避税的前沿问题，在经济数字化和 BEPS 行动引领的国际合作反避税的背景下，讨论反避税制度的发展前景和因应路径。因一般反避税条款是一国反避税制度的基石，也是反避税制度体系化的基础，关涉到国内国际反避税体系的融洽、协调，本篇从国际比较的角度分析一般反避税条款的基本构造，并落脚于我国一般反避税条款的完善。

第六章

BEPS 行动和反避税制度的新挑战

近年来，随着谷歌、亚马逊、星巴克等跨国公司的巨额避税丑闻曝光，在债务危机压力的助长下，各国政府意识到现有的国际税收规则来源于国内实践，不能适应商业环境的变化，需要积极寻求新的路径应对税基侵蚀和利润转移问题。税基侵蚀和利润转移问题之所以发生，首先，因为各国税法之间存在重叠和间隙。前者带来双重征税，后者带来双重不征税。对于双重征税的消除问题，国内和国际基于国际联盟（League of Nations）在20世纪20年代提出的原则，已经发展出了成型的规则体系。但是双重不征税的问题，没有得到足够的研究。其次，因各国之间的税制差别，为跨国公司利用混合错配方式减少税负成为可能。最后，公司的治理结构为商业经营采用跨国控制和组织提供可能，从而为利润的转移提供了公司法上的条件。与此同时，各国也认识到经济数字化和资产无形化带给税收的影响——数字化使企业能够以远程的方式为消费者提供服务，价值的创造地和价值的实现地产生背离，现有基于常设机构概念的来源国、居民国税收利益分配规则面临重大挑战。而无形资产和现代服务也使现有的转让定价规则无力应对。基于对以上事实的认识，国际上一致认为现有的国际税法规则需要调整，[1]就此，BEPS 行动计划和被称为 BEPS 2.0 的双支柱方案被提出。国内税法层面和国际税法层面的反避税制度也相应地进入了一个系统变革的时代。

一、BEPS 行动计划的提出和发展

2012 年二十国集团财长和央行行长同意通过国际合作应对税基侵蚀和利润转移问题，2013 年经济合作与发展组织发布了解决税基侵蚀和利润转移问题的报告[2]（以下简称"BEPS 报告"）和行动计划（即 BEPS 行动计划）[3]。

BEPS 报告认为，需要应对的领域包括：①机构和工具定性的国际错配，包括混合错配安排和套利；②数字商品和服务利润的条约适用；③关联方债务融资、自保公司及其他集团内融资安排的税收处理；④转让定价，尤其是与风险和无形资产转移有关的转让定价问题，集团内实体间人为分配资产的所有权，在该类实体之间发生但独立市场主体之间比较少见的交易；⑤有效的反避税措施，尤其是一般反避税条款、受控外国公司条款、资本弱化规则和防止条约滥用的规则；⑥有害税收优惠安排。[4]

以上问题很难由单一国家解决，而是需要国际社会协同处理。经济合作与发展组织因此设计了一个全面的 BEPS 行动计

---

〔1〕 See OECD, Addressing Base Erosion and Profit Shifting, OECD Publishing, 2013.

〔2〕 See OECD, Addressing Base Erosion and Profit Shifting, OECD Publishing, 2013.

〔3〕 See OECD, Action Plan on Base Erosion and Profit Shifting, OECD Publishing, 2013.

〔4〕 See OECD, Addressing Base Erosion and Profit Shifting, OECD Publishing, 2013.

划，包括以下几个方面：①开发出终结或者消除混合错配安排和套利效果的工具。②从政策角度对特定领域适用不理想的现有转让定价规则予以改进或者澄清。目前关于无形资产的工作，是一个特别关注的重点领域。③对税收管辖权有关的问题提供更新的解决方案，尤其是数字商品和服务方面，方案可能包括修订现有税收协定条款。④引入更有效的反避税措施，作为前述方案的补充。可以在国内法层面或者国际法层面采用反避税措施，例如一般反避税条款、受控外国公司条款、利益限制条款和其他反条约滥用规则。⑤处理集团内融资安排的规定，如支出扣除的规则和预提税规则。⑥开发出对有害税收安排更有效的解决方案，将诸如透明度和实质等因素纳入考虑。[1]
BEPS 行动计划基于需要彻底变革的认识，将前述全面的行动分别设计为十五个行动计划，并相应设定了时间表。十五个行动计划分别是：行动计划一，应对数字经济的税收挑战；行动计划二，消除混合错配的影响；行动计划三，强化受控外国公司条款；行动计划四，限制通过利息扣除或其他金融支付的扣除对税基的侵蚀；行动计划五，有效打击有害税收实践，考虑透明度和实质；行动计划六，防止条约滥用；行动计划七，防止人为规避常设机构地位；行动计划八、九、十，确保转让定价结果与价值创造一致；行动计划十一，建立税基侵蚀和利润转移及其措施的量化分析方法；行动计划十二，强制披露税收筹划；行动计划十三，转让定价同期资料和分国信息披露指引；行动计划十四，让税收争端解决机制更有效；行动计划十五，建立多边工具。

---

　〔1〕　See OECD, Addressing Base Erosion and Profit Shifting, OECD Publishing, 2013.

尽管行动计划的主题广泛，数量众多，BEPS 各行动计划仍有其内在的一致性和协调性。首先，其遵循的宗旨具有一致性，即确保"利润在其经济活动发生地和价值创造地课税"。其次，行动计划的主题相互关联，如数字经济 BEPS 问题与税收协定、转让定价、受控外国公司、有害税制等税收议题有重叠与逻辑关系，BEPS 报告也首次提出了几种与数字经济密切相关的税收筹划模式。[1]行动计划六一定程度上起到了对混合错配和利息扣除规则等避税方式的兜底和补充功能，其中包括一般反避税条款的引入和反条约滥用规则。最后，其方法和手段也有内在的统一性。行动计划在很多方面都使用了"滥用""经济实质"的概念，两个概念渗透 BEPS 项目的方方面面。[2]增加透明度和加强多边合作也是 BEPS 行动计划所采用的方法。

因 BEPS 项目的有效性取决于实施的广泛性和一致性，2016 年，BEPS 行动计划发展出拥有广泛参与度的包容性框架，[3]并以多边工具《实施税收协定相关措施以防止税基侵蚀和利润转移的多边公约》使签约方得以"量贩式"修订双边税收协定。包容性框架的建立也宣告 BEPS 行动计划进入2.0 版本，国际税收多边协调机制进一步从程序性征管合作跨入实体性的征税权调整。[4]自 2019 年 1 月二十国集团和经济

〔1〕 高运根：《BEPS 行动计划 1、成果 1 数字经济面临的税收挑战》，载《国际税收》2014 年第 10 期。
〔2〕 米兰达·斯图尔特：《数字化 BEPS 环境下的滥用和经济实质（上）》，陈新译，载《国际税收》2015 年第 9 期。
〔3〕 参见闫海等：《因应 BEPS 行动计划的反避税体系构建研究》，中国政法大学出版社 2023 年版，第 5—6 页。
〔4〕 参见朱炎生：《BEPS 项目十年回顾：国际税收协调机制的多边化转型》，载《国际税收》2023 年第 12 期。

合作与发展组织推出双支柱方案[1]至今，经济合作与发展组织围绕双支柱方案的设计和实施发布了一系列的征求意见和阶段性报告，并且在 2023 年基本完成了规则设计，等待各国批准和国内实施。[2]

需要指出的是，BEPS 行动计划和双支柱方案并不是没有缺陷，前景也存在一定的不确定性。BEPS 行动计划主要着力于增强政府间国际税法规则的一致性、企业间利润配比的合理性、国际税收征管的确定性以及国际税收合作的效率性，一些深层次的问题仍然没有触及，不免有其局限性。[3]此外，双支柱方案推出之后，国际上质疑的声音不绝于耳，除了质疑规则设计本身的科学性，[4]还有从政治的角度能否推进，从法律的角度是否违背税法原则，以及经济合作与发展组织是否是适格的协调主体等的质疑，发展中国家尤其担心其因此遭遇不利地位。[5]而且，相比最初的双支柱蓝图方案，最后形成的

---

〔1〕　OECD, Addressing the Tax Challenges of the Digitalisation of the Economy-Policy Note, G20/OECD Inclusive Framework on BEPS, 2019.

〔2〕　《实施支柱一金额 A 的多边公约》以及《促进支柱二应税规则实施的多边公约》均已经发布，供各国批准。

〔3〕　曹明星：《BEPS 方略：新威权主义重构国际税收秩序的集结号?》，载《国际税收》2014 年第 7 期。

〔4〕　See Marco Greggi, Yan He and Yan Xu, "Digital Taxation on the Verge of BEPS 2.0: Some Preliminary Policy Considerations", *WCLF Tax Und IP Gesprächsband*, 2019, pp. 111-112.

〔5〕　如李金艳教授指出，双支柱方案共识主要是政治共识，有待于法律层面推进。而对于发展中国家而言，支柱一方案的税收收入及经济影响微不足道，但支柱二方案对税收主权方面的影响是让其担忧的。就其范围而言，支柱一方案对税收收入的影响是不起眼的，但支柱二方案是实打实的。参见李金艳、陈新：《关于双支柱方案的全球税收共识：真相探究和法律现实》，载《国际税收》2022 年第 3 期。支柱二方案对我国"一带一路"倡议、海南自贸港政策等也会带来挑战。参见崔晓静、刘渊：《OECD 支柱二方案：挑战与应对》，载《国际税收》2021 年第 9 期。

双支柱方案均有显著的调整，规则的复杂性大大增加，最终的实际效果较难预测。[1]但无论如何，既有的国际税法框架和基石已经无法应对数字经济带来的挑战，全球税改的方向无疑是对的。[2]只是未来国际税法协调的深度、平台选择还有待观望。经过一番博弈，2023年以来，联合国在新一轮国际税收规则形成中的地位被进一步强调，支持和推动者以发展中国家为主。[3]

单纯从反避税研究的角度，双支柱方案已经脱离了传统意义的反避税条款的范畴。但从 BEPS 行动计划到双支柱方案，均代表了实质性协调各国税法的趋势，其对国内反避税制度设计提出了国际协调思维的要求，换而言之，国内反避税制度在起草、设计和执行时，不能无视全球税法规则的发展，需要避免因反避税制度不协调导致的对国际投资和贸易的阻碍影响。

二、BEPS 行动计划中的反避税内容

BEPS 行动计划意在处理税基侵蚀和利润转移问题，其内容远远超过反避税制度的范畴，以反避税为目标或者方法的内

---

〔1〕 Alexander Fedan, "Case Study Analysis of the OECD Pillar One and Pillar Two Allocations to Developing Countries-What Has Changed Since the 2020 Blueprints?", Bulletin for International Taxation, Vol. 77, 1 (2023), pp. 19-20.

〔2〕 Craig Elliffe, "The Brave (and Uncertain) New World of International Taxation Under the 2020s Compromise", World Tax Journal, Vol. 14, 2 (2022).

〔3〕 2023年12月22日，联合国大会通过了《在联合国促进包容和有效的国际税务合作》（文件 A/78/459/增编8）的决议，以支持制定国际税务合作框架公约，这是全面通过该措施的最后一步，该决议将使联合国在国际税收政策讨论中发挥更大作用。该决议主要的赞同方是发展中国家，美国、德国、法国、日本等发达国家均投反对票。参见联合国官网：《联合国大会通过税收框架公约决议》，思迈特财税国际税收服务团队编译，载《转让定价人》微信公众号，2023年12月24日发表。

容也非常广泛。其中，狭义上的反避税规则主要包括规制税收
协定滥用的反避税条款、强化受控外国公司条款、规制利用混
合错配的反避税规则、限制利息扣除规则等，其他具有反避税
效果的防杜制度包括打击有害税收竞争和有害专利盒制度等。
从本研究主题的关联性的角度，本研究重点关注行动计划六及
其国内实施中所应该考虑的一般反避税条款的改革问题。其他
BEPS 行动计划内容仅在必要的情况下予以关照。

（一）BEPS 行动计划中的反避税行动：聚焦于一般反避
税条款

如前所述，BEPS 行动计划中的混合错配问题、规避常设机
构、数字经济以及转让定价规则均与反避税议题相关，但直接
涉及一般反避税条款的内容则集中在行动计划六中。经济合作
与发展组织于 2015 年发布了行动计划六的最终报告。[1]该行动
计划的主要内容是反条约滥用，尤其是条约套利行为（treaty
shopping）。纳税人从事条约套利或者其他的条约滥用行为，
获取不符合条约目的的税收利益，损害了各国的税收利益。行
动计划六的最终报告提出了几项建议以应对前述条约滥用行
为：首先，各国在缔结税收协定时，应明确条约应避免为不缴
税或者少缴税的逃避税行为创造机会。其次，经济合作与发展
组织的税收协定范本将引入特别反避税规则，即利益限制条
款。在满足特定情形时，一些实体将被限制享受协定利益。这
些情形需考虑法律属性、实体的权属、该实体的一般活动，以
确保实体与居民国之间有足够的联结。最后，为了应对利益限

---

[1]　See, OECD, Preventing the Granting of Treaty Benefits in Inappropriate Cir-
cumstances, Action 6-2015 Final Report, OECD/G20 Base Erosion and Profit Shifting
Project, OECD Publishing, 2015.

制所无法涵盖的包括条约套利在内的其他条约滥用行为，经济合作与发展组织的税收协定范本也将引入主要目的条款作为一般反避税条款。根据主要目的条款，如果交易的主要目的之一是取得税收利益，则这些利益将不被给予，除非利益的给予符合条约有关条款的目的和宗旨。[1]参与国可以在利益限制条款和主要目的条款之间择其一，也可以选择两者的组合，作为实施行动计划六的最低要求。但如果参与国现有的国内反避税规则足以打击报告中所列的条约滥用行为的，则报告所建议的相应规则可以免予采纳。

行动计划六的最终报告认识到仅在条约中引入反避税条款不足以打击以规避国内税法为手段的避税行为，这类避税行为需要通过国内的反避税条款，包括通过以行动计划的成果为基础而制定的反避税条款来规制。行动计划六总结了两类条约利益可能不当授予的情形：一是纳税人试图规避条约本身的限制；二是利用税收协定规避国内税法。通常国内税法的特别反避税规则不能触及前者，尽管国内税法上的一般反避税条款在某些情形下可以适用，但最好在条约中引入反避税规则。第二个情形则国际条约上的反避税条款难以全面涵盖，需要国内反避税条款发挥作用，从而带来国内税法和国际税法相关规则的协调问题。[2]由此可见，制止税基侵蚀和利润转移的实际效果，取决于国内、国际层面反避税规则体系性、协调性的良好

〔1〕 See OECD, Preventing the Granting of Treaty Benefits in Inappropriate Circumstances, Action 6-2015 Final Report, OECD/G20 Base Erosion and Profit Shifting Project, OECD Publishing, 2015.

〔2〕 See OECD, Preventing the Granting of Treaty Benefits in Inappropriate Circumstances, Action 6-2015 Final Report, OECD/G20 Base Erosion and Profit Shifting Project, OECD Publishing, 2015.

设计。[1]

（二）BEPS 行动计划带来的反避税新命题：合作反避税与协调反避税规则

一些国际经济组织在合作打击国际避税和偷逃税中发挥了越来越重要的影响。BEPS 系列文件的发布，更是"吹响了国际合作反避税的号角"，这是对经济全球化和经济数字化下跨国公司逃避税手段增加、规模扩大的必要应对，也受各国政府财政吃紧的艰难局势影响。[2]在过去三十年间，几乎所有的经济合作与发展组织成员国和金砖六国中的大多数国家都在进行结构性税改，而税务部门也在通过拓展信息获取渠道、加大打击滥用税收协定条款力度以及从合作转向协调来应对潜在的税基侵蚀和利润转移。[3]在 BEPS 行动计划推行以来，主要的经济体和国家都有不同程度和范围的行动。如在 BEPS 行动计划推出后，很多国家纷纷开始落实，包括在税收协定中加入反条约滥用的条款，改革资本弱化规则、转让定价规则，引入一般反避税条款等。以邻国印度为例，印度与墨西哥的协定中就加入了利益限制条款，从 2017 年财务年度开始，印度也希望

---

[1]　行动计划六最终报告也引入了其他的一些特别反避税条款，对于国际条约的反避税条款和国内反避税条款的关系，行动计划六的最终报告提出了两个特别的问题，第一个问题关系到适用税收协定以限制签约国对本国居民课税的权利的问题。税收协定不限制签约国对本国居民的课税权，这项原则将以新条文的方式确定下来。第二个问题关系到出境税（exit tax）。

[2]　参见庞凤喜、贺鹏皓：《基于反避税要求的税制改革国际视野》，载《税务研究》2015 年第 7 期。

[3]　杰弗里·欧文斯：《"后 BEPS 时代"及对中国的影响》，何振华、王婷婷、王质君译，载《国际税收》2014 年第 7 期。

引入一般反避税条款。[1]

随着越来越多的国家加入行动，需要关注不同反避税规则带来的重复征税问题。当前，反避税造成的重复征税问题，仅在少数领域（主要是转让定价领域）得到关注，没有受到足够的重视。然而必须认识到，与各国税制的不协调带来重复征税类似，反避税规则的不协调同样会造成重复征税。比如，从事跨国交易的纳税人在 A 国被认定构成避税，A 国主张其课税权，并调补了纳税人的应纳税额，但在相关联的 B 国不认可相应的处理决定，不作相应的调整，就会存在重复征税。在反避税行动已经突破了单边和双边的时候，因反避税制度的不协调导致的重复征税，涉及面更广。[2]在 BEPS 行动计划的现有框架下，不同国家在制定反避税法律制度的时候，应尽可能考虑到国际形势，以"主动"协调的方式避免相关问题发生，这有利于促进本国的跨境投资和贸易活动。[3]在欧盟，出于实施 BEPS 行动计划并且协调成员国反避税制度的需要，甚至以指令对成员国的反避税制度进行主动协调。[4]这种区域性

---

〔1〕 吴青伦：《BEPS 下各国（地区）防止税收协定滥用的最新趋势》，载《国际税收》2015 年第 9 期。

〔2〕 专门的讨论，见本书附篇第十章。

〔3〕 和增值税跨境交易的管辖权规则的协调类似，在没有国际层面的进一步协调时，各国如果遵从国际的共通做法和增值税的中性原则，就会减少因税法不协调产生的重复征税问题。从国际层面看，各国日益复杂和多样化的反避税规则还会使跨国公司承担沉重的税收遵从成本。未来也需要国际社会进行国际反避税治理。学者提出以国际税收善治原则予以指导，在国际合作打击逃避税行动中，应当以加大各国税制透明度和推动公平的税收竞争环境为目标，而在这个过程中，各国税务当局之间的合作是关键，情报交换方面的合作则是重点。参见叶宏禄、叶莉娜：《国际反避税：发展中国家与国际税收善治》，载《上海商学院学报》2018 年第 6 期。

〔4〕 参见贺燕：《欧盟反避税指令：欧盟反避税协调的新纪元?》，载《国际税收》2020 年第 1 期。

协调也不失为一种有效路径。

BEPS 本身有专门的行动计划，试图采用多边工具实现国际反避税合作与协调，如行动计划十五。此外，行动计划十四致力于建立有效的争端解决机制，但其主要是程序法机制。站在国内的角度而言，首先有赖于一国合理选择反避税规则理论资源，在此基础上实现反避税规则的良好设计，尽可能与各国反避税实践中所采纳的理论资源、法学方法存在内在的一致。这种一致性可以基于法律制度的规律性、法律传统之间的相互影响等而成为可能。其次，避税的概念本身是有国际共识的，反避税规则对避税的定义应当尽可能以确定化的方式反映该种共识。事实上，从世界范围看，一般反避税条款以法律移植或者借鉴的方式，跨越了国境，在法律规定层面呈现出显著的趋同性。[1]

三、我国反避税制度面临的挑战和调整的方向

总体而言，我国从关联交易调整制度拉开了反避税序幕。如前文所述，避税进入实务界和学界的视野，是在引进外资、外商投资规模日渐兴盛之后。我国以当时外商投资规模大、经济体制改革走在前面、具有相对更大的政策自主空间的深圳市，领先开始对避税行为进行法律规制。此后，以 2008 年和

---

〔1〕 李金艳、胡尚华：《一般反避税规则的趋同与差异：基于加拿大、澳大利亚和新西兰司法实践的分析》，载《国际税收》2021 年第 2 期。需要指出的是，该文主要比较研究的是加拿大、澳大利亚和新西兰，都属于英联邦国家，在法律制度上原本就相互影响，其一般反避税规则趋同性具有法律传统的基础。尽管如此，其结论仍然具有可靠性。原因是在 BEPS 行动计划下，各国引入一般反避税条款时会借鉴其他国家的实践。此外，欧盟层面也专门出台了反避税指令对成员国的反避税制度进行协调。

反避税：法律制度与法学方法

BEPS 行动计划为界，反避税制度及其执法有两个阶段性、跨越式发展。但当前反避税制度的体系性仍然不足，难以应对国际合作反避税的趋势和要求，需要从体系健全、规则完善等角度予以改进。

（一）BEPS 行动计划之前我国的反避税制度

1. 2008 年之前反避税制度的初步发展

1987 年 11 月，深圳市政府制定了《深圳经济特区外商投资企业与关联公司交易业务税务管理的暂行办法》，该办法对关联公司的定义、关联交易的定价原则以及税务机关利润核定方法等调整方法作了规定，其中提出的独立交易原则是关联交易规制的基本原则。关于该办法的成效，根据深圳市税务干部的介绍，办法实施两年后，税务局已对 11 户外商投资企业的避税行为采取了措施，其中 9 户取得成果，直接增加税款近 50 万元人民币。[1]这在当时可谓开创性的工作。然而，这一"开创"面临严重的合法性问题，因为当时以市政府名义制定的反避税规定，所依据的只有 1982 年《外国企业所得税法施行细则》第 24 条。而这一条款的反避税效力是有限的。首先，它只适用于外商独资企业，对于大量的中外合资企业不适用；其次，该条款本身适用的情形是外商独资企业在不能提供准确的成本、费用凭证的情况下，没有转让定价的避税手法和调整方法。[2]用现今的话语表达就是，当时深圳市的反避税举措缺乏上位法的依据，唯一可能挂钩的条款只适用

---

〔1〕 参见张志云：《两年来反避税工作的回顾与思考》，载《涉外税务》1990 年第 7 期。

〔2〕 参见张志云：《两年来反避税工作的回顾与思考》，载《涉外税务》1990 年第 7 期。

于核定征收情形。[1]尽管核定征收的方法可能与关联交易调整方法有重合之处，但是两个制度所基于的原理及目标是迥异的。当时的困境，与我国企业所得税立法之初按所有制分而立法不无关系。作为全国首个反避税的法律文件，《深圳经济特区外商投资企业与关联公司交易业务税务管理的暂行办法》于 2001 年 9 月 12 日通过《深圳市人民政府关于废止部分规范性文件的决定》（深府〔2001〕130 号）被废止，完成其历史使命。

1990 年，国家税务总局制定了《关于外国公司之间转让与受让石油合同权益税收处理问题的通知》（国税发〔1990〕027 号），对于我国中外合作开采海洋石油资源中，一些外国石油公司将其在华石油合同的部分或全部权益转让给其他外国公司的税收问题进行规定，其中第 4 条规定："关联公司之间转让在华石油合同权益，经税务机关审查认定无避税问题的，也可按上述一、二、三条的规定办理。"但是该文对于有避税问题的如何处理并没有规定。

1991 年 4 月 9 日第七届全国人民代表大会第四次会议通过了《外商投资企业和外国企业所得税法》，该法于当年 7 月 1 日开始实施，其中第 13 条规定："外商投资企业或者外国企业在中国境内设立的从事生产、经营的机构、场所与其关联企业之间的业务往来，应当按照独立企业之间的业务往来收取或者支付价款、费用。不按照独立企业之间的业务往来收取或者

---

[1]　某种意义上说，这也是地方政府处理棘手问题的一贯策略：通过对法律、行政法规乃至中央政策进行创造性解释，为问题解决提供制度支撑，并反过来为其他地方乃至中央解决问题提供可行的方案。参见郭志东：《新中国法制的自主性》，启蒙出版社 2022 年版，第 61—62 页。

支付价款、费用，而减少其应纳税的所得额的，税务机关有权进行合理调整。"此后，国家税务总局于 1992 年 10 月 29 日发布《关于关联企业间业务往来税务管理实施办法》，对前述条款的执行作了详细规定。1992 年制定的《税收征收管理法》第 24 条对所有内资外资的转让定价作出一体规定。[1] 2001 年，《税收征收管理法》修订时，在第 35 条第 1 款第 6 项中规定 "纳税人申报的计税依据明显偏低，又无正当理由的"，税务机关有权核定其应纳税额。被专业人士认为这是半条反避税规定。类似条款在增值税法和营业税法中也有出现。

前述反避税的立法实践局限于关联交易/转让定价，且除税收征收管理法可以适用于全部税种外，主要集中于所得税尤其是企业所得税一个税种中。

2. 2008 年企业所得税反避税制度框架形成

至 2008 年，《企业所得税法》实现了当时的外资和内资企业所得税两税合一，并且专章规定了反避税制度，即第六章 "特别纳税调整"，首次较全面地搭建了反避税制度框架，不仅对转让定价制定了专门规则，而且首次引入了预约定价、受控外国公司、资本弱化等反避税规则，以及一条备受瞩目的一般反避税条款（第 47 条）。此后，国家税务总局就特别纳税调整和一般反避税制度发布了一系列文件。但前述反避税制度在税种上的局限，即使在 2008 年整个反避税制度全部搭建好后，仍未改变。如在规避个人所得税、增值税的场合，只有税

---

〔1〕 该条规定："企业或者外国企业在中国境内设立的从事生产、经营的机构、场所与其关联企业之间的业务往来，应当按照独立企业之间的业务往来收取或者支付价款、费用；不按照独立企业之间的业务往来收取或者支付价款、费用，而减少其应纳税的收入或者所得额的，税务机关有权进行合理调整。"

收征收管理法上的前述半条反避税条款可能适用。因此，有学者和实务专家认为，"在企业所得税以外各税种的反避税立法上，我国目前的法律支撑严重不足，大大滞后于时代发展，哪怕应对极为普通的避税安排，也缺乏有力的法律依据。为了维护基本的税收公平，基层税务机关不得不穷尽甚至类推现有的法律资源，同时要承受执法不当的风险和压力。"他们建议在税收征收管理法中确立反避税原则。[1]

在《企业所得税法》之外，2009 年国家税务总局还推出了举世瞩目和众所周知的 698 号文，即《关于加强非居民企业股权转让所得企业所得税管理的通知》（国税函〔2009〕698号），其第 6 条规定："境外投资方（实际控制方）通过滥用组织形式等安排间接转让中国居民企业股权，且不具有合理的商业目的，规避企业所得税纳税义务的，主管税务机关层报税务总局审核后可以按照经济实质对该股权转让交易重新定性，否定被用作税收安排的境外控股公司的存在。"文件出来后，在国内外引发了很多的反响，同时也"贡献"了巨额的税收收入；[2]从理论到实务争议很激烈，赞同者认为此乃实质课税原则的贯彻、"透视"处理的中国实践，反对者认为违反了

---

〔1〕 参见王建伟、韦国庆：《税收征管法应确立反避税原则》，载《中国税务报》2015 年 12 月 9 日，第 7 版。

〔2〕 2012 年，全国最大单笔非居民企业间接股权转让所得税 4.03 亿元在山西省成功入库，是由境外非居民企业 BVI 公司间接转让山西省一家能源有限公司股权产生的非居民企业所得税款。见王心、王跃峰：《全国最大单笔非居民间接股权转让所得税入库》，载《中国税务报》2012 年 4 月 6 日，第 1 版。其他如一笔6225 万元的税款顺利缴入国库，这也是大连国税系统迄今为止征收的最大一笔非居民企业所得税款。见王晓玲、苏玲、郑国勇：《大连国税单笔最大非居民企业所得税款入库》，载《中国税务报》2011 年 12 月 23 日，第 7 版。

税收法定原则等。[1]除了非居民间接转让股权的规则，2009年，国家税务总局也就防止滥用税收发布了有关受益所有人认定的文件。

（二）BEPS 行动计划以来我国的反避税制度

1. BEPS 行动计划以来我国反避税制度的改革

BEPS 行动计划推出以来，在反避税领域，我国积极因应，也更新了国际和国内的反避税规则。如 2013 年 8 月 27 日，中国政府正式签署《多边税收征管互助公约》。2014 年 12 月 2 日，国家税务总局发布了《一般反避税管理办法（试行）》，该办法与当时正在修订的《特别纳税调整实施办法（试行）》共同配合，为一般反避税的管理提供更为完整透明的法律框架。2015年 2 月 3 日国家税务总局公布了《关于非居民企业间接转让财产企业所得税若干问题的公告》（国家税务总局公告 2015 年第 7号）及相关解读。其中包括对如何判断"合理商业目的"给予了更详细的指引，并明确规定了直接认定交易不具有合理商业目的的条件以及集团内部重组的"安全港规则"。2017 年 3月 17 日，国家税务总局发布了《特别纳税调查调整及相互协商程序管理办法》（国家税务总局公告 2017 年第 6 号），除大幅度更新了转让定价规则外，还规定了比较详细的相互协商程序规则。2018 年，国家税务总局再次出台税收协定中"受益所有人"认定的规定（《关于税收协定中"受益所有人"有关

---

[1] 陈晴、张涛：《中国非居民企业间接股权转让反避税规则的反思与完善》，载《重庆大学学报（社会科学版）》2015 年第 5 期；郭维真：《论中国非居民企业股权间接转让的税法规制》，载《涉外税务》2013 年第 4 期；周启光：《从"沃达丰税案"看我国非居民间接转让股权的所得税处理》，载《涉外税务》2012年第 5 期；滕祥志：《中国税法实务中的"透视"案例盘点：以非居民企业股权转让为视角》，载《经济法研究》2014 年第 1 期。

问题的公告》，国家税务总局公告 2018 年第 9 号)，除了完善相关认定标准程序，还厘清了"受益所有人"规则与一般反避税条款之间的适用关系。2018 年《个人所得税法》修正时，引入了个人所得税法上的特别反避税条款和一般反避税条款。

在国际条约层面，值得注意的是，中国于 2014 年 10 月 13 日与俄罗斯签署的双边税收协定中已明确写入了利益限制条款。新版《中荷税收协定》第 2 条规定，根据新款协定第 13 条第 4 款，若以中国为被投资国，被转让的中国居民公司股份价值 50% 以上直接或间接由位于中国的不动产组成时，中国税务机关有权就该股份转让产生的收益征税，也就是通过对以转让公司股权来转移不动产的控制，实现规避不动产税收的防堵规定。新款协定第 23 条更是明确，协定内的任何条文，除非产生违反协定的税收，不能阻碍缔约国行使国内法和反避税法令（Domestics laws and measures concerning the prevention of tax evasion and avoidance)，不论名称为何。学者认为，这种安排将防止滥用协定的规定分散在各个条文里，并突出一般反避税条款的应用。[1]此外，国家税务总局于 2015 年 3 月 18 日发布的《关于企业向境外关联方支付费用有关企业所得税问题的公告》，对关联支付的扣除规定要求符合独立交易原则，并且遵循经济实质。

2. 我国反避税制度的不足之处

（1）规则缺乏体系性

尽管有以上制度的完善，但是我国国内税法层面反避税法律制度从立法的角度看还存在以下问题：一是一些典型的反避

---

〔1〕 吴青伦：《反滥用协定的重要实践：新中荷税收协定的签订与蒙荷税收协定的废止》，载《国际税收》2013 年第 11 期。

税规则尚未规定，如退籍税制度、混合错配规则、利息扣除限制规则等。同时，一些现有的特别反避税规则也落后于国际反避税立法的最新发展，典型如受控外国公司条款。[1]二是一般反避税条款仅覆盖两个所得税，其他16个税种仅有针对价格的反避税条款。三是反避税管理类规则还有实质缺失，如反避税调查中缺少必需的涉税信息收集权力等，这是由《税收征收管理法》修订滞后导致的。四是现有的程序规定还需要优化，从而改变纳税人的不利地位。

此外，我国的反避税规则在国际税收反避税层面和国内税法层面的两套规则体系还有待协调。具体而言，在国际税收层面，主要是以防止条约的滥用为目的的双边协定中的反避税条款及其解释，在国内法层面，目前是以企业所得税法为框架基础形成的反避税规则体系。两套体系之间还有不协调的地方，并且国际条约中的反滥用规则因时间跨度、谈判地位等诸多原因，使二者存在较大的差异，而两套体系之间的适用关系也不无疑问。

如对于条约滥用的规制问题，我国与不同国家签订的税收协定中的反避税条款有较大的差异。如在税收协定中采用利益限制条款可以追溯到20世纪80年代的中美税收协定。随着BEPS行动计划的推进，我国在与厄瓜多尔（2013）、俄罗斯（2014）、智利（2915）的双边税收协定谈签或者修订中再次加入利益限制条款，同时主要目的条款既规定在特定的所得类型的条款中，也有作为单独条款统一适用，不局限于特定的所得类型。前者比较常见，如中国与新加坡、比利时等的税收协

---

〔1〕 崔晓静、陈浩达：《税法法典化视域下中国反避税体系的重塑》，载《国际税收》2023年第4期。

定，后者较为少见，主要体现在中德、中法等的税收协定中。[1]
如果与我国签订了条约的国家同时也签署了前述多边公约，则
除非该国根据《〈实施税收协定相关措施以防止税基侵蚀和利
润转移的多边公约〉的解释性声明》作了相反的安排，否则
主要目的条款都将被用于修订缔约国的被涵盖的税收协定。

　　在国内法体系中，除了《企业所得税法》第 47 条及其实
施条例中的解释，《特别纳税调整实施办法（试行）》第 92
条中规定：税务机关可依据所得税法第四十七条及所得税法实
施条例第一百二十条的规定对存在以下避税安排的企业，启动
一般反避税调查，其中包括"滥用税收协定"。从这个角度而
言，滥用税收协定的情形需要按照该办法第 93 条的规定去界
定。[2]而《一般反避税管理办法（试行）》第 2 条更是将"境
内交易"排除其适用范围，似乎更表明了这种交叉性。存在
交叉时，在有关国际条约和国内反避税措施的关系上，我国在
与部分国家签订的税收协定中规定"其他条款"来突出国内
一般反避税条款对滥用税收协定的规制。该条款表明在不导致
冲突的前提下，双边税收协定不应妨碍缔约国通过国内法律和
措施防止逃避税。中国与英国、美国、荷兰等 20 个国家或地
区的税收协定条文或议定书中有此类条款。[3]但前述《一般

---

　　〔1〕　李皓兰：《我国防止税收协定滥用的规则梳理与立法反思》，载《税务
研究》2018 年第 8 期。

　　〔2〕　该办法第 93 条规定："税务机关应按照实质重于形式的原则审核企业
是否存在避税安排，并综合考虑安排的以下内容：（一）安排的形式和实质；
（二）安排订立的时间和执行期间；（三）安排实现的方式；（四）安排各个步骤
或组成部分之间的联系；（五）安排涉及各方财务状况的变化；（六）安排的税收
结果。"

　　〔3〕　参见李皓兰：《我国防止税收协定滥用的规则梳理与立法反思》，载
《税务研究》2018 年第 8 期。

反避税管理办法（试行）》第 6 条第 2 款同时也规定："企业的安排属于受益所有人、利益限制等税收协定执行范围的，应当首先适用税收协定执行的相关规定。"这里的"相关规定"应意指国内法上的相关规定，否则会因相互引致存在法律适用的困境。但整体而言，国内国际两套规则衔接和配合不够，不利于实现国际反避税的目的。[1]

此外，国内法与税收协定关于反避税规则的解释存在不一致，存在税法文本和税收协定文本用语上的不一致和解释的不一致等。[2]例如，我国与智利的双边税收协定第 26 条第 5 款中界定一般反避税适用标准是"获取协定优惠是主要目的之一"，而我国《企业所得税法实施条例》第 120 条规定为"企业所得税法第四十七条所称不具有合理商业目的，是指以减少、免除或者推迟缴纳税款为主要目的。"学者建议借鉴主要目的条款关于税收协定滥用的界定标准、证明责任配置、条款拟定技术及其解释准则，完善国内法一般反避税条款，实现国内法与税收协定条款的统一协调。[3]

值得思考的问题是，国内和国际反避税规则是否有相容性，关键其实指向的是，能否通过统一的概括提炼出来统一适用的避税界定？换句话说，在国内、国际避税手段有较大差异性的表象下，是否存在实质的共同性，而这种共同性是统一概括的前提。对于这个问题，BEPS 行动计划六报告提出，需要区分两类避税案件，一种是行为试图规避条约本身的限制，另

---

〔1〕 参见崔晓静：《论中国特色国际税收法治体系之建构》，载《中国法学》2020 年第 5 期。

〔2〕 参见李皓兰：《我国防止税收协定滥用的规则梳理与立法反思》，载《税务研究》2018 年第 8 期。

〔3〕 同上注。

一种则是行为试图利用税收协定规避国内税法。前者无法单纯使用国内税法的特别反避税规则来规制，尽管可以适用国内税法中的一般反避税条款，但最好是适用国际税收协定中的反避税规则。而后者则会存在国内和国际税收协定反避税规则的交叉适用问题。

从确定的角度看，以上问题均适宜在国内法上，根据《维也纳条约法公约》，并在尽可能与国际税收实践保持一致的情况下，构建国内税法上的一般反避税条款。与此同时，对于国际税收协定中的一般反避税条款，适用主要目的条款往往会造成税收确定性下降、税收征管成本升高、税收争议增多等负面影响，因此缔约国在解释和实施主要目的条款时有必要在国内法中制定一些客观标准来降低负面影响。[1]

（2）反避税执法能力有限

从反避税执法的角度看，反避税执法能力有限。囿于执行的能力，权力运行乏力导致执法"不均"，也促使反避税权力异化，难以受到制衡。首先在现有的法律手段和执法条件下，避税事实的发现与认定困难。在跨国的环境下，避税事实发现与认定，意味着巨大的调查成本需要相当的调查手段和人财物方能实现。现实条件和法律层面的约束使多数避税行为难以被发现，更遑论被识别和调整。

以金融领域为例，一些反避税工具是通过金融工具的创新、衍生品的使用等达到规避常规投资业务所负税收而实现的。然而，如学者所言，面对金融创新的发展趋势，税务机关的传统税收征管方式的应对显然是有所不足的。从手段上看，

---

[1] 李娜：《〈多边公约〉的挑战：如何进行主要目的测试》，载《国际税收》2019 年第 10 期。

因金融创新工具实际上并不符合传统意义上的收入、费用的确认标准，从而导致长期以来无法在资产负债表等财务报表中体现，税务机关无从通过通常的审查财务报表为主的课税资料而确定纳税义务的成立并核定其金额。[1]

总体而言，从报道出来的反避税案例看，程序的启动和反避税调查的开展基本可以归为一种偶然事件，主要依赖于其他的信息渠道，如上市公司的信息披露书中发现线索而实现。[2]

（3）反避税制度成效不足

因为一般反避税条款缺乏可执行性，实践中一般反避税调查案件更是少之又少。一般反避税制度出台直至两年后才出现第一起适用一般反避税条款的反避税案例，即经国家税务总局批准立案的第一起涉嫌滥用税收协定一般反避税案。[3]自2009年后的三四年间，国家税务总局从强调"对新反避税措施的研究不够"，指出"基层部门没有人力去开展，也缺少探索和开拓所需的专业水平"，至"尝试和探索新措施"，再至"江苏、贵州国税运用一般反避税措施对一些存在问题的反避税案件成功进行了调整"，短短数年间，该条款已经从企业所得税法文本进入税收执法实践，尽管适用时仍存在不少难点。[4]作为对照，从报道披露出来的避税案例看，多数反避税案例适

____

〔1〕 汤洁茵：《金融创新的税法规制》，法律出版社2010年版，第88—91页。

〔2〕 如浙江台州一笔非居民企业间接转让股权的反避税案件，就是税务机关在上市公司的信息披露中发现的。

〔3〕 参见锁苗、李千阳：《巴巴多斯——非居民企业缴纳所得税余万元》，载《中国税务报》2013年1月16日，第1版。

〔4〕 参见叶姗：《一般反避税条款适用之关键问题分析》，载《法学》2013年第9期。

用特别反避税条款，根据国家税务总局主管干部的介绍，近几年来我国一般反避税条款主要在间接股权转让和滥用税收协定两个领域运用比较频繁。[1]这两类案例虽然都指向一般反避税条款，但实际是"特别化"的规则。

　　此外，我国反避税制度运行还存在成本收益困境。据媒体报道，负责反避税工作的国家税务总局国际税务司有关负责人告诉记者，反避税调查难度很大，从锁定目标、调查取证，到功能风险的定性分析，再到确定调整方案、量化分析，最后同被调查企业一轮又一轮的谈判交锋，整个过程是一场艰难的博弈和漫长的"拉锯战"。反避税调查工作主要是对跨国公司通过转让定价等手段将已转移到国外的利润追缴税款。反避税调查工作面临周期长、调查取证难、被调查企业不配合、善于或精于钻法律空子等困难。这对反避税调查人员来说不仅是技术的较量，也是意志和心理的比拼。[2]从时间看，被调查的交易从策划到实施至被税务机关发现，历时很长；从空间看，多数跨国避税交易涉及数个国家；从信息的拥有状况看，相关信息都由企业掌握，税务机关处于天然的信息劣势。所有的因素都给反避税工作造成了巨额的成本，对工作人员的专业素质等提出较高的要求。而税务局培养出来的反避税专业人才，又因待遇等原因，流失到跨国公司等企业，为其从事税收筹划等工作，更增加了反避税调查的难度。

　　笔者简单的调查分析结果也可以与前述相关报道相印证。

---

　　〔1〕　参见高阳、贾兰霞：《深入解读〈一般反避税管理办法（试行）〉——访国家税务总局国际税务司副司长王晓悦》，载《国际税收》2015 年第 1 期。
　　〔2〕　蔡岩红：《周期长 取证难 圈套多 反避税调查是一场艰难博弈》，载《法制日报》2014 年 7 月 18 日，第 6 版。

出于对反避税制度运行的好奇，在反避税执法数据不可得的局限下，笔者曾经对《中国税务报》上 2009 年到 2019 年这十年间的报道进行检索和整理，共取得 68 件反避税案件的报道，剔除重复报道之后剩余 65 件。在 65 件反避税调查的案件中，转让定价案件 47 件，占据大多数，占比 72%；非居民间接股权转让的案件 16 件，占比 25%。资本弱化类型的案件 4 件；受控外国公司案件 1 件。案例报道中提到（而非适用）一般反避税的案件 13 件，其中非居民企业的案例 7 件，资本弱化案件 3 件，转让定价案件 3 件。适用一般反避税条款反条约滥用案件 1 件。

从《中国税务报》上检索出来的 65 件反避税案件涉及了 16 个省份。在对地区的整理中发现沿海或较发达的城市发生反避税案件的概率更高，绝大部分沿海城市的反避税案件数量超过 5 件，而内陆地区的案件数量多为 1—2 件。二者差距较大的原因包括以下两方面：一是从企业的角度而言，沿海地区开发型经济体量更大，开放型企业越多则避税计划的生成能力越高；二是在税务机关方面，沿海城市税务人员的反避税业务能力更高，手段更先进。

在上述 65 件案件中，60 件都为税务机关积极作为，发现漏洞，即开启调查。税务机关在确认企业避税后，都会与企业进行约谈，确定补税后，企业的接受程度比较高，根据报道中的信息，仅有一起案件企业提起了行政诉讼，当然其他案件也可能有纳税人提起救济程序。除去报道中未写明调查时间的，剩余 22 件案件。8 件案件为一年时间内处理完成，其中非居民间接股权转让类型的案件全为一年内处理完成（5 件）。还有 3 件案件为五年以上才将税款追缴回来，且案件均为转让定价类型。

（三）我国反避税制度改革的思路

BEPS 行动计划开启后，从税务行政官员到学者，均提出中国应利用 BEPS 行动计划的契机，以成本节约和市场溢价理论来争取税收利益，并相应改革税收制度。[1]具体来说，就是在国内的制度建设方面，进一步掌握中国税基侵蚀的特征，将中国经验纳入国际税收治理体系。[2]同样，世界各国经验也有必要在中国的制度和法律规则层面得到吸收。可见各界对于我国反避税制度需要改革的问题不乏共识。

整体而言，我国近年来在反跨国逃税避税国内立法和国际合作方面均取得了显著进展，目前则需要完善《税收征收管理法》及相关制度、提高税收情报交换和利用能力、完善一般反避税措施及其他反避税制度。从提高反避税制度运行的成效看，创新管理手法、提高执法能力也具有迫切性。[3]而管理和执法能力建设超出了笔者的研究能力，以下将聚焦于反避税规则层面的完善提出框架式设想。

第一，在主要的税种法中补充规定一些典型的特别反避税制度。对侵蚀税基严重的避税类型针对性反避税规则比较成熟的，可以直接通过修法进入现有的两个所得税法的相应章节、

───────────────

〔1〕 如曹明星：《BEPS 方略：新威权主义重构国际税收秩序的集结号?》，载《国际税收》2014 年第 7 期；姜跃生：《BEPS 的价值创造论与中国全球价值分配的合理化》，载《国际税收》2014 年第 12 期。最近五年有关数字经济、受益所有人等议题的讨论成果也非常丰硕。

〔2〕 刘志阔等：《中国企业的税基侵蚀和利润转移——国际税收治理体系重构下的中国经验》，载《经济研究》2019 年第 2 期。

〔3〕 参见施正文、叶莉娜：《发展中国家税基侵蚀和利润转移问题研究》，载《法学杂志》2015 年第 2 期。

条款。对于新型的具有时代性特征的典型避税交易方案，考虑到两个所得税法已经提供了规制制度框架和规范依据，可以借鉴非居民间接股权转让规则的思路，在现有一般反避税条款的框架和合法性依据下，由国务院或者财税主管机关以行政法规、部门规章的形式予以设计，但应当以能够接受实质审查为前提。具体而言，对于 BEPS 行动计划中各国已经比较成熟的企业退出制度、混合错配规则、利息扣除限制规则等，需要根据我国避税活动的分布、严重程度等遵循前述思路予以设计。[1]

第二，从体系性的角度重新设计一条统一适用的一般反避税条款。具体的入法路径可以采取渐进模式，先在《税收征收管理法》中规定统一适用的一般反避税条款，待日后税法总则立法时，将一般反避税条款规定于税法总则，但反避税主要程序规则还可以保留在《税收征收管理法》中。

因一般反避税条款在一国反避税制度体系中处于核心地位，集中体现了一国的反避税理论主张，是联结国内反避税规则和国际反避税规则的纽带，也是补充特别反避税规则不敷适用的最后手段。一般反避税条款的改革应作为我国反避税制度改革的重点。

---

〔1〕 如对于混合错配规则，主管专家认为，因我国的跨境投资限制和资本项下的外汇管制等原因，引发混合错配的交易安排在我国比较有限，但在对外款项支付、境外机构的纳税主体认定等方面的规定仍然存在混合错配的可能，我国可以适时引入反错配规则。参见黄晓里：《BEPS 行动计划 2、成果 2 消除混合错配安排的影响》，载《国际税收》2014 年第 10 期。

第七章

一般反避税条款的比较分析

在合作反避税的模式下，各国不仅要完善自身的反避税制度，而且要考虑到反避税制度之间的协调，避免因反避税调整为企业带来额外的税收负担。通过比较研究来归纳各国反避税制度中的经验和教训，提炼反避税制度的核心要素，有助于实现制度的协调。一般反避税条款构成一国反避税制度中的"元规则"，反映了各国政府干预纳税人意思自由和财产权的限度，也展示出不同的技术路径，对我国一般反避税条款的改革有参考价值。

一、比较研究的设计和展开

"很少有其他法律如税法一样遭致人们如此积极地规避"[1]，为了维护税基，各国立法和司法创设出诸多的反避税方法来"反击"避税行为，其中比较常见的一种方法是一般反避税条款。随着 BEPS 行动计划的推进，一些原本没有一般反避税条款的国家，如英国、意大利开始引入。也有一些国家，如澳大利亚等，对原来的条款作了修订。

---

[1] Rebecca Prebble and John Prebble, "Does the Use of General Anti-Avoidance Rules to Combat Tax Avoidance Breach Principles of the Rule of Law? A Comparative Study", *Saint Louis University Law Journal*, Vol. 55, 1 (2010).

目前，已有部分学者对少数国家的一般反避税条款做了比较研究，从条款引入背景、概念的适用等方面做了比较深入的研究，是笔者进一步研究的基础。但现有研究关注的问题比较有限，其比较研究的样本也有限，无法从更广的整体视角来提供更丰富的信息，对一般反避税条款的起草和设计的借鉴也有限。在比较研究中，在对各国一般反避税条款文本进行研究时加入实证的元素，是本研究在方法上的创新尝试。

实证研究可以发现实然和应然之差，还可以发现知识的相互印证。[1]但是实证研究对样本的处理要求比较高，最好有一些定量分析的工具。笔者仅在比较研究中适当借鉴实证研究方法中的一些元素。这里所称的实证元素，是指以各国一般反避税条款的文本作为研究样本，就其中的共通要素进行归纳和总结。在此基础上，对照现有研究的成果，不仅可以发现理论上所主张的应然和各国实践中的实然之差别，探究差别背后的原因，还可以通过对实践的观察、分析和经验总结，补足现有的理论研究。更为重要的是，这种比较研究的结果将为我国一般反避税条款的重构从整体上提供一个更为广阔的样本对照，提供更多的有关路径选择分析的可能性。

比较研究的对象是各国的一般反避税条款文本本身，其构成、所用的概念和法理基础等，研究的目标是用文本内容的分析来比较和验证现有的理论研究成果，从实践中总结立法的共同经验，提炼可以作为国际合作反避税所需要的共识、基础性概念、通用性技术。最终服务于我国一般反避税条款的重构。在此目标之下，如何设计和开展研究决定了研究结果的学术价

---

〔1〕 白建军：《法学研究中的实证发现——以刑事实证研究为例》，载《政治与法律》2019年第11期。

值和实践借鉴意义。

　　首先是有关本部分比较研究的设计。本研究立足于现有的理论研究成果和学理对一般反避税条款实践的一些总结，从中提炼出与研究主题密切相关的基本的学理发现（假设），并将该学理发现与现有研究所提出的一般反避税条款的评估框架相结合，设计需要从研究样本即一般反避税条款文本中收集、分析的内容。

　　有关一般反避税条款的研究已经有大量的文献，并且关心的主题均比较集中。以下几个发现可以形成一个坐标体系，作为本研究的设计框架。

　　第一个学理发现是，反避税条款对避税行为的界定均遵循特定类型的路径、方式。一项基于各国一般反避税条款的比较研究总结出一般反避税条款对避税的认定有两个主要的方式，即客观方式和主观方式。前者在纳税人一端的客观方面，聚焦于交易形式的可接受性，后者关注纳税人的行为目的。[1]其核心区别在于判定避税是基于"客观行为"还是"主观目的"。[2]还有学者提出第三种界定的方式，即法律目的方式——纳税人税收利益的获得违背了立法目的。其在近年来被作为"次优"方案受到支持，在英国和新西兰得到确认。[3]除了认可以上三种方式，学者还归纳出第四种界定方式，即纳税人的收益来自税收节约（tax saving）而不是投资

----

　　〔1〕　See Graeme S. Cooper, *Conflicts, Challenges and Choices: The Rule of Law and Anti-Avoidance Rules*, IBFD, 1997, pp. 27-36.

　　〔2〕　王宗涛：《税法一般反避税条款的合宪性审查及改进》，载《中外法学》2018年第3期。

　　〔3〕　Justin Dabner, "The Spin of a Coin – In Search of a Workable GAAR", *Journal of Australian Taxation*, Vol. 3, 3（2000）.

或者活动的商业价值。美国财政部曾经为克林顿政府提出了一个客观的、具备可预测性的避税定义，即任何交易，如果合理的税前利润比合理预测的净税收利益少则属于避税。根据这种界定方式，如果纳税人税前的商业利润小，而税收利益相较更大，则存在避税。没有一个共同体国家采用这种方案。[1]不同的路径适用的效果会有差别，各国的一般反避税条款都偏好哪种路径，或者路径的结合？从而给我国有何种制度启示？

第二个学理发现与第一个学理发现密切关联，是反避税不同的法理基础（法学方法）。学者从全球视野观察，普通法国家发展出实质重于形式原则为反避税的法理基础，尽管各国之间有些许差别。根据实质重于形式原则税务机关可以考查交易的实质而否认交易的形式。大陆法系国家与之相当的原则，是立基于民法的禁止权利滥用原则以此发展反避税的基础法理和法律规则。尽管各国之间有差异，但在符合一定的条件时，如果交易的形式没有被法律接受，而又存在实现同样经济效果的其他选择，禁止权利滥用原则即赋予税务机关剥夺纳税人交易所追求的税收利益的权力。[2]欧洲国家，尤其是欧盟，在欧洲法院判例的影响下，主要基于禁止权利滥用反避税。[3]各国一般反避税条款对两种观念的实践是什么状况呢？两种不同的观念对于条款的设计和适用，会带来什么不同效果呢？

第三个学理发现是一般反避税条款存在天生的不确定性的

---

〔1〕 See David Dunbar, "Tax Avoidance: A Judicial or Legislative Solution", *Corporate Business Taxation Monthly*, Vol. 12, 2 (2010).

〔2〕 See Reuven Avi-Yonah, Nicola Sartori and Omri Marian, *Global Perspectives on Income Taxation Law*, Oxford University Press, 2011, pp. 105-107.

〔3〕 Marco Greggi, "The Dawn of a General Anti Avoidance Rule: The Italian Experience", available at http://ssrn.com/abstract=2709304, last visited on 2023-12-30.

局限，有学者提出应当通过程序来进行保障。各国的一般反避税条款是如何考虑程序规则的？

以上三个学理发现涉及一般反避税条款的路径选择和法理基础选择，第一个决定了避税行为的界定范围、界定方式，第二个决定了一般反避税条款的方法论选择、规则构建的原理、可以利用的外部资源及其范围，整体上构成了一般反避税条款的框架和基础。第三个则关系到不确定性的程序解决方法。

在前述坐标体系之下，还有一般反避税条款的逻辑要素问题，这决定了在比较研究数据采集时，如何设计采集的类别和范围。当下学术界对于一般反避税条款的性质，也即其到底是原则性条款，还是规则性条款有所争议。[1]要实现反避税条款的可执行性和可操作性，至少从立法的角度，应将其构建为包括不确定性概念的法律规范，从逻辑要素全面性的角度，规定相应的假定、行为模式与法律后果。就此，可以从各国的一般反避税条款主要包括的各个要素来进行观察。

在做比较研究的设计时，现有的实证研究也进入了我们的视野。有学者对一般反避税条款研究文献做了实证研究，通过对 2001—2014 年以一般反避税条款为主题的 38 篇英文学术论文进行信息提取、编码和内容观察，从中分析和归纳出一个评估框架，试图对早期反避税研究关注的主要问题进行回答。[2]这个从文献中发展出的理论分析框架包括五个一般反避税条款应

---

〔1〕　王宗涛：《一般反避税条款研究》，法律出版社 2016 年版，第 47—49 页。

〔2〕　如一般反避税条款是否违反税收法定原则？如何避免一般反避税条款的不确定性？如何平衡纳税人对税法确定性、纳税人税收筹划权与国家反避税所需要的灵活性、税务机关的裁量权等。See David Fernandes and Kerrie Sadiq, "A Principled Framework for Assessing General Anti-Avoidance Regimes", *British Tax Review*, 2（2016）.

当遵从的原则，分别是：①当条款适用时，税法条款的解释应当采用目的解释和客观解释，将交易和结构的经济实质纳入考虑；②法院和税务机关应当允许一般反避税条款和其他条款共同发挥作用，并且根据是否存在滥用、虚假性或避税等，允许一般反避税条款优先于税收条约和其他的条款，以否认其税收利益；③一般反避税条款的用词应足够宽泛以使税务机关和法院有捕获虚假的交易的裁量空间，但一般反避税条款的适用应当中性；④一般反避税条款应当对核心概念如"经济实质"和"税收利益"作出清楚的定义，并对其规定客观的判断要件；⑤如果避税行为被证实，一般反避税条款应当允许税务机关对交易和架构进行重新定性，根据背后的经济实质课税。[1]该研究得出的分析框架提供了进一步细化前述一般反避税条款逻辑要素的指引。

需要指出的是，该研究虽然从研究主题、方法到结论都有创新，但仍旧存在较大的局限。除了作者自己分析的该研究的局限性，即其研究对象只分析了学术论文而没有分析政府有关一般反避税条款讨论的政策报告等，也没有反映私人部门、商业部门的声音等，[2]最大的局限莫过于研究对象过于集中在普通法国家，在 38 篇样本中，只有 4 篇文章分析的是中国、荷兰和欧洲的一般反避税条款，其余文章作者均来自普通法国家，文章研究内容以英国、澳大利亚、加拿大、新西兰等国家的规则为主，决定了其分析框架是偏重普通法国家经验的，从

---

〔1〕 David Fernandes and Kerrie Sadiq, "A Principled Framework for Assessing General Anti-Avoidance Regimes", *British Tax Review*, 2（2016）.

〔2〕 David Fernandes and Kerrie Sadiq, "A Principled Framework for Assessing General Anti-Avoidance Regimes", *British Tax Review*, 2（2016）.

本研究的角度看，其中的偏差需要补正。

在前述研究以外，笔者看来，还有一个需要先行讨论的问题，即一般反避税条款应当在单一税种法中制定，还是制定在税法总则等具有普遍适用于各税种的法律中，即分散型立法还是集中型立法，以及在 BEPS 行动的背景下，其国内反避税法律规则与国际反避税的法律规则是如何协调的。前者决定了条文的抽象程度，后者决定了相关概念的选择和程序设计。由于资料收集的难度，后者的信息尚未能完全纳入研究范围。此外，考虑到越来越多的国家倾向于对避税行为进行处罚，从我国制度设计的角度，也不妨将其作为一个统计信息。

综合以上，本研究主要关注和提取各国一般反避税条款文本中的以下信息：①立法方式，考查是否有统一的一般反避税条款；②对避税的界定方式，前述四种方式的哪一种或者哪几种；③是否规定了适用条件；④对避税行为界定采取的构成要件，构成要件中各个要素是否规定了相应的认定标准；⑤所依托的核心法理是什么，是实质重于形式还是禁止权利滥用；⑥是否赋予税务机关对交易进行重新定性或者调整的权力；⑦是否规定了调整的方法；⑧是否规定了补税以外的处罚，该种处罚是否规定在条款中；⑨是否规定有专门的适用程序？规定在一般反避税条款中还是该法案的其他法条中？或者是规定在其他法案中？

其次是有关样本的选择。根据既有的对中国、美国、英国等 46 个国家和地区一般反避税条款情况的统计，截至 2005 年，共有 23 个国家和地区有成文的一般反避税条款，其中最早在税法中引入一般反避税条款的是法国，于 1941 年立法。此外，还有韩国等 5 个国家的税法中有经济实质条款（economic substance rule）实际上发挥着一般反避税的功能。到 2014 年，有成文一般反避税条款的国家增加到 28 个。税法中引入经济实质条款的国家增加到 7 个。[1]该研究并没有将德国法上的一般反避税条款/经济实质条款算在内，也并没有将一些判例法国家，如美国、英国等由法院创立的反避税规则考虑进去，从而数据比较保守。该研究也并没有就这些一般反避税条款适用的范围提供进一步的信息，也没有深入一般反避税条款本身进行分析，如一般反避税条款的核心要素、避税界定的方式等。

　　从本研究样本的选择上讲，理想的是，应当将全部制定有一般反避税条款的国家都纳入比较研究的范围，或者至少应当将前述已有研究中以经济合作与发展组织国家为代表的经济和法治发达国家纳入样本。但因为笔者语言的局限性和资源的有限性，目前无法达到全面样本的观察，从而需要对观察样本进行选择。本研究退而求其次，决定选择 12 个典型的国家和地区的一般反避税条款（或者有其替代效果的条款）[2]作为观察样本，即英国、美国、加拿大、澳大利亚、新西兰、德国、法国、意大利、西班牙、韩国、中国香港和中国台湾。其选择的客观合理性在于：从法律传统的分布看，普通法传统和大陆法传统的国家和地区，各占一半；从借鉴意义的角度看，这些国家和地区，无论是经济和法治发达程度，还是对国内税法研究和税收立法的影响，相对而言都是较大的，并且与我国内地

---

〔1〕　Å. Johansson, Ø. Bieltvedt Skeie and S. Sorbe, "Anti-Avoidance Rules against International tax Planning: A Classification", pp. 12-16, available at http://dx. doi. org/10. 1787/1a16e9a4-en, last visited on 2023-12-30.

〔2〕　这里指韩国和美国，前者是实质课税原则的条款，后者是经济实质原则。

的经济和投资关系更为密切。通常经济和投资交往越密切，就越需要国际税收层面的协调和合作，以消除税收障碍。

最后是有关数据的来源和文本的选取问题。外文文献，英语国家的法律文本从以下来源中收集：WestLaw 数据库，该国的议会、税务局等官方网站中的法律数据库。其他非英语国家和地区，主要是韩国、德国和法国，则从现有对相关法案的最新权威译本（包括中文和英文）中摘出。在缺乏权威译本的情况下，也有个别国家和地区不得已退而求其次，从学者的文章中提取到相应的一般反避税条款法律文本，主要是西班牙和韩国。从文本选择上，有一些国家和地区，如加拿大，不同的税种法中，均制定有一般反避税条款〔1〕，但基于所得税在发达国家和地区中的比重，以及 BEPS 行动主要面对的是所得税的税基侵蚀和利润转移问题，仅选择其所得税法案中的条款作为观察的对象。与文本选择相关的还有另一个问题，很多国家和地区围绕上位法中的一般反避税条款，制定有解释性和执行性的文件，如加拿大、澳大利亚、英国等，构建了一套比较完整的解释和执行包括实体和程序规则的规则体系。还有一些国家和地区如美国、澳大利亚等，税收法案结构复杂、规则数量庞大，因此纳入观察对象的仅限于该国税收法案中以一般反避税条款为名的条款（或节、条款群等），或者被该国或地区文献认为是一般反避税条款的条文，不在相应的法案中或者虽然在同一法案但不在该条款中的，则不纳入观察范围。原因在于，这种处理可以获得各国和地区在一般反避税条款立法时，

----

〔1〕　一些国家和地区如加拿大各税种法的一般反避税条款文本的差异并不大。但也有一些国家和地区，因历史的原因与税收立法体制的原因，可能有较大的差别。

对各个要素的设计和取舍态度，即什么内容或者要素应当在上位法的一般反避税条款中规定，什么内容可以在其他的衍生性法源中规定。

二、比较研究的发现和启示

（一）一般反避税条款的立法模式

在研究的 12 个国家和地区中，加拿大、澳大利亚和新西兰的一般反避税条款采取分散立法模式，所得税法案和其他法案分别规定，类似于我国内地目前的情况。这与现有研究的发现是一致的，即大多数国家和地区的一般反避税条款主要适用于企业所得税，但也有部分国家和地区的一般反避税条款适用于其他税种。[1]如表 1 所示，7 个国家和地区有统一适用的一般反避税条款规定在税法总则或者程序法中，其中法国和中国台湾规定在税收程序法中[2]，德国、西班牙、韩国规定在税法总则性法律中，而比较有特点的是意大利，规定在《纳税人权利宪章》中。英国规定在 2013 年的《财政法案》中。[3]中国香港和美国的一般反避税条款规定在法典化的法案中，因税制结构立法形式的原因，不好归入统一或者分散模式。

---

〔1〕 广州市国际税收研究会课题组：《我国一般反避税立法与管理：存在问题和经验借鉴》，载《国际税收》2014 年第 2 期。

〔2〕 中国台湾地区于 2016 年制定"纳税者权利保护法"时将一般反避税条款从"税捐稽征法"中移至此法中，规定于第 7 条。自此与意大利做法类似。

〔3〕 但英国的一般反避税条款没有将增值税纳入，意大利则对既有特别法中个别已有的一般反避税条款不影响。

表1

国家/地区	引入年份（最新修订年份）	法案及条文	适用的税种
澳大利亚	1981（2013）	《1936 年所得税评估法》第 IVA 节	所得税
加拿大	1988（2008）	《所得税法》第 245 条	所得税
法国	1941（1981）	1941 年《法国租税通则》第 244 条；1981 年《法国税收程序法典》第 L64 条	全部
德国	1976（2008）	《德国租税通则》第 42 条	全部
意大利	2015	《纳税人权利宪章》第 10 条	全部
韩国	2007	《国税基本法》第 14 条	全部
新西兰	1974（2007）	《2007 年所得税法》BG1 节	所得税
英国	2013	《财政法案》第五部分	除增值税外的其他主要税种
美国	2010	《税法典》7701（O）	所得税
中国香港	1947（1986）	《税务条例》第 61 条	所得税
中国台湾	2009（2016）	"纳税者权利保护法"第 7 条	全部
西班牙	1963（2003）	《税法总则》第 15 条	全部

一般反避税条款的立法方式和一国和地区的税法立法体系是密切相关的，大陆法系有法典化传统，从而选择在总则性法律中制定，并且这个路径也是可行的。值得关注的是意大利一般反避税条款的立法方式，其规定在纳税人权利保护法中，彰显了保护纳税人权利的立法价值，同时给纳税人权利设定边

界，防止其权利滥用。当然也和意大利的税收立法比较分散，《纳税人权利宪章》一定程度上代行了税法总则的功能不无关系。[1]

（二）一般反避税条款的规范要素

各国的一般反避税条款不论是仅作为法律原则规定，还是包含法律规范的逻辑要素，都会规定哪些规范要素的问题呢？为了考查这个问题，笔者根据对一般反避税条款文本的整体考查，将其覆盖的要素归纳为四个，分别为：定义要素（即对避税进行界定或者定义）；特别纳税调整方法要素；避税的法律后果（是否规定处罚）要素；反避税调查的程序规定要素，如举证责任分配等。表2的第二列显示了规范要素，其信息显示：①无一例外，一般反避税条款对适用对象的避税行为都有界定，只是界定的方式有所不同；②避税定义、规则的适用效果以及特别纳税调整的方法等，是绝大部分国家和地区的一般反避税条款中会明确规定或者可以提炼的内容；③在一般反避税条款中规定一定的程序内容并不少见，在9个采取统一立法形式的国家中，有5个国家规定了完整的实体要素和程序要素，在程序要素中，主要是有关举证责任的分配问题，并且如意大利，其举证责任的分配与避税构成要件的适用是结合在一起的。为了避免条款的累赘，具体的程序规则可以另行制定，但一些构成要件的证明义务可以在一般反避税条款中规定。

---

[1] See Marco Greggi, "The Dawn of a General Anti Avoidance Rule: The Italian Experience", available at http://ssrn.com/abstract=2709304, last visited on 2023-12-30. 另见翁武耀：《意大利〈纳税人权利宪章〉评析与借鉴》，载《税收经济研究》2018年第1期。

表2

国家/地区	一般反避税条款的规范要素（注3）	避税的构成要件	界定的方式	一般反避税条款的法理基础（注4）
澳大利亚	ABCD	①税收利益；②避税交易	AB	C
加拿大	ABC	①税收利益；②避税安排；③滥用	ABC	C。使用滥用（abuse）概念，但是与大陆法系的观念不同。
法国	AC	虚假行为、非虚假行为①文义符合，违背法律目的；②以税收利益的取得为唯一目的	ABC	B
德国	AC	①不当法律形式；②税收利益；③在法律目的之外，如存在非税原因可以排除本条	ABC	B
意大利	ABCD	①缺乏经济实质；②不正当税收利益。如存在非税法理由可排除本条	AB（注1）	B。以A界定B
韩国	AB	①间接或者多个行为；②不当获取利益	B	A。但仅作为调整的依据
新西兰	ABC	以避税为目的或效果	A或B	C

续表

国家/地区	一般反避税条款的规范要素（注3）	避税的构成要件	界定的方式	一般反避税条款的法理基础（注4）
英国	ABCD	①避税安排；②滥用	ABC（注2）	C。其他滥用概念，但是与大陆法系的观念不同
美国	AC	①有实质的目的；②实质改变经济地位	AB	A
中国香港	ABD	①税收利益；②避税安排；③以取得税收利益为主要目的	AB	C
中国台湾	ABCD	①基于获得租税利益；②违背税法目的；③滥用法律形式规避构成要件	ABC	A
西班牙	ABC	①行为虚假或者不适当；②没有经济效果	B	C。大概算是二者结合

说明：

1. 一般反避税条款的规范要素：A指定义要素；B指特别纳税调整方法要素；C指避税的法律后果要素；D指反避税调查的程序规定要素。

2. 界定的方式：A指基于主观方面界定避税；B指基于客观方面界定避税；C指基于法律目的界定避税；D指基于税收

节约标准界定避税。

3. 一般反避税条款的法理基础：A 指实质重于形式原则；B 指禁止权利滥用原则；C 指其他。

附注：

注 1：C 可能隐含在"正当与否的判断中"。

注 2：该国的一般反避税条款对两个概念进行界定时，分别使用了以避税为主要目的或者主要目的之一、交易行为不是合理方式。同时，对于滥用的界定，需要考虑法律的目的等，尽管这里属于对核心概念的下位界定要素，但结合其立法理由和一般反避税条款的内容，仍然将目的纳入。

注 3：法国、德国和西班牙的程序要素，未能考察到。

注 4：其中个别国家和地区的界定比较难以一分为二地判断，如德国、中国台湾等，国内对其相应条款的讨论是放在实质课税原则下进行的。尤其是中国台湾，也用到了滥用的概念，严格地说，算是 A 和 B 的结合，但笔者结合法律背景（如德国所在的欧盟层面是在权利滥用概念中发展反避税原则的）、学理认知等，做了这种界分。

考虑到本研究对于考查范围的限缩处理，即仅关注一般反避税条款的上位法文本，有关程序问题的重要性不容被低估——实际上各国通过各种方式明确以特别的程序环节设计或者规则设计来试图平衡纳税人权利的做法并不少见。并且有澳大利亚、英国、法国等通过专门的独立委员会审查的方式，提高一般反避税条款适用的中立性和专业性。此外，需要再次说明的是，因时间以及各国和地区立法结构的复杂性，有一些要素在通常所认为的一般反避税条款文本中没有被包含，就被统计为不包含该要素。但这并不表明该国和地区一般反避税规则体系中不存在相应的规则。换而言之，只是完整法律规范不规定在一个法律条文中而已。此外，有关调整的方法、是否对避税行为规定行政处罚的法律后果，以及各国和地区一般反避税条款中的其他问题，与本报告其他部分有关联的，将在其他部分具体统计和分析。

（三）一般反避税条款的界定方式

如前所述，学者总结出一般反避税条款的四种对避税进行界定的方式。在数据统计时，本研究将四种界定方式提炼为：主观方面、客观方面、法律目的、税收节约[1]。并根据各国一般反避税条款对避税行为（适用对象）的界定要点，在予以适当的理论评价后贴上相应的"标签"。如表2所示，研究发现：①绝大多数国家和地区使用了综合的界定方式。仅有1/4的国家和地区的一般反避税条款采取了单一的界定方式，接近一半的国家和地区同时采用了三种界定方法。还有同样多的国家和地区采用了两种不同的界定方式。②尽管如此，主观目的和客观行为是最具有决定性的界定方式，可以认为是界定避税的必要条件。就算一般反避税条款仅采用一个界定方式，也无法回避使用主观目的或者客观行为界定，尤其是后者。③即使没有同时使用法律目的的一般反避税条款，客观行为的界定中使用了"合理"或者"正当"的概念，通常判断标准会将立法目的的违背纳入考量因素（或者考量因素之一），因此往往也会暗含对法律目的的考察。④尽管各个国家和地区都对一般反避税条款的适用条件作了规定，也以不同的方式对其

---

[1] 具体含义见上文。

所适用的行为对象作了界定，但构成要件的表述有较大的差异性，且界定的抽象程度有较大的差异。这也与现有的研究结果是一致的。在考察对象中，没有一个国家和地区使用第四种界定方式，尽管其非常的客观，这表明各国和地区对于一定范围内的税收筹划行为是接受的，仅将与法律体系的目标不相容的税收筹划行为纳入了打击对象。

需要说明的是，这种分析仅仅是基于一般反避税条款文本中的表述进行判断的。一些国家和地区在司法中对相关要件发展出具体的判断标准，也有一些国家和地区如澳大利亚一般反避税条款规定了判断有关要件时可以纳入考虑的各种情形。为了避免这种困境，这里我们仅基于一般反避税条款对避税界定所采用的第一级要件[1]。

（四）一般反避税条款所依托的法理基础

如前所述，学术界的一个认识是，大陆法系国家和地区倾向依托民法上的禁止权利滥用概念作为反避税的基础法理，而普通法系国家和地区则适用实质重于形式原则。为了考查这个问题，本研究根据各国一般反避税条款所使用的概念，并且必要时结合其立法历史、适用判例、学术研究成果等，试图作一个尽可能客观、符合学术观念的判断。为此，本研究将一般反避税条款的法理基础分为：实质重于形式、禁止权利滥用和其他。为了更客观地交代判断依据，又在表格中补充了必要信息（根据表2最后一列所示）。

第一，与学者的认识有出入，真正可以将其法理标签以A或者B归类的，仅有6个国家和地区，并且不能形成"大陆

---

[1]　这里称其为第一级要件，是指一般反避税条款界定避税时所使用的概念，而尽量不包括对概念进行进一步界定的解释标准。

法系-权利滥用""英美法系-实质重于形式"的对应关系。其中 3 个大陆法系国家（德国、意大利和法国），可以确定是以权利滥用为基础法理的，符合学者的判断。而英美法系国家和地区，仅有美国真正采用实质重于形式原则（具体而言是经济实质原则）作为反避税的法理基础。另外，有欧盟之外的两个大陆法系国家和地区即韩国与中国台湾，一般认为其反避税规则是立基于实质课税原则之上的。在另外 5 个国家和地区中，均遵从普通法传统，都属于英联邦共同体，其反避税规则有一定的共性，包括一些共同概念的使用等，但也存在较大的差异。[1]新西兰的一般反避税条款对避税的界定非常宽泛，其判例法对一般反避税条款的适用也有比较独特的地方。而澳大利亚和中国香港的一般反避税条款从概念到适用更为接近，但无论是实质重于形式，还是滥用等概念，都仅仅是判断避税所考察的方面之一。具体的讨论将在下文展开。

第二，两个理论资源在各国和地区一般反避税条款的立法和执行中，存在综合使用的情况。如德国和意大利，使用实质课税的概念作为认定权利滥用或者避税行为的一个要素。此外，还有西班牙的一般反避税条款同时使用了禁止权利滥用和实质重于形式的理论资源。而英国和加拿大均有滥用的概念，与大陆法系的权利滥用概念尽管有较大的区别，其理论基础、适用方式等均有不同，但其判断的标准、考量的要素等，可能并没有实质性区别。

---

[1] See David Dunbar, "Tax Avoidance: A Judicial or Legislative Solution", *Corporate Business Taxation Monthly*, Vol. 12, 2 (2010). 另见李金艳、胡尚华：《一般反避税规则的趋同与差异：基于加拿大、澳大利亚和新西兰司法实践的分析》，载《国际税收》2021 年第 2 期。

三、有待进一步完成的领域

首先，一般反避税条款规范要素的设计可能和其适用的税种范围有相关性，但是本研究尚没有深入观察其中的关联性。其次，实体规范要素需要和程序规范要素协同设计，因为研究对象的限制（即没有将一般反避税条款文本以外的规范纳入考查），则难以建立起二者之间更具体、更有借鉴意义的协同关系。再其次，也是囿于时间和手段的原因，未能将各国和地区一般反避税条款的国内一般反避税条款和国际条约反滥用之间的关系纳入实证分析。最后，有关一般反避税条款与特别反避税规则的关系问题，是否应当制定反避税排除条款等议题，如何围绕一般反避税条款文本搭建从概念解释、要件判断标准指引到程序规则的规则体系等，也是一般反避税条款的设计和适用值得关注的。[1]因为主题和研究能力的限制，尚未在实证研究中涉及。但其中的一些内容，会在接下来适当讨论。

---

〔1〕　为增加立法透明度、减少不确定性，加拿大通过制定例外规定或发布案例，明确哪类交易属于可接受的税收筹划。印度则考虑对启动一般反避税条款设定最低金额（年税收利益超过 3000 万卢比）。参见广州市国际税收研究会课题组：《我国一般反避税立法与管理：存在问题和经验借鉴》，载《国际税收》2014年第 2 期。

第八章

一般反避税条款的规范要素

为了提高一般反避税条款的规范性和有效性，各国一般反避税条款均需要规定避税的定义，即"定义要素"。除此之外，从比较法的角度看，因其关系到纳税人的应纳税额，根据税收法定原则，应有法律的依据，一般反避税条款还需要规定税务机关可以采取的特别纳税调整方法。此外，以避税事实的发现和认定为目标的反避税调查程序规则也最好规定在条款中。[1]最后，避税行为的法律效果也需要在一般反避税条款中规定，其规则的逻辑结构方为完整，方可实现"规范"功能。这里的法律效果是指纳税人除从税收之债的角度补缴税款及相应的利息之外，所可能承担的法律给予的其他的不利后果，主要是处罚甚或是刑罚。

基于前一章研究，以下分别以"定义""方法""效果"和"程序"为主题，对以上一般反避税条款中的核心规范要素依次探讨。

---

〔1〕 金子宏等教授主张税收法定主义的内容包括程序保障原则。参见［日］金子宏：《日本税法》，战宪斌等译，法律出版社2004年版，第63页。国内也有学者认同该主张，认为，程序保障原则是指税收权力的行使必须按一定的程序来进行，税收纠纷也必须通过公正的程序来解决。参见王鸿貌：《税收法定原则之再研究》，载《法学评论》2004年第3期。从程序保障的角度，对纳税人的实体权利义务有重大影响的程序规则以法律予以规定，也应属于税收法定原则的内容。

一、一般反避税条款中的定义要素

对避税行为进行界定，可谓一般反避税条款首要的、核心的任务。从学理的讨论观察，国内已有学者对避税行为的构成要件进行了卓有价值的探索，其观点虽然分为四要件说、三要件说、二要件说等，[1]但都绕不开避税的主观方面、客观方面。[2]正如学者指出，避税应是主客观相统一的范畴，若缺少避税行为或是避税主观目的中的任何一项，避税行为都不能成立。[3]本研究考查的 12 个国家和地区中，绝大多数国家和地区都同时采用了这两种方式。

主、客观方面的构成要件中，又会包括不同的要素，并以相应的概念作为载体呈现。其中，主观方面的构成要件通常为是否以取得税收利益为主要目的等，客观方面的构成要件主要包括行为要素、（法律）目的要素和结果要素。不同的要素选择以及适用方式无疑会影响一般反避税条款的规制范围以及适用难度，从而会影响纳税人的权利（包括实体的和程序的）。此外，主客观要素之间并不是孤立的，"主观动机要通过客观过程与结果来体现、反推和印证，即一般避税行为是主观和客

---

〔1〕　参见刘剑文、丁一:《避税之法理新探（上）》，载《涉外税务》2003年第 8 期。

〔2〕　如在对于避税进行法律分析的经典之作中，作者基于法律欺诈理论和权利滥用理论，将避税的特征分为 a 存在避税税收规则的交易、b 取得税收利益、c 对税法漏洞的利用、d 扭曲行使权利、e 违背立法意图等方面。参见翁武耀:《避税概念的法律分析》，载《中外法学》2015 年第 3 期。其中一般被认为属于主观要素，而其他为客观要素，当然其他方面的认定，通常也可以被认为纳入了一定的主观恶意的因素。当然，作者是基于法理的分析，并不涉及有关立法上关于要件适用的方式问题。

〔3〕　熊伟、王宗涛:《一般反避税立法思辨》，载《国际税收》2013 年第 10 期。

观的统一。"〔1〕

从各国和地区一般反避税条款的条文分析，各种要素之间的逻辑关系可能稍有区别，某一个要素被一国和地区用来作为判断其他要素的指征，而在另一国和地区可能相反。立法对不同概念的选择本身可能难以当然地表明其对避税界定的范围不同。〔2〕

从美国和欧洲法院的界定为例。从主客观字面上的表述看，二者均以获取税收利益为目的为主观方面的要件。但是从客观方面的表述看，前者使用了"经济实质"的概念，后者则使用了"法律目的"的概念。后者在判例中，又将税法滥用行为限缩为完全虚假行为。完全虚假的行为一般而言是缺乏经济实质的，虽然缺乏经济实质的行为未必全是"完全虚假的"，但理论上可以从实质解释的角度将缺乏经济实质的行为解释为完全虚假的。从这个角度看，尽管用语不同，不同的主客观标准之间的差别也并没有实质性差别。实际上欧洲法院在后来的判例中，也扩大解释了"完全虚假行为"。

在避税认定上，"避税的主观目的与客观行为不能等量齐观"，也是值得肯定的。但是否"客观行为要件应是避税构成的主要件，主观避税目的为避税构成的排除要件"〔3〕，需要我们

〔1〕 杨春梅：《构建我国一般反避税法规的国际借鉴研究》，载《税收经济研究》2015年第2期。

〔2〕 不可否认，这个问题非常复杂，各国和地区的一般反避税条款尽管在概念（定义要素）上的选择有一些共性，比如"滥用""避税交易""税收利益""法律目的"等，但是因各国和地区的司法传统、法律体系整体的差别，以及程序设计的区别，相同的概念在反避税实践中的适用范围和结果也会有差异，难以具体比较。我们试图用各国和地区一些典型的反避税案例，以不同的概念（定义要素）来适用，以验证可能的不同结果。这种尝试更多的只有问题展示的意义，而难以得出一个全真的结论。

〔3〕 熊伟、王宗涛：《一般反避税立法思辨》，载《国际税收》2013年第10期。

根据不同的主客观要素的搭配，从实体和程序上进行具体分析。比如，如果作为避税行为的主观要件，要以"计划或安排"和"减少其应纳税收入或者所得额"的客观要件来推断。[1]此时，"客观行为"要件应具有核心地位的观点，是值得接受的。

（一）主观方面要件及要素的选择

我国应当如何对待主观方面和客观方面的要求，以及两个方面要件应使用何种要素、概念等，都需要在进一步细致观察、比较的基础上进行适当选择。根据反避税实践，避税定义的主观方面要件主要是指获取税收利益的目的。对于某些国家条款所要求的"滥用"要素，如英国和加拿大，从概念暗含的主观恶意性角度，也可以将其作为主观方面要件，只是通常采用客观化的判断标准。

目前，各国的一般反避税条款中，均有"以取得税收利益"为目的这一主观方面的要求，但对于"税收利益"应是"唯一目的"抑或"主要目的"，还是"主要目的之一"，又有区别。如匈牙利，早期的文献显示，税收利益的获取是唯一目的时才构成避税。[2]法国的一般反避税条款也要求获得税收利益是唯一目的。在英国的反避税规则中，交易的主要目的或者主要目的之一是获取税收利益时构成一项税收安排（tax arrangement）[3]。在适用中还会存在的问题是，以取得税收利

────────────

〔1〕 杨春梅：《构建我国一般反避税法规的国际借鉴研究》，载《税收经济研究》2015 年第 2 期。

〔2〕 See Graeme S. Cooper, *Conflicts, Challenges and Choices: The Rule of Law and Anti-Avoidance Rules*, IBFD, 1997, p. 45. 之所以表明是早期的文献，是因为近些年各国反避税立法和实践的变化比较大。

〔3〕 2013 Finance Act, section 207（1）. 构成调整对象的税收交易还需要满足"滥用 abuse"等。

益为主要目的应如何解释？也就是说，是税收目的应当比其他所有目的的结合（总和）都要更主要？还是税收目的与其他单个的目的相比，更有决定性（influential）？在澳大利亚"FCT v. Spotless Services Ltd"案[1]中，高等法院否认了前者。[2]此外还存在在交易整体框架中是否可以单独看其中的一个步骤的税收目的问题。

除以上这种"主观目的"的"程度"的区别之外，主观目的的证明是采主观标准还是客观标准，也会影响一般反避税条款的适用难度和范围。如英国法上对"主要目的"的测试都是客观标准。[3]其立法考虑在于主观测试标准通常存在问题，且考虑到税法的复杂性以及许多纳税人完全依赖于税务顾问的事实，举证困难。[4]诚如学者言，一般反避税原则中最关键也是最困难的就是对交易目的的判断。与澳大利亚立法类似，我国香港的立法采取客观判断方式。[5]

不同的主客观要素在反避税程序上的不同设计（主要是指各环节的启动条件），也会使反避税规则的实施效果有差

---

[1] 1996 ATC 5201.

[2] Justin Dabner, "The Spin of a Coin – In Search of a Workable GAAR", *Journal of Australian Taxation*, Vol. 3, 3 (2000).

[3] Judith Freedman, "General Anti-Avoidance Rules (GAARs) – A Key Element of Tax Systems in the Post-BEPS Tax World? The UK GAAR", Tax Law and Policy Series, 2014, available at https://ssrn. com/abstract=2769554, last visited on 2023-12-30.

[4] 负责起草英国一般反避税条款的领衔专家阿伦森（Aaronson）曾在报告中提出，如果没有取得税收利益的主观目的，则不构成避税，但立法机关对此否定。此后，阿伦森和其他评论者认为，没有这个要求也可以为纳税人提供足够的法律保护，因此最终采纳客观测试标准，并以其他方式平衡纳税人的权利。See Judith Freedman, "Designing a General Anti-Abuse Rule: Striking a Balance", *Asia-Pacific Tax Bulletin*, Vol. 20, 3 (2014).

[5] 许炎：《香港一般反避税规则简述》，载《国际税收》2013年第10期。

别。如瑞典和加拿大的主观方面都要求考虑纳税人的目的，瑞典的这个要求是触发一般反避税条款调查的要件之一，而加拿大则将其作为阻止一般反避税条款适用的一个对抗理由。[1]很显然，根据瑞典的规则，纳税人被提起反避税调查的可能性会有所降低。

我国一般反避税条款的核心概念"合理商业目的"和税收利益目的[2]可以放在一起来观察。原因在于在一般反避税条款中，二者关系密切，一定程度上是互斥的关系，如一般存在合理商业目的的行为，可排除以取得税收利益为主要目的。这也是我国《企业所得税法实施条例》对"合理商业目的"进行解释的逻辑。但如下文所述，合理商业目的仅是合理非税目的其中的一个。包括合理商业目的在内的其他非税目的（或者合理理由），在避税的界定中功能会有所差别。如德国和意大利的一般反避税条款均将合理的非税理由作为排除适用的要素，并且一般由纳税人自己举证证明，[3]如此，其排除反避税认定的范围比单纯的合理商业目的更宽。

在国际税收领域，针对条约滥用行为，在 BEPS 行动计划中，第 6 项最终成果报告提出了最低标准，并随后被《实施税收协定相关措施以防止税基侵蚀和利润转移的多边公约》吸收，其中包括"利益限制"和"主要目的测试"条款。其中的主要目的测试，可以归入此处的讨论。但是必须看到，国际税收视野中的避税行为具体手段与国内避税行为

---

〔1〕 Justin Dabner, "The Spin of a Coin-In Search of a Workable GAAR", *Journal of Australian Taxation*, Vol. 3, 3 (2000).

〔2〕 这个从我国《企业所得税法》的一般反避税条款及其条例的界定可见一斑。

〔3〕 见《德国租税通则》第 42 条，意大利《纳税人权利宪章》第 10 条。

可能会有差异，其发生的场景也有区别。比如有学者所称的利用法律的漏洞不同，国际避税行为经常利用税制的差异，包括对同一行为定性的差异。这为提炼统一的避税定义要素带来了挑战。通过列举不同的典型行为推定缺乏合理商业目的等，并且允许纳税人反证可能是一个具有可操作性的方式。

（二）客观方面要件及要素的选择

与取得税收利益为主要目的的主观方面要素被广为使用不同（尽管如前文所述，存在一些差异），各国在客观方面的要素选择上则更具多样性。不同的客观界定要素大概可以归纳为行为要素、（法律）目的要素和结果要素。[1]中国税法学者所熟悉的美国经济实质原则并没有被各国的一般反避税条款广为采纳，[2]其从概念上（或者还有适用的方式上）与其他常见的客观要素有所不同，着眼于交易的经济效果，大概可以归入这里的行为要素中，但需要单独讨论。

对避税进行界定时，这里的行为要素是指存在税收交易安排（或者可称为"安排"，根据各国一般反避税条款用语，通常为"tax arrangements"，或者"tax transaction"）。根据实证数据，英联邦国家使用了"tax scheme"（澳大利亚）、"avoidance transaction"（加拿大）、"tax arrangements"（英国）的概念，尽管其中包括了一些主观要素的成分，即其界定包括了以

---

〔1〕 这个分析框架并没有创新，是基于刑法、侵权法等的构成要件分析框架而参照搭建。其背后的合理性在于，法律调整人的行为，而行为的手段、目的和结果多被用来对行为进行定性。而反避税所调整的避税行为，又需要根据法律目的来识别其是否属于"形式合法"而"实质不合法"。

〔2〕 至少英美法系国家是如此。而我国的税收法规中使用了"经济实质"的概念，一些离岸国家和地区也开始制定经济实质法案。

取得税收利益为主要目的之一，但其行为层面都是包括纳税人需要有从事一项筹划行为或者系列筹划行为，从而非筹划行为即可以被排除。而欧盟国家则要求行为是虚假的（法国、西班牙），或者采取了"不当的"法律形式（德国）。

这里的（法律）目的要素，不再是指税收利益的取得是主要目的或唯一的主要目的等，而是指以是否符合税法目的作为认定避税行为的一个要素。法国、德国的一般反避税条款明确要求税收利益的取得需违背法律目的，而英国等国家则需要用法律目的符合与否判断是否符合"滥用"的概念。

而结果要素则是指在对避税进行界定时，是否明确要求取得所界定的税收利益（如加拿大和澳大利亚）。一些国家的一般反避税条款要求一项交易被认可的条件之一是交易安排有实质的经济效果，其着眼于行为在税收利益取得之外的经济结果，也可以放入结果要素中。需要说明的是，即使是相同的概念（文字），各国的解释和界定标准也有可能是不同的，尽管具有共同法源的国家之间会有相互借鉴的情形，如欧盟法国家、英联邦国家。

有关客观方面要素的选择，例如我国香港的一般反避税条款，即《税务条例》第 61A 条的适用须满足三项条件：①存在一项交易；②存在该条款所界定的税项利益；③订立或实行该项交易的唯一或主要目的是使纳税人获得税项利益。换言之，这是构成避税的三个要件。[1]要件一为这里所称的行为要素，要件二为结果要素，而要件三则属于前一部分所称的主

---

[1]　许炎：《香港一般反避税规则简述》，载《国际税收》2013 年第 10 期。

观方面要素。而加拿大的一般反避税条款适用的核心概念有：①纳税人获得税收利益，为这里所称的结果要素，②存在避税交易，为行为要素，和③滥用，滥用主要基于法律的目的判断，为这里所称的（法律）目的要素。凡被一般反避税条款选择作为界定要素的，均有由谁来证明这些要素已被满足的问题。以下围绕主要国家一般反避税条款中客观要素进行分析，以便判断我国的取舍。

1. 行为要素：存在一项（避税）交易安排或者非常规形式的采用

避税被认为是一种不被接受的或者恶意的筹划行为，反避税规则打击目标自然体现为这种不被接受或者恶意的交易安排，以区别并排除合法节税行为和非筹划性的交易。[1]对于交易安排的界定，可能还会和纳税调整的范围和方法有关，如税务局是否可以否认系列交易安排中的某些步骤，视为其不存在从而据以确定税法效果。此外，从立法技术的角度，类似于"异常行为"或"非常规交易"的概念[2]经常会作为避税目的存在之客观化认定或者推定的依据，为辅助避税认定的识别标准之一，但不宜作为避税界定的唯一客观要素，以免不当扩大一般反避税条款的适用范围。比如，国际税法实践中，有一些常用的并已经被接受的税收方案，一般都采用了不同于普通商事交易的架构。用非常规的行为标准将使一些可以接受的交

---

〔1〕 一些非筹划性的交易被反避税规则排除，比如一家原本就在某低税地经营的公司，其享受税收优惠，此为正常的结果，不存在人为筹划，从而不应当被反避税规则干预，否则应属侵犯经营自由。但有一些非筹划性交易也可能被特别反避税规则捕获。

〔2〕 如《德国租税通则》第42条，被认为属于对利用漏洞之非常规交易予以调整。

易安排被捕捉到。[1]

　　根据主要国家一般反避税条款的立法和实践，需要对交易安排本身作出界定。只是对于交易安排的界定，可能有不同的标准。如加拿大的一般反避税条款中，主观因素被纳入避税交易的界定中，作为避税交易界定的一个要件，即缺乏合理非税目的的交易才属于避税交易。英国的一般反避税条款对于"税收安排"的界定也同样使用了这种处理方式。[2]以下仅聚焦于可能构成避税行为的"交易"，而非这两个国家所称的"避税交易"。

　　需要考虑的第一个问题是，如何界定交易安排的范围，尤其是在避税方案是由一系列安排构成时，如何处理整体交易安排和构成系列的各个交易步骤之间的关系。考虑到避税方案通常比较复杂，实施的时间跨度也比较长，为了防止一般反避税条款不能将复杂的避税行为纳入打击范围，各国和地区通常需要将"交易"界定得比较宽泛，如加拿大和我国香港的一般反避税条款交易界定都比较宽泛，既包括系列交易，也包括是系列交易中的某个或者若干个步骤。[3]

------

　　〔1〕　See David Dunbar, "Tax Avoidance: A Judicial or Legislative Solution", *Corporate Business Taxation Monthly*, Vol. 12, 2 (2010).

　　〔2〕　Section 207. Finance Act 2013.

　　〔3〕　我国香港交易的定义非常广泛，包括任何交易、行动或计划，而不论该交易、行动或计划是否借法律程序或意图借法律程序可予以强制执行。可以是交易整理上具有商业目的，但如果单独一个或者若干步骤主要是为税收利益而设，税务局可仅关注个别步骤。澳大利亚的判例中也有类似的认定。参见许炎：《香港一般反避税规则简述》，载《国际税收》，2013年第10期。加拿大对于避税交易界定为任何带来税收利益的交易或者系列交易，除非其具有合理的非税目的。并且，纳税人在税务局认定交易或者系列交易属于避税交易时，纳税人承担反证的证明责任。See Mary Anne Bueschkens and Benjamin Mann, "Canada and the GAAR: A Catch-All for Abusive/Avoidance Tax Planning", *Trusts & Trustees*, Vol. 25, 1 (2019), pp. 75-92.

存在涉及系列交易的时候，如何界定系列交易的问题。如果强调"避税"的不可接纳性和道德可谴责性，则作为纳税调整的系列交易应当满足"事先筹划性"，这也是把避税作为"滥用"行为定性的一个行为基础。如果仅强调"量能课税"，追求客观的税负公平，则或许可以放宽。税法应当平衡纳税人的经济自由和国家的税收利益，对于避税活动的调整应限缩于"滥用"性的行为。加拿大的判例对于系列交易的认定即属于此种。其联邦上诉法院认为，在认定系列交易时，各个交易步骤应当是事先为了取得某一结果而设计的，并且由纳税人来承担反证的责任。[1]

此外，在涉及目的性判断时，可能有需要区别整体交易本身的总体目的和单个交易步骤的目的。考虑到在系列交易中，各个交易步骤可能有不同的功能和目标，从而不是所有的交易步骤都缺乏合理非税目的，在交易总体目标不具有合理非税目的，或者某个交易步骤不具有合理非税目的时，均可构成一项（避税）交易安排。加拿大财政部发布的所得税法案解释说明，在系列交易中，凡有一个交易步骤无合理非税目的的，就可构成避税交易。[2]

2. （法律）目的要素："滥用"和合法律目的性

欧盟国家的反避税规则建立在"禁止权利滥用"的基础

---

[1] Mary Anne Bueschkens and Benjamin Mann, "Canada and the GAAR: A Catch-All for Abusive/Avoidance Tax Planning", *Trusts & Trustees*, Vol. 25, 1 (2019), pp. 75-92.

[2] Canada, Department of Finance, Explanatory Notes to Legislation Relating to Income Tax (Ottawa: Department of Finance, June 1988), clause 186. Cited from Brian J. Arnold, "The Long, Slow, Steady Demise of the General Anti-Avoidance Rule", *Canadian Tax Journal*, Vol. 52, 2 (2004), p. 495.

上。一些普通法国家的一般反避税条款中，也不难寻见"滥用"的概念。当然，即使同样的"滥用"用语，内涵和外延以及在对避税进行界定的规范中的概念层级也有差别。然而各国在对"滥用"进行界定时，通常都借助一个法律目的性判断的测试方式，这显示了统一探讨"滥用"概念有一定的合理性和可行性。为了避免和其他部分的讨论相重叠，这一部分仅基于合法律目的性的判断之于避税界定的意义。

　　这里需要根据各国实践，首先根据"滥用"概念在一般反避税条款概念层级中的逻辑地位来区分讨论的场域。如前所述，"滥用"在德国、法国以及欧盟层面，是一个与"避税"近似等同的概念。因此其规则中，对滥用进行定义等同于对避税的定义。欧洲法院在标志性的 Emsland-Stärke 案中认为判断是否存在滥用权利的客观标准为结合客观事实，从形式上观察，共同体规则设立的条件已经被满足，而规则的目的没有实现。[1]由此，合法律目的性的要素是欧盟判例法对避税界定的要素之一。2016 年通过的《欧盟反避税指令I》第 6 条规定了一般反避税条款："如果一项交易或者一系列的交易，其主要目的或者主要目的之一是获取税收利益，且税收利益的获得将违背税法目的，结合所有相关事实和情形不具有真实性，则成员国在计算公司所得税时可以将其忽略。"[2]该条款同样将"税法目的"纳入进来，实现了前述判例法规则的"成文化"。

　　英国、加拿大的一般反避税条款中明确将"滥用"作为

---

〔1〕　See Case C-110/99, Emsland-Stärke GmbH v. Hauptzollamt Hamburg-Jonas, para 52.

〔2〕　Council Directive (EU) 2016/1164 of 12 July 2016 laying down rules and against tax avoidance practices that directly affect the functioning of the internal market.

避税界定的一个要素之一。在普通法国家，一个常被引用的
"避税"的定义是诺兰法官在"IRC v. Willoughby"案中的界
定，"避税是被设计的行为，其与议会的目的相冲突或者使其
落空"。[1]如对于滥用进行认定的时候，英国虽然没有明确将
目的解释写入其一般反避税条款，但一般认为，目的解释是法
律解释的当然部分。且有关"滥用"的测试会考虑一系列额
外的因素，相关法律原则和相关条文的目的以及其中的漏洞会
被纳入考虑。[2]

在加拿大的判例中，对于"滥用"的判断也明确需要考
虑法律的目的，并且这种目的的证明由税务局举证。罗斯坦
（Rothstein）法官在 Copthorne 案中，总结 Canada Trustco 中的
规则，认为在以下情形时，可以认为存在滥用性的避税：①当
交易的结果是法律所意图排除的；②当交易有悖于条文潜在的
合理性时，或者当交易规避法律规定，与其目标、精神或者目
的相悖时。[3]

从加拿大的实践看，与澳大利亚适用一般反避税条款时，
对于"税收利益"容易引发争议不同的是，其对是否构成
"滥用"更多产生争议。此外，因举证责任分配给税务局，税
务局有因不能证明法律的目的而不能适用一般反避税条款的情

---

[1] David Dunbar, "Tax Avoidance: A Judicial or Legislative Solution", *Corporate Business Taxation Monthly*, Vol. 12, 2 (2010).

[2] Judith Freedman, "Designing a General Anti-Abuse Rule: Striking a Balance", *Asia-Pacific Tax Bulletin*, Vol. 20, 3 (2014), p. 170.

[3] 原文为：i. where the transaction achieves an outcome the statutory provision was intended to prevent; ii. where the transaction defeats the underlying rationale of the provision; or iii. where the transaction circumvents the provision in a manner that frustrates or defeats its object, spirit, or purpose. 2011 SCC 63 [Copthorne].

况。凡在无法认定"滥用"的场合，法院均会作出有利于纳税人的判决。[1]

要求对税收利益的取得是否符合法律的目的进行衡量，可以防止反避税规则将可被容忍的税负减少行为（合法节税行为）纳入打击范围。学者将合法节税行为归纳为三种情形，它们的合法性分别来自纳税人的绝对自由、税收立法者所鼓励的行为和合法选择权的行使。通常前两种情形不存在识别的困难，第三种情形是"面对多种不同、可以替代的交易方式，并且通过这些不同的交易方式都可以达到同一或实质上是一样的经济结果，纳税人选择了其中在税收上负担更小的一种交易方式，且税收立法者没有规定允许税务机关根据税收负担更大的规则征收相应税款的措施。"[2]然而，问题在于税收立法者何时允许税务机关根据税收负担更大的规则征收相应税款的措施？该等措施何以具备正当性？

这个答案需要从税法本身的功能以及更一般的欺诈理论或者滥用理论中去寻找。这是前文学者将避税概念作为欺诈和权利滥用下位概念进行分析的意义[3]——虽然作者并没有明确表明，但只有在这种上位概念所体现的法律原理中寻找答案，才能够合理界定第三种节税情形中"合法"和不被接受的因素。因此，回答前面问题时，由于税收立法者基于量能负担分配公共负担，以及税法的不可规避性[4]，可允许税务机关将

---

　[1]　Mary Anne Bueschkens and Benjamin Mann, "Canada and the GAAR: A Catch-All for Abusive/Avoidance Tax Planning", *Trusts & Trustees*, Vol. 25, 1 (2019).

　[2]　翁武耀：《避税概念的法律分析》，载《中外法学》2015年第3期。

　[3]　参见前注。

　[4]　税收债务法的不容规避性参见葛克昌：《脱法避税与法律补充》，载《财税法论丛》2009年。

第三类节税行为中的不被税法目的接纳的部分纳入调整对象。"《企业所得税法》第 47 条，为避免条文的抽象化，未将权利滥用概念列入条文，更容易引起误解"。[1]而如果将权利滥用的要素作为避税行为的界定要素，如下文所述，能够统领经济实质、商业目的等判断标准，使后者作为前者的判断标准而增加反避税认定的确定性。

此外，在现有的 BEPS 行动计划的框架下，"滥用"概念也是连接国内反避税规则和国际税收协定遏制避税行为的一个纽带。挑战在于，合目的性的要素在避税界定中应该以何种方式规定更好呢？是否作为避税界定的积极要件？如何对接条约的滥用行为？法律目的是作为积极要件还是消极（排除）要件？无论如何处理，都不能否认法律目的判断对于避税界定的重要性。甚至有学者认为，行为要件和主观目的要件会有界定过宽或者过窄的问题，在他看来，如果不把立法目的纳入考虑，根本无法界定避税。[2]

接下来的问题是，如何认定法律的目的？按照英国学者的认识，如果立法背后的目的，无论是明示的还是暗示的，均无法识别，则一般反避税条款的适用将会更加困难，因此立法者在准备立法时，应该明确立法目的。[3]从这个角度而言，法律目的违背与否的判断，除对立法技术提出要求之外，立法资料和过程的公开也是必要的，这些资料往往是发现、证明立法

---

〔1〕 葛克昌：《脱法避税与法律补充》，载《财税法论丛》2009 年。

〔2〕 Michael L. Schler, "Ten More Truths About Tax Shelters: The Problem, Possible Solutions, and a Reply to Professor Weisbach", *Tax Law Review*, Vol. 55, 3（2002），p. 330.

〔3〕 See Judith Freedman, "Designing a General Anti-Abuse Rule: Striking a Balance", *Asia-Pacific Tax Bulletin*, Vol. 20, 3（2014）

目的的辅助资料。此外，对于法官说理，主要是方法论的运用方面，也会有较高的要求。

3. 结果要素：税收利益的取得和经济实质

结果要素和主观方面要件是密切联系的。但这里首先关注的是何种利益属于"税收利益"。而主观要素中的考虑则是行为的驱动目的。避税是以减少税负为目的的行为，构成避税以取得税收利益为要件。一般反避税条款的实践也采纳了这一点，因此需要界定税收利益，即纳税人究竟获取了何种税收利益会导致一般反避税调查。[1]究竟是从纳税人已取得税收利益为标准，抑或仅有税收负担减轻之期待即可？[2]反避税规则的原理在于否认纳税人取得的税收利益，在税收利益尚未发生时，避税行为尚未完成，恐无特别纳税调整之对象。故此，这里将税收利益的取得作为结果之要件。

学术界主张将"税收利益"宽泛界定，获得扣除、规避或者延迟纳税义务，增加退税额或者抵扣额等。[3]此外，税收利益的获得主体可以是纳税人，也可以是纳税人的关联方。[4]各国和地区的一般反避税条款中也通常将"税收利益"从广

---

〔1〕 赵国庆：《借鉴国际经验 建设我国"一般反避税"制度》，载《国际税收》2013 年第 10 期。

〔2〕 参见杨小强：《中国的反避税立法》，载《中国法律》2002 年第 2 期。该文表述，一般认为避税的成立要件包括"效果要素"，即税收负担减轻的发生或期待。这里的效果要素为本书所称的"结果要素"。

〔3〕 See David Fernandes Kerrie Sadiq, "A Principled Framework for Assessing General Anti-Avoidance Regimes", *British Tax Review*, 2 (2016), p. 194.

〔4〕 在获得主体为关联方的情形下，可能有需要在纳税人和关联方之间分配特别纳税调整后的补税义务。或者如学者主张的，规定从纳税义务人。参见王淼：《完善我国反避税规则的新进路：增设从纳税义务人条款》，载《东北大学学报（社会科学版）》2015 年第 6 期。

界定，或概括或详尽列举。如《加拿大所得税法案》第245节规定的避税要件之一是纳税人因交易安排获得了税收利益。其税收利益指扣除、避免或者递延纳税，包括适用税收条约取得的利益。我国香港《税务条例》第61A（3）条将"税收利益"界定为"对纳税法律责任的规避或延期，或税额的减少"。英国，尤其是澳大利亚的一般反避税条款中，则对"税收利益"有详细列举，将取得退税或者退税额的增加包含在内。

在没有采取统一的一般反避税条款立法的国家和地区，税收利益是否需要限于某些税种，仍有需要予以明确。[1]我国《企业所得税法》第47条对税收利益的界定是"减少其应纳税收入或者所得额"，该法的实施条例通过对"合理商业目的"的解释，将"免除"和"迟延缴纳"税款的情形包括在内。[2]避税的方案无论是增加扣除额、抵扣额抑或减少应税收入或者降低税率等，最后的结果都归为纳税义务的减少，或者虽然纳税义务不减少但获得时间收益。就此而言，我国税法上关于税收利益的概括方式是完整的。

如何确定存在税收利益？从一般反避税条款的实践看，各国对税收利益的确定采取的方法不同，会使该要素在避税定义等各要素中的地位有所差异。如在加拿大的司法实践中，该要件通常都能满足，仅在屈指可数的案件中，法院认为纳税人没

---

〔1〕 如我国香港《税务条例》所规定的税收利益并不包括所有可从香港开征的税项中取得的利益，而仅指依据《税务条例》征收的税项中获得的利益。参见许炎：《香港一般反避税规则简述》，载《国际税收》2013年第10期。其他国家的一般反避税规则通常以"本法"来限定纳税人取得的扣除、退税等税收利益。

〔2〕 我国《企业所得税法实施条例》第120条："企业所得税法第四十七条所称不具有合理商业目的，是指以减少、免除或者推迟缴纳税款为主要目的。"

有从讼争交易中获得税收利益。[1]而在澳大利亚，情况恰好相反，税务机关经常因为不能证明纳税人获得税收利益而败诉，原因在于法院判例认为，纳税人是否因交易取得了"税收利益"，需要对比替代交易安排/替代假设（alternative arrangement），即税务机关需要证明，纳税人为了取得同样的经济效果，如果采取非讼争的交易安排，也就是其他的合理安排时，二者相比较，讼争交易的纳税义务更轻，此时方可认定纳税人因避税交易获得了税收利益。但税务机关提出的替代交易安排经常被否认，纳税人仅凭"do nothing"的理由（即如果不能用讼争的交易安排，则纳税人就不会实施交易）就能否认税务机关的替代交易安排，赢得法院的支持。为了改变这一被动状况，澳大利亚的一般反避税条款于2013年进行了修订。[2]我国香港也受到澳大利亚判例的影响，税收利益的认定变得日益重要。但是替代假设的分析来证明税收利益之取得，并以此满足避税之构成要件，其实并不可取。如学者总结，替代假设的证明并非易事，现实中存在大量的可能性，个案中如何寻找合理的和最有可能的假设[3]，很难衡量，不仅给税务机关确定税收利益带来困难，也会给纳税人进行商业活动造成困扰。[4]

---

〔1〕　Mary Anne Bueschkens and Benjamin Mann, "Canada and the GAAR: A Catch-All for Abusive/Avoidance Tax Planning", *Trusts & Trustees*, Vol. 25, 1 (2019).

〔2〕　See Ken Devos, "Implications for the Concept of 'Tax Benefit/Advantage' as Prescribed in the Australian and British General Anti-Avoidance Rules in Tackling Tax Base Erosion and Profit Shifting", *Common Law World Review*, Vol. 44, 4 (2015), pp. 245-250.

〔3〕　这是澳大利亚判例法中所确定的标准。

〔4〕　参见许炎:《香港一般反避税规则简述》，载《国际税收》2013年第10期。

澳大利亚司法判例中有关税收利益取得的证明规则本身并没有不合理之处，但因该国的一般反避税条款将其作为启动反避税调查的条件，且司法机关在判断替代交易安排时，过于严苛，从而产生了一般反避税条款的适用困境，不得不修改法律试图扭转。税收利益的证明可以作为反避税调查程序的启动条件，最好在有扣除项目之发生、税收优惠之获得等情形时，即可推定其存在。而替代交易安排将可以作为纳税调整的方法，在进行纳税调整时，确定应调整的金额，并且作为事实认定的方式，使税务机关和纳税人得以协商确定，减少反避税程序之适用成本。

如前所述，一些国家的一般反避税条款要求一项交易被认可的条件之一是交易安排有实质的经济效果，其着眼于行为在税收利益取得之外的经济结果，如意大利《纳税人权利宪章》第 10 条第 1 款规定："不管纳税人具有什么样的意图，如果一项或多项交易缺乏经济实质，本质上为实现不正当的税收利益，尽管税收规则形式上得到了遵守，亦构成权利滥用。这些交易不能对抗征税部门，即征税部门根据被规避的规则和原则确定税款，同时否定纳税人基于这些交易所取得的相关税收利益。"而西班牙的条款则规定所谓"冲突"规则，如果纳税人的行为取得税收利益，属于以下情形之一的则构成一个"冲突"，可以适用一般反避税条款予以纳税调整：①单个行为或者多个行为是虚假的或者对于所欲达致的目标而言是不适当的；②该法律形式或者安排没有除税收节约以外的其他法律或者经济相关的效果产生。美国的经济实质原则也要求交易实质改变了纳税人的经济地位。以经济实质为内容的实质课税原则是韩国的"替代性"反避税方法，经济实质是纳税调整依据，并且在我国台湾地区的一般反避税条款中属于基础法理概念，是反避税规则的生成基础。[1]

从以上可以看出，经济实质（经济实质原则）在各国反避税中的应用有多重面向，而反避税的核心概念、避税界定的要件等，也有不同的选择。形成对比的是，国内主要集中在经济实质与合理商业目的如何选择，然而规则构建上其实有更多的选择可能性，应当放开视野加以讨论。作为对国内讨论的因应，本书将在接下来的部分专门聚焦经济实质的概念。

4. 经济实质：何处安放或者无需安放？

日本、韩国和中国台湾地区或许受到德国法的影响，均规定了实质课税原则，并被有限应用于反避税。但实质课税原则的适用取决于法院的态度和采用的解释方法，典型如日本和韩国。因法院对于"实质"主要遵循法律实质主义，对经济实质主义适用比较谨慎，从而实质课税难以在反避税方面如一般反避税条款那样实现对避税行为的全面打击。而制定一般反避税条款的国家和地区，经济实质并没有被当然地接受为定义的核心要素。

---

〔1〕 中国台湾地区，按"税捐稽征法"第12条之1第1、2项要求税捐法律的解释与课税事实认定，应依实质课税、经济观察法为之，射程范围亦涵括税捐规避的认定与调整，然经过三四年实际操作，依旧如同立法前，遭诟病稽征机关认定个案漫无标准，令纳税人无所适从。2013年5月14日增订第12条之1第3、4、6、7项修正条文，将脱法避税的构成要件、法律效果、举证责任归属及事前核释，第3项税捐规避的构成要件："纳税义务人基于获得租税利益，违背税法之立法目的，滥用法律形式，规避租税构成要件之该当，以达成与交易常规相当之经济效果，为租税规避。"参见黄士洲：《一般反避税立法实践的比较研究——以中国台湾地区、日本与德国税法相关规定与实例为主线》，载《交大法学》2015年第1期。

在我国的一般反避税条款体系中，"合理商业目的"和"经济实质"均被采用，前者最先由《企业所得税法》第47条规定，后者是由国家税务总局的部门规章[1]"添加的"。具体而言，《企业所得税法》第47条规定："企业实施其他不具有合理商业目的的安排而减少其应纳税收入或者所得额的，税务机关有权按照合理方法调整。"其实施条例将不具有合理商业目的解释为"是指以减少、免除或者推迟缴纳税款为主要目的。"如果一般反避税条款的功能在于界定避税，则前述条文只能被解读为，我国企业所得税法上对避税界定的要件"不具备合理商业目的"。而原《特别纳税调整实施办法（试行）》第93条又规定，税务机关应按照"实质重于形式"的原则审核企业是否存在避税安排，并综合考虑几项内容。[2]这一条款被认为规定了实质课税原则。《一般反避税管理办法（试行）》第4条则更明确地将合理商业目的和经济实质并列，规定"避税安排具有以下特征：（一）以获取税收利益为唯一目的或者主要目的；（二）以形式符合税法规定、但与其经济实质不符的方式获取税收利益。"法律和国家税务总局的规定在概念和逻辑上的不融洽，引发了我国反避税界定是采一个要件还是两个要件说之疑惑，以及"择一要件"还是"并存要件"的取舍。[3]经济实质原则在一般反避税条款的定义

---

〔1〕 国家税务总局《特别纳税调整实施办法（试行）》第1条和《一般反避税管理办法（试行）》第4条。

〔2〕 包括："（一）安排的形式和实质；（二）安排订立的时间和执行期间；（三）安排实现的方式；（四）安排各个步骤或组成部分之间的联系；（五）安排涉及各方财务状况的变化；（六）安排的税收结果。"

〔3〕 参见汤洁茵：《〈企业所得税法〉一般反避税条款适用要件的审思与确立——基于国外的经验与借鉴》，载《现代法学》2012年第5期。

要素体系中到底应该处于何种位置？是否可以作为避税界定的一个要素呢？要回答这个问题，不仅需要我们将目光回溯至概念的原初地，还要放眼比较各国的实践。

经济实质原则来源于美国判例法，此后在讨论一般反避税条款时，经济实质的概念作为核心的概念被学者时常提及。我们观察到，除了何为经济实质，"经济实质"在避税行为界定中属于何种功能，以及在一般反避税条款中的定位，在理论上和实践中都有不同主张和做法。

美国的反避税实践中，经济实质原则和实质重于形式原则、合理商业目的等，均为法院判例所确定，相互之间的关系并不分明，法院对各项原则适用的场景和方式也并没有形成一致的做法。[1]直至2010年经济实质原则被法典化，法律明确将经济实质和合理商业目的作为两个并列的审查标准，前者为客观标准，后者为主观标准。但合理商业目的的判断方法和经济实质的判断方法又似乎交错在一起。

从其他国家一般反避税条款的实践看，是否采纳经济实质，如何采纳，又有不同的做法。与前文所介绍的适用经济实质的国家不同，加拿大的一般反避税条款中并没有经济实质概念的身影。加拿大虽然并不强调法律形式和经济实质的一致，但是经济实质在分析是否存在避税交易和滥用的时候，可能有相关性。[2]加拿大的判例法也拒绝将经济实质原则用于纳税人交易的重新定性，如果没有虚伪行为（sham）的存在，那

---

[1] See Victor Thuronyi, Kim Brooks and Borbala Kolozs, *Comparative Tax Law*, Kluwer Law International, 2010, pp. 160-161.

[2] Mary Anne Bueschkens and Benjamin Mann, "Canada and the GAAR: A Catch-All for Abusive/Avoidance Tax Planning", *Trusts & Trustees*, Vol. 25, 1 (2019), p. 80.

么纳税人的法律关系在税法案件中会受到尊重。[1]这是加拿大和美国不同的地方。但是有学者主张在判断"滥用"这一个要件是否成立时，需要借助经济实质原则。根据该学者的主张，如果一项交易不具有经济实质，则构成滥用。[2]从而经济实质又是判断"滥用"的标准，而滥用是界定避税的其中一个构成要件。

在其他使用了经济实质或者类似概念来辅助界定避税的立法例中，经济实质、商业目的、滥用等概念的逻辑关系又不一样。前引欧盟反避税指令的一般反避税条款，对避税界定的要素是"税收利益""法律目的""不具有真实性"，将缺乏能反映其经济实质的有效商业理由作为界定"不具有真实性"的标准。因欧洲法院将避税行为定义为近似于税法上的滥用行为，所以，根据欧盟反避税指令，合理商业目的和经济实质共同作为其避税构成要件之一的认定标准，是更下位的概念，与加拿大不同之处在于，滥用是一个可以与避税互换的概念，而不是避税的构成要素之一。

澳大利亚《所得税法》第177D条的一般反避税条款中，经济实质的地位与欧盟有一些类似，形式与实质仅构成判断交易是否以取得税收利益为主要目的从而构成避税交易的八个考虑因素之一。这也提示我们在比较研究美国的经济实质原则和欧洲的滥用概念的时候，是否要关注滥用的问题，也就是主观可责性的问题，还是只关注交易的经济效果。加拿大的一般反

---

[1] Shell Canada Limited v. The Queen et al., 99 DTC 5669; [1999] 4 CTC 313, at paragraph 39.

[2] Brian J. Arnold, "The Long, Slow, Steady Demise of the General Anti-Avoidance Rule", *Canadian Tax Journal*, Vol. 52, 2 (2004), p. 507.

避税条款规定了行政处罚，这提出一个思考，对避税施加处罚，是否应当与反避税概念界定的宽和窄所关联。比如，只有当反避税概念界定考虑了滥用因素的情况从而避税行为更窄时，才应当设置处罚，使过罚相当。反之，如果对避税界定比较宽泛，不宜设置处罚。

既然实践中的情形是多样的，在比较研究各国经济实质和合理商业目的等概念的时候，就需要极其谨慎。回到前面的问题，国内学者也看到了各国对于经济实质和合理商业目的的采用情况不同，且在概念的位阶上也不同。正如其指出的，关于是否将商业目的与经济实质作为判定构成避税安排的要件，各国立法与司法实践存在差异，一方面表明两者是判定避税安排的重要指标，另一方面也凸显了两者之间在一定程度上相互关联与相互印证的关系。从逻辑角度看，经济实质标准与商业目的标准具有一定的相关性。[1]

至于如何回答前面的问题，有学者认为商业目的的判断在很大程度上依赖于对纳税人的思想状态与交易意图的判定，然而，"思想状态"显然是无法直接"阅读"的，在很大程度上依赖于客观的、外在的行为，此即判断一项交易的"实质"。经济实质标准与商业目的标准无法相互替代、相互包容，从而共同构成认定是否存在避税安排的双重要件。相比较而言，将商业目的与经济实质作为认定避税安排必须同时满足的要件，更能实现一般反避税条款的价值追求。[2]也有学者主张我国

---

〔1〕 汤洁茵：《〈企业所得税法〉一般反避税条款适用要件的审思与确立——基于国外的经验与借鉴》，载《现代法学》2012 年第 5 期。

〔2〕 汤洁茵：《〈企业所得税法〉一般反避税条款适用要件的审思与确立——基于国外的经验与借鉴》，载《现代法学》2012 年第 5 期。

一般反避税条款在实体上应确定以经济实质原则为唯一判断的"一元标准"，而商业利益标准是经济实质原则适用的一般标准。并将合理商业目的作为豁免理由。[1]

单纯局限于合理商业目的和经济实质本身讨论前述问题，是难以得出符合一般反避税条款要旨的答案的。从不可接受的避税行为本身去比较合理商业目的和经济实质所能覆盖的避税行为范围看，二者无论并存或者择一，均无法在没有其他定义要素参与的情况下识别所有不被税法接纳的避税行为。从现有对合理商业目的和经济实质的界定方法或者标准看，二者存在明显的关联和重叠，甚至可以说，合理商业目的和经济实质，是界定避税行为方法的一体两面，只是观察视角有区别。其背后的原因是，合理商业目的是主观方面要素之一，而经济实质是客观方面要素之一，很多时候交织在一起。

首先看二者的作用范围，不具备合理商业目的和不具有经济实质的情形存在部分重叠，即一些避税行为既不具备合理商业目的也不具有经济实质（见图8-1）。

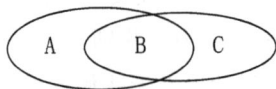

图 8-1

如图 8-1 所示，左边椭圆指不具有合理商业目的的交易安排，右边椭圆为不具有经济实质的交易安排，A 部分指不具有合理商业目的但有经济实质的交易安排，B 部分指既不具有

---

〔1〕 欧阳天健：《比较法视阈下的一般反避税规则再造》，载《法律科学（西北政法大学学报）》2018 年第 1 期。

合理商业目的也不具有经济实质的交易安排，C 部分指具有合理商业目的但是不具有经济实质的交易安排。

　　A、B、C 三部分和我们认知的避税行为是如何对应的呢？根据学者对实践中避税安排的观察和总结，避税安排分为两类，第一类是纯粹的税收套利工具，如无税收利益，纳税人不会从事该类行为，其既不具有合理商业目的，也通常不具有任何经济实质。第二类的避税安排具有真正的商业安排，但选择以特殊的方式完成交易以满足税法字面上的技术性要求，只是存在经济实质与法律形式之间的背离。[1]第一类避税交易大致可以对应于 B，无论各国的反避税界定范围大小，通常 B 部分均会被纳入。而第二类避税交易则可能属于 C 所对应的部分（当然也不能排除是 A 对应的情形）。而第二类交易是实践中比较常采用的避税方式，如果仅采用单一的合理商业目的的判断或者并存的二要件，无法将其纳入打击范围。A 部分覆盖的行为是否在税法的接受范围内，则可能需要结合其他的要素来判断。在欧盟，根据欧盟条约赋予的各项原则，在任一成员国注册的企业，可以自由在其他成员国经营，只要企业不存在完全虚假行为，税务局不能仅以企业的目的在于享受税收优惠而对其否认。

　　而椭圆范围之外的税收交易安排，则是既具有合理商业目的，也有经济实质，但如果交易安排取得了税收利益，是否可以完全都为税法所接受，无法仅凭合理商业目的和经济实质的有无来分析是否构成避税。

---

　　[1]　Michael L. Schler, "Ten More Truths About Tax Shelters: The Problem, Possible Solutions, and a Reply to Professor Weisbach", *Tax Law Review*, Vol. 55, 3 (2002), pp. 334-340.

其次，从合理商业目的和经济实质的认定方法看，学者所列举的美国判例法中，合理商业目的的判断方法和经济实质的判断方法并无实质性的区别。这也可以理解，为何美国判例法中二者经常纠缠不清。如学者参考美国法上对合理商业目的的判断方法，正确地提出，商业目的这种主观因素需要根据纳税行为等外部事实给予客观评价，外部事实包括交易的盈利可能性、资金是否真正投入/交易是否真正发生等。[1]而美国经济实质判断标准所用到的商业利益法、可比交易法、经济地位改变法等，如果被确立，很显然也可以证明商业目的的存在。通常经济实质的存在，可以佐证合理商业目的的存在。因此图8-1中A的情形，应该是比较少见的。

最后，经济实质并不适合作为一个独立的避税定义要素，但可以作为认定权利滥用行为或者税收利益的考量标准之一，并且可以将经济实质的认定作为特别纳税调整的依据。李金艳教授即主张适用经济实质来增强一般反避税条款适用的确定性，理由是经济实质是一种基于商业世界中的商业实质的客观测试标准，其能够确保正常的商事交易不会受到一般反避税条款的侵扰。显然不可否认，经济实质的认定也存在一定的不确定性。[2]加拿大不允许基于经济实质对交易重新定性以其结果确定是否构成避税，而仅在纳税调整时适用。经济实质是否作为认定"滥用"的标准适用取决于法律的解释。如果采取开放的目的解释可能要求交易具有经济实质，而对一般反避税

---

〔1〕 参见汤洁茵：《一般反避税制度法律问题研究》，法律出版社2020年版，第64页。

〔2〕 Jinyan Li, "Economic Substance: Drawing the Line Between Legitimate Tax Minimization and Abusive Tax Avoidance", *Canadian Tax Journal*, Vol. 54, 1 (2006), p. 42.

条款的文义解释则可能没有此要求。[1]普通法国家的学者通常认为一般反避税条款要求一种目的解释。[2]在讨论目的解释时，很多学者提到权衡交易的经济实质和公司架构在其中的重要性。[3]这里，经济实质是作为一项具有可操作性的可以辅佐目的解释的方法。

考虑国家税务总局规章"下位法"的身份，其所增加的"经济实质"，不如说是看到了合理商业目的和税收利益目的这一组紧紧镶嵌在一起的概念，无以完成避税的界定功能而作的补充。如果一定要给予其"不违反上位法"的立场，则可以将"经济实质"看成是判断是否具有合理商业目的的要件，降格为后者的下位概念。

二、一般反避税条款中的特别纳税调整方法要素

在纳税人的避税交易被否认之后，税务机关需要对纳税人交易行为的税法效果进行调整，在我国《企业所得税法》中被称为"特别纳税调整"。有关调整的方法，实证研究的 12 个国家和地区的一般反避税条款中，有 3 个并没有在其中作规定[4]，而其他规定了或者提到了调整方法的，多数情况也只是笼统授权税务机关用"合理的方式"进行调整，以抵消纳税人因避税行为获得的税收利益。所考查的大陆法国家和地区

---

[1]　Jinyan Li, "Economic Substance: Drawing the Line Between Legitimate Tax Minimization and Abusive Tax Avoidance", *Canadian Tax Journal*, Vol. 54, 1 (2006), p. 53.

[2]　这应该和威斯特敏斯特公爵案有莫大关系。

[3]　David Fernandes and Kerrie Sadiq, "A Principled Framework for Assessing General Anti-Avoidance Regimes", *British Tax Review*, 2 (2016), p. 185.

[4]　当然，并不代表该国或地区没有制定相应的规则。

的一般反避税条款本身规定语言非常抽象、凝练，对于调整方法的表述也非常简约，如意大利规定"征税部门根据被规避的规则和原则确定税款，同时否定纳税人基于这些交易所取得的相关税收利益。"[1]我国台湾地区规定"税务局""为正确计算应纳税额，得按交易常规或依查得资料依各税法规定予以调整。"[2]但在复杂的避税交易结构下，如何按照被规避的规则和原则或者"常规交易"确定相应的税款，经常难以确定，何种"资料"可以作为调整的依据，也不无疑问。

相比较而言，英联邦国家或者受英国法影响的其他地区，其一般反避税条款的结构通常比较复杂，相对而言内容比较全面，对调整方法的规定也更为明确。如中国香港，如果一项交易满足《税务条例》第61A条的三项条件，则第61A条第(2)款授权税务局助理局长对有关人士作出评税。评税可采以下两种方式：①认为该项交易或其任一部分都不曾订立，②或以助理局长认为适合的其他方式评定，以消弭从该项交易中原可获得的税项利益。英国和新西兰等国家的一般反避税条款同样对调整方法规定得很开放。英国在引入一般反避税条款时，政府和起草专家都认可应对避税行为的纳税调整规定较为宽泛，但应遵从公正和合理的方法。对于税务机关调整权的控制，应通过程序规定来实现。[3]英国税收与海关管理局的指南中，规定了公正和合理的调整指引。纳税调整时，需要将合

---

〔1〕 意大利《纳税人权利宪章》第10条第1款。

〔2〕 中国台湾地区"税捐稽征法"第12-1条第6项。现《纳税者权利保护法》第7条第6款。

〔3〕 Judith Freedman, "Designing a General Anti-Abuse Rule: Striking a Balance", *Asia-Pacific Tax Bulletin*, Vol. 20, 3 (2014), p. 171.

理的可比交易纳入考虑。[1]与中国香港的一般反避税条款更为接近的澳大利亚的一般反避税条款中,尽管针对纳税人因避税安排取得的税收利益的种类,分别规定了否认税收利益的方式,[2]但也并不意味着更高的确定性。

一般反避税条款难以对纳税调整方法进行细致规定,缘由可能在于技术上的障碍——纳税人的应税交易通常比较复杂,有时候还会涉及纳税人以外的其他主体。

一个比较可以接受的做法是,一般反避税条款作出不同情形下的方法列举,以经济实质的认定概括地作为纳税调整的依据。如加拿大对于一般反避税条款适用成功之后如何进行纳税调整规定在《所得税法》第 245 条第 2 项和第 245 条第 5 项节中。第 245 条第 2 项规定,当一般反避税条款被确定适用于纳税人的交易安排后,交易的税收效果应当根据情形合理确定,以抵消纳税人因避税而取得的利益。第 245 条第 5 项则列举了一些具体的可以采纳的方式,如否定扣除、分配相关金额或者扣除额、重新定性等。至于何为"合理"方法,税务法院认为需要考虑各种情形,并且不属于裁量权,从而不适用司法尊重原则,以实现对纳税调整的制约。[3]在加拿大的判例中,法院认可经济实质原则在纳税调整时作为依据。其合理性在于,其一,经济实质能够反映纳税人交易的真实的经济效果,从而不至于发生税款的调整扭曲或者背离以经济效果为基本指

---

〔1〕 HM Revenue and Customs (HMRC), General anti-abuse rule (GAAR) guidance, Part E GAAR procedure, E5.

〔2〕 Income Tax Assessment Act 1936, Part IVA, 177F.

〔3〕 Mary Anne Bueschkens and Benjamin Mann, "Canada and the GAAR: A Catch-All for Abusive/Avoidance Tax Planning", *Trusts & Trustees*, Vol. 25, 1 (2019), pp. 75-92.

征的量能课税原则。其二，能够将可比交易等比较客观的参考标准纳入考量标准，比较客观，并且还可以通过税务机关和纳税人之间的对抗式程序构造实现接近客观经济实质。

被多数国家的一般反避税条款忽略的是反避税调整之后对纳税人或者第三人的相应的调整规定，如纳税人的其他税种、历史成本的变化等项目如何调整等。此外，在国际税收层面或者国际国内交叉的情形下，如果反避税调整带来了双重征税，应当如何调整，都少有专门的规定。就此而言，意大利的一般反避税条款考虑相对更为周全，专门规定"本条规定针对的权利滥用人以外的主体可以要求退还因构成滥用的交易而缴纳的税款。"[1]

三、一般反避税条款中的法律效果要素

一般反避税条款成功适用后，对纳税人因避税行为取得的税收利益予以否认、抵消，是反避税规则的功能发挥之必然和自然的结果，如何否认、抵消，则是前述调整方法的内容。但同时，各国法律对于避税、节税和逃税的法律评价通常有所不同。对逃税施加行政处罚甚至刑事处罚是普遍的做法，节税行为则被认为是合法的行为。然而，对避税行为在法律上如何评价，尤其是在一般反避税条款中如何规定这种评价，则在各国实践中有较大的差异。这种评价归结为几个问题，即对避税行为是否科以处罚；是否施加利息；分别需要满足何种条件。

一般反避税条款被适用后，首要的效果是因此而取得的税

---

〔1〕《纳税人权利宪章》第 10 条第 11 款。

收利益被否认，并通常需要加收利益，以弥补国家税收的时间损失。是否对避税行为进行处罚，各国的实践也尚未达到有共识或者共同经验的程度——从实证研究考查的 12 个国家和地区的情况看，只有 5 个国家和地区对避税行为予以处罚，并且有关处罚的规定多放在一般反避税条款以外的其他章节。主要是普通法传统的国家和地区规定对避税进行处罚，如澳大利亚、英国、美国和中国香港。如中国香港在《税务条例》第80（2）条和第82A条规定，税务局有权对"无合理辩解"或"蓄意意图逃税或蓄意意图协助他人逃税"的行为处以罚款。尽管避税不同于逃税，但若有足够证据证明一项避税交易是为逃避缴税而捏造的交易，则该交易可被视为逃税安排，从而对纳税人及/或其税务顾问适用罚则，包括罚款和监禁。中国香港《税务条例》第80（2）条和第82A条的适用并不受第61条或第61A条是否已适用的限制。换言之，即使一般反避税条款已否定或修正了原避税交易的结果，罚则仍可适用。[1]

在欧洲的几个主要国家（法国、德国、意大利、西班牙和英国）中，只有法国对税法上的滥用行为进行处罚。但在法国的税收管理实践中，反法律滥用的程序只有在极少数情况下才会被发起。被确认发生了法律滥用行为的纳税人一般情况下会被处以罚款。[2]有的国家，如意大利在一般反避税条款中明确规定，对避税行为不施加处罚，但如果避税方案是完全虚假的，也可以基于逃税的规定进行处罚。

如第一章所总结的，是否科以处罚，还应当根据各国本身

---

〔1〕 许炎：《香港一般反避税规则简述》，载《国际税收》2013 年第 10 期。

〔2〕 赵岩：《有关法国反法律滥用制度的分析及启示》，载《涉外税务》2006 年第 12 期。

的反避税规则体系进行判断，如果对避税行为施加处罚，则对避税行为的构成要件及反避税的程序应当有更加严格的规定，否则，应当以仅加收利息方为合理。如法国纳税人被赋予更多的抗辩权利：滥用法律程序的执行需要事先取得一个地方总税收监督员（lacal chief tax insperctor）的同意；此外，在行政程序中，法国税务机关或者纳税人自身都可以决定将争议事项提交给滥用法律委员会（Comité de l'Abus de Droit fiscal or CAD）。[1]

考虑到避税行为的性质，还需要制定有减免的规定，实现激励相容，降低执法的成本，如澳大利亚和新西兰的做法。是否处罚、处罚金额的幅度，均应当考虑纳税人的过错或者故意的主观状态，即应反对客观归责原则。一些国家可能在税收违法责任上采过失责任原则，则在其避税行为的构成要件上，如果不以主观故意为必要，就不应该对其进行处罚。

可以根据国内税基侵蚀的情况，对以虚假行为为手段的避税交易给予处罚，这一类型避税手段的虚假性、主观故意的恶性程度、对税收的侵蚀效果，对于税收体系及税法目的的违背与逃税而言，没有实质性区别。如果一国对有关逃税处罚的规则采取实质主义立场，可以实现对其处理。

根据我国的税法规定，税务机关在进行纳税调整后，加收利息。在我国当前税收征管技术手段和征管能力条件下，税务机关反避税难免有点单方"施压"的意思，不加处罚和收取滞纳金而仅仅加收利息也不失为一个更好的选择。

与避税方案的需求一样，恶意的税收筹划市场同样也被避

---

〔1〕 Sébastien de Monès et al. "Abuse of Tax Law Across Europe", *EC Tax Review*, Vol. 19, 3（2010），p. 89.

税方案的供给驱动，因此，经常有意见主张应当对提供者与使用者一样进行处罚。基于这个理由，澳大利亚引进一个新的处罚制度，于 2006 年 4 月 6 日起生效，对避税方案提供者课加处罚。[1]如前所述，法国对于帮助者也科以处罚。此外，美国对于税收筹划方案提供者也规定了配合义务以及相应的责任。对于行业规范性还未能确立、对反避税权力缺乏有效制衡的国家，该种意见应避免采用，否则会过度侵犯职业自由。

四、一般反避税条款中的程序要素

大多数国家均注重从程序设计上提高一般反避税条款的确定性，避免不当干预纳税人有合理商业目的的交易。从澳大利亚、加拿大、印度的实践看，机构设置、举证责任、执法透明是最核心的三条经验。[2]如何设计一般反避税条款中规定反避税的程序规则，是这里所考察的。

根据对 12 个国家和地区的一般反避税条款文本的观察，能够确定的是有 1/2 的国家和地区，在一般反避税条款中规定了程序规则，但均比较简约，其中涉及纳税人的对抗性或者救济性权利[3]、对避税构成要件的举证责任分配规则等。[4]而更具体的程序规则，通常都另有规定。如英国的反避税程序规

---

〔1〕 David G. Duff, "Tax Avoidance in the 21st Century", in C. Evans and R. Krever eds. , *Australian Business Tax Reform in Retrospect and Prospect*, Thomson Reuters, 2009, p. 495.

〔2〕 广州市国际税收研究会课题组：《我国一般反避税立法与管理：存在问题和经验借鉴》，载《国际税收》2014 年第 2 期。

〔3〕 如英国规定了纳税调整的通知和救济。

〔4〕 如德国和意大利均规定纳税人可以举证存在非税理由排除一般反避税条款的实施，中国台湾地区规定举证责任由"税务局"承担，纳税人有协力义务。

则，是一般反避税条款适用指南中的重要部分，由海关和税收总署（HM Revenue and Customs）制定，经专门的、主要由税务局以外的专家组成的一般反避税条款建议委员会（GAAR Advisory Panel）审议通过。健全有效的程序可以从以下几个方面着手：一是建立正当程序。二是举证责任。必须以充足适当的证据证明其对纳税人进行特别纳税调整的合理性，否则就需要承担举证不能的后果。三是建立告知和说明制度。四是申辩和听证制度。[1]具体的规定形式、法律层级，则取决于一国或地区是否已有税收征管程序、行政程序的构造是否足以提供正当程序的保护，如果不能，则应由一般反避税条款的规则体系规定，而需要规定在最上位的一般反避税条款中的内容，一般围绕构成要件的举证责任分配规则、协力义务的规则即为足已。因前面对定义要素的讨论已经涉及举证责任，本部分不再重复。

---

〔1〕 张婉苏、卢庆亮：《特别纳税调整"一般条款"之法律解读——以税收法定主义和实质课税原则为视角》，载《苏州大学学报（哲学社会科学版）》2010年第4期。

第九章

我国一般反避税条款的体系化改革

　　税收洼地和税制差异为避税行为的滋生提供了客观条件。如极低的所得税率使开曼群岛、英属维尔京群岛等地成为全球的避税天堂。竞争压力和利益最大化则是避税的主观动力。[1]自由市场又为避税提供了手段，诺贝尔经济学奖得主斯蒂格利茨研究发现，再完美的资本市场，资本利得税均可以被规避。[2]不难理解，避税方案被称为税收执法的头号问题。[3]因避税方案的创造远远快于立法的反应，新的避税方案永远无法被特别反避税条款精准"捕捉"，各国不得不在税法中植入一般反避税条款作为"兜底"条款，[4]并配合其他的反避税

---

　　[1]　如对于中国工业企业的研究发现，竞争压力使得工业企业从事更多的避税活动。See Hongbin Cai and Qiao Liu, "Competition and Corporate Tax Avoidance: Evidence from Chinese Industrial Firms", *The Economic Journal*, Vol. 119, 537 (2009), pp. 764–795.

　　[2]　Joseph E. Stiglitz, "The General Theory of Tax Avoidance", *National Tax Journal*, Vol. 38, 3 (1985).

　　[3]　Eric A. Posner, "Law and Social Norms: The Case of Tax Compliance", *Virginia Law Review*, Vol. 86, 8 (2000), pp. 1781–1819.

　　[4]　由于避税交易模式日益复杂，由此造成的税法漏洞更是频繁出现，立法机关也无法实现预测未来的避税手段，如果没有一般反避税条款，就无法应对大量避税行为。See Rebecca Prebble and John Prebble, "Does the Use of General Anti-Avoidance Rules to Combat Tax Avoidance Breach Principles of the Rule of Law? A Comparative Study", *Saint Louis University Law Journal*, Vol. 55, 1 (2010), pp. 21–25.

规则，"织成"反避税规则打击避税活动网络。

我国于 2008 年修正《企业所得税法》时，加入"特别纳税调整"一章，借鉴反避税国际实践，规定了资本弱化、受控外国公司、关联交易等特别反避税条款，并以"合理商业目的"为核心概念，引入了一条一般反避税条款（第 47 条）。时至今日，我国在企业所得税单一税种中，大体上形成了包括"一般反避税条款-特别反避税条款""实体规范-程序规范""法律-行政规范性文件"在内的形式上比较完整的反避税规则体系。[1]与"形式上比较完整"的样貌形成反差，《企业所得税法》的一般反避税条款及配套规则之间缺乏内在协调。[2] 2018 年，为实现税制公平，我国修正了《个人所得税法》，一条与《企业所得税法》第 47 条非常相似的一般反避税条款得以写入《个人所得税法》，成为该法第 8 条。这带来一个新问题——个人从事交易并不总是出于"商业目的"，将缺乏合理商业目的取得不当税收利益的行为宣布为避税，打击面过于宽泛。在此后"平移立法"出台的几部税法和新近公布的《增值税法（草案）》中则均没有规定一般反避税条款，贡献全国税收收入超过 1/2 的税种尚未有一般反避税条款的防护，税法的反避税网络没有完整织就。

---

〔1〕 企业所得税法领域的反避税规则初成体系，围绕《企业所得税法》第六章，国家税务总局制定《一般反避税管理办法（试行）》《特别纳税调整实施办法（试行）》《特别纳税调查调整及相互协商程序管理办法》等部门规章、规范性文件，并根据经济合作与发展组织的 BEPS 行动计划成果转化要求，对相关文件进行了修订和完善。同时，围绕国际税收条约中的反避税规则的解释和适用，国家税务总局发布了系列文件。

〔2〕 参见王宗涛：《税法一般反避税条款的合宪性审查及改进》，载《中外法学》2018 年第 3 期。

　　学界已尝试通过解释论对我国现有一般反避税条款的缺陷进行弥补。[1]解释论对于解决单一税法中的个案问题是必要的、有价值的，但其无法解决系统性问题，如税际反避税条款的协调和完整防护网的构建等，后者需要基于体系化思维上的立法论。在新形势下，反避税法律制度体系化建构尤显迫切，随着民法的体系化，税法的体系化再次进入各界视野，对反避税制度进行系统建构的时机也已到来！而只有整体设计、合理构造的一般反避税条款，[2]才能使具备内在一致性、结构合理、具有可操作性的反避税规则体系的建构成为可能，实现反避税制度的融贯性。

　　基于此，本章试图论证我国税法何以应体系化设计一般反避税条款，其可行性如何，以及以何种形式和路径来实现。所谓的体系化，是将"既存的各色各样的知识或概念，依据一项统一的原则，安在一个经由枝分并且在逻辑上相互关联在一起的理论构架中"[3]。一般反避税条款的体系化，应以实现融贯性为目标，基于反避税的理念和原则，在赋予一般反避税条款统领地位的前提下，着眼于税法整体乃至法秩序整体对一般反避税条款进行统一立法设计。以此为前提和起点，使一般反避税条款的各核心规范要素以不同的抽象程度和法律形式得到呈现，形成逻辑一致、内容协调的一般反避税法律制度。本

─────────

〔1〕　如叶姗：《一般反避税条款适用之关键问题分析》，载《法学》2013年第9期；汤洁茵：《〈企业所得税法〉一般反避税条款适用要件的审思与确立——基于国外的经验与借鉴》，载《现代法学》2012年第5期。

〔2〕　反避税条款和反避税规则，前者可以认为是后者的载体。在反避税的研究中经常不对这两个概念进行区分使用，本书根据使用语境相宜选择。

〔3〕　黄茂荣：《法学方法与现代民法》，中国政法大学出版社2001年版，第427页。

章主体将分为三大部分，第一部分从一般反避税条款的功能、适用等方面，论证一般反避税条款体系化的必要性，第二部分分析我国一般反避税条款体系化可能的模式，第三部分从体系化方法的角度探讨我国一般反避税条款体系化的具体路径。

一、一般反避税条款体系化的必要性

对于法律体系化的必要性和价值已经不存在认识分歧。运用体系化方法是构建法律体系科学化和立法完善的方式路径。[1]法律规范的体系化也有助于实现法律的确定性、可预测性以及立法和司法的稳定性与连续性。[2]晚近以来，学术界进一步提出以实现融贯作为法律体系建构的目标。[3]体系化程度越高，融贯性越高，从而制度的效度越高。对于一般反避税条款而言，其兜底功能的效果能否实现，取决于其体系化程度。要实现整个反避税法律体系的科学化构造和完善，有效协调法际秩序，也有赖于一般反避税条款的体系化设计。一般反避税条款体系化设计的必要性具体可以从以下几个方面阐释。

---

〔1〕 参见孙宪忠：《我国民法立法的体系化与科学化问题》，载《清华法学》2012年第6期。

〔2〕 梁迎修：《方法论视野中的法律体系与体系思维》，载《政法论坛》2008年第1期。一般反避税条款的体系化不仅着眼于提供司法裁判规则，更多的是为税务机关提供执法规则，以及发挥指引和预测的功能。

〔3〕 有关法律体系的融贯性要求，有不同的表达。如有学者提炼为连贯性、系统融贯、理念融贯三个层次，参见雷磊：《融贯性与法律体系的建构——兼论当代中国法律体系的融贯化》，载《法学家》2012年第2期。也有学者采纳逻辑一致性、内聚性和整全性的三位一体，参见方新军：《内在体系外显与民法典体系融贯性的实现——对〈民法总则〉基本原则规定的评论》，载《中外法学》2017年第3期。结合法律体系的要素观察，可归纳为概念和规范的一致性和内在秩序的一致性。

（一）有效发挥"兜底"功能

理论上而言，避税均是某种程度对税法漏洞的利用，因法律形式理性的有限性，漏洞不可能被彻底消灭，各国均需要通过一般反避税条款和特别反避税条款共同应对避税行为。二者在适用关系上是一般规范和特别规范的关系，后者优先适用，[1]而前者作为兜底条款，可以补充后者"对于繁杂避税交易的不敷适用"。[2]一般反避税条款的"兜底"功能需要从税法层面整体设计，才可能实现。

1. 统一界定避税行为避免概念交错

纳税人减少税负的行为，通常可分为节税、避税和逃税，[3]三者在法律体系中的可接受度依次递减，但边界模糊。对避税行为进行界定，可谓一般反避税条款的首要的、核心的任务——一般反避税条款需"以概括方式抽象出对所有避税安排普遍适用的法律规定"，并"力图通过要件的描述"涵盖所有的避税行为，[4]以此等努力为"兜底"功能提供方法论基础。避税界定时，需要将符合法律目的的税收节约行为（节税行为）排除出去，为税务机关干预纳税人的交易安排的权力设定界限，界限之外，纳税人得自由筹划交易框架，降低纳税成本，追求税收利益的最大化。对避税界定时，也需要区

---

〔1〕　如《德国租税通则》第42条第1款规定：个别税法设有防堵避税的规定时，于其构成要件实现时，依其规定确定法律效果。

〔2〕　王宗涛：《一般反避税条款研究》，法律出版社2016年版，第75页。

〔3〕　早期的文献就开始区分这几个概念。参见张守文：《税收逃避及其规制》，载《税务研究》2002年第2期。另见李大明：《论税收筹划的原理及其运用》，载《中南财经政法大学学报》2002年第6期；苟海波：《避税行为法律评价研究》，载《法制与社会发展》2000年第4期。

〔4〕　参见汤洁茵：《一般反避税制度法律问题研究》，法律出版社2020年版，第53页。

别逃税行为，以厘清行为责任。[1]

需要承认的是，在由具体至抽象的"归纳作业"中，需要使用"提取公因式"的立法技术，因而不可避免出现规范的双重不完整：括号外的公因式不完整，括号内剩余的规范也不完整。[2]在反避税方面，法律规则对社会行为的抽象，尤其凸显了其技术性与复杂性，导致试图对避税行为作一个内涵和外延均分明的界定几乎无法实现。[3]因法律规则的载体——语言——本身的原因，以及其他外部原因，法律规则不可避免地存在一些不确定性。在一般反避税条款中，因为反避税所需的灵活性和有效性的要求，需要保留一定的"开放结构"，"宽待"行为界定的不确定性。[4]纵观各国的一般反避税条款，无不是在"包容性、灵活性"和"可预测性、确定性"之间艰难地取舍与挣扎。[5]

―――――――

〔1〕 如第一章所述，各国对逃税行为通常都会重至课予刑事责任。有一些利用完全虚假的方式设计的避税方案，如设立皮包公司等，手段已然虚假，唯与一般所称的逃税行为系在纳税义务成立之后以虚假手段掩盖相比，在行为的时间上有差别。

〔2〕 朱庆育：《法典理性与民法总则以中国大陆民法典编纂为思考对象》，载《中外法学》2010年第4期。

〔3〕 学者指出，"避税外延的不确定性源于怎样合理划定不可接受避税与可接受的合理避税的分界"。See Rebecca Prebble and John Prebble, "Does the Use of General Anti-Avoidance Rules to Combat Tax Avoidance Breach Principles of the Rule of Law? A Comparative Study", *Saint Louis University Law Journal*, Vol. 55, 1（2010），p. 28.

〔4〕 也有学者从法律的滞后性来分析反避税规则中不确定概念的必要性。参见董学智：《论不确定法律概念与反避税规制——以"合理"一词为例》，载《烟台大学学报（哲学社会科学版）》2017年第3期。此外，从功能上看，"反滥用条款所创造的不确定性，使那些包含许多税收筹划因素的交易受到威胁而减少新型避税交易的产生。"俞敏：《我国企业所得税法反避税安排及其实施评价》，载《政治与法律》2009年第9期。

〔5〕 如果要实现一般反避税规则对避税行为的有效打击，其用语无法过于

因此，对避税的界定，有意无意会产生哈特所言的"模糊性边缘"，需借助各种方法论资源实现个案中的确定性。对避税概念的中心区域进行界定、为模糊性边缘提供确定性手段，是一般反避税制度整体建构的任务。也唯有通过税法整体层面对一般反避税条款进行体系化设计，在税种和税种之间，在不同的避税行为之间，提供一个核心要素同一的"公因式"，这种界定功能才具有整体的可预期性。反言之，如果对避税界定不统一，则这种内外的不完整交错存在，徒增税制的复杂性和法律的不确定性，带来更多的间隙和漏洞，也使一般反避税条款缺乏可操作性。也正是基于类似担忧，欧盟分别于2016年、2017年发布了两个反避税指令，其中规定了一般反避税条款，意在协调成员国的反避税规则，统一对避税行为进行界定，维护欧盟内部市场的协调性。

2. 全税种覆盖避免税际空隙

避税交易往往不仅涉及单一税种和单一主体，其在税法效果上的综合性唯有系统设计的一般反避税条款方可全面应对。现代税收国家出于各种原因，均采用复合税制，通常同时开征所得税、流转税、财产税和行为税等多种税收，通过对不同的课税对象、课税环节课税，实现对不同的收益普遍课征。这意味着一项交易行为可能会同时触发多种纳税义务，税法效果具[1]

（接上页）　精确。See Chris Atkinson，"General Anti-Avoidance Rules：Exploring the Balance Between the Taxpayer's Need for Certainty and the Government's Need to Prevent Tax Avoidance"，*Journal of Australian Taxation*，Vol.14，1（2012），p.11.

〔1〕　See Communication Staff Working Document Accompanying the Document Communication from the Commission to the European Parliament and the Council－Anti Tax Avoidance Package：Next Steps towards delivering effective taxation and greater tax transparency in the EU. Brussels，28.1.2016，SWD（2016）6 final，p.5.

有综合性。如开发商转让其开发的房产，需要就销售收入缴纳增值税，销售收入需并入所属年度的收入额计算缴纳企业所得税，此外还有土地增值税等税种的纳税义务。复杂的避税方案不仅牵涉多个税种，还会涉及多个主体。这种综合性，需要有协同设计的一般反避税条款提供内在一致的特别纳税调整依据。反之，如果所涉税法中，仅其中一个或者数个有一般反避税条款，则会形成反避税规则的"税际空隙"，税务局对相应的某个或数个税种进行特别纳税调整之后，调整的结果（如不允许扣除某些支出，或者拒绝纳税人主张的优惠资格等）是否以及如何适用于其他税种、其他主体，缺乏法律依据，还可能形成重复征税。

目前我国 18 个税种中，只有企业所得税、个人所得税有一般反避税条款和相关的调整规则。包括第一大税种增值税在内的其他税种均没有一般反避税条款。"这与当前增值税、消费税、营业税以及土地增值税等领域的反避税需求不相匹配。"[1]在反避税立法供给不足的情况下，《税收征收管理法》第 35 条第 1 款第 6 项中所规定的"纳税人申报的计税依据明显偏低，又无正当理由的"情形下，税务机关的核定权被用来发挥反避税功能。以该法第 35 条第 1 款第 6 项为上位法源和一般条款，车辆购置税（《车辆购置税法》第 7 条）、增值税（《增值税暂行条例》第 7 条）、消费税（《消费税暂行条例》第 10 条）、土地增值税（《土地增值税暂行条例》第 9 条）均规定有计税依据明显偏低条款，使其构成这些税种的主体反避税规则。计税依据明显偏低条款所能打

击的避税行为有限，只能应对纳税人利用定价手段减少收入的避税行为，其对大量利用税收洼地、税率差异的避税交易束手无策。这种缺漏，固然可以在每个单行税法中引入一般反避税条款予以解决，但如果缺乏上位法律的协调，如前文所述，因避税交易本身的综合性，仍旧不能实现反避税规则的完备性。

（二）实现反避税法律体系的融贯性构造和完善之需要

反避税，是对纳税人基于其他税法条文依其文义所确定的税法效果的否认，属于税收构成要件中的特别措施，[1]兼有定性和定量的要素，税务机关据此重新调整纳税人的税收债务金额，从而涉及税法内部的秩序协调问题。一般反避税条款并不限于兜底适用，作为一个原则性的反避税工具，[2]其还应当成为反避税法律制度之基础，通过设定反避税的原则，规定避税构成要件、特别调整方法、避税行为的税法后果等核心规范要素，协调整个反避税法律制度，实现反避税法律制度的体系化。

1. 提供反避税制度融贯构造之原则基础

通常一国的反避税立法会立基于一定的法理或法律原则，如大陆法系国家以禁止权利滥用的法律原则为反避税规则构建的基础，将避税的概念放在"滥用"概念下，对于纳税人减少税负的交易行为，仅在构成"滥用"时，方给予干预，否定其追求的税收利益。这种原本属于私法的法律原则被税法引

---

〔1〕　参见叶金育：《税收构成要件理论的反思与再造》，载《法学研究》2018年第6期。

〔2〕　Craig Elliffe, "Policy Forum: New Zealand's General Anti-Avoidance Rule-A Triumph of Flexibility Over Certainty", *Canadian Tax Journal*, Vol. 62, 1 (2014), p. 157.

进，并且根据税法的特殊性设置判断的要件，以一般反避税条款的规范形式予以承接、确立，为纳税人减少税负的权利划定界限，使国家的反避税制度获得了正当性，也能确保反避税制度的内在一致性。

特别反避税条款仅适用于特定类别的避税行为，但首先从立法论的角度，当且仅当特别反避税条款的打击对象构成滥用时，才具有正当性，手段和目的也才具有一致性。当某一新兴避税方案被广泛采用有专门规制的必要时，可依据一般反避税条款确定的标尺，以行政性法规的方式专门规制，提高打击效率。如我国企业所得税中的非居民企业间接转让股权的规则，是由国家税务总局以规范性文件制定的一种特别反避税规则，但因其不属于《企业所得税法》第六章中所特别举例的避税行为，只能从其一般反避税条款中获得合法性。

我国反避税法律制度的现有问题急需通过一般反避税条款体系化为抓手提升法治化水平。我国税法中绝大多数特别反避税条款诞生于我国法治化进程初期，以部门规章、规范性文件的方式存在，呈现零散化和碎片化的特点。囿于当时的征管能力，不得不采取"泛化"或者"一刀切"式的反避税措施，呈现出鲜明的国库本位色彩。特别反避税条款系针对当时比较"流行"的纳税人避税行为，有鲜明的时代性。从内容观之，其事实上游离在一般反避税条款的统领之外，很多条款不符合反避税的基本原理。如《财政部、国家税务总局关于规范个人投资者个人所得税征收管理的通知》规定，自然人股东从公司借款，该纳税年度终了后既不归还，又未用于企业生产经营的，视同企业对个人投资者的红利分配而进行的征税，存在反避税过度和不足，[1]其无法排除纳税人与公司之间的真实借贷行为，如日后借款得以归还，缺乏相应的追溯调整规则。《国家税务总局关于以转让股权名义转让房地产行为征收土地增值税问题的批复》（国税函〔2000〕687 号），对于转让 100% 股权，且这些以股权形式表现的资产主要是土地使用权、地上建筑物及附着物的情形，规定应按土地增值税的规定征税。这种处理无法排除合理的股权交易行为，对纳税人的交易安排干涉过度。

2. 实现特别反避税规则实施的融贯性

在特别反避税规则实施时，执法者和司法者往往也需要适用一般反避税条款辅佐界定一些特别反避税条款中的不确定性概念，防止特别反避税条款的过度执行，影响商业创新。我国企业所得税法的反避税实践中，纳税人和税务机关均会援引《企业所得税法》第 47 条所规定的"合理商业目的"来判断非居民企业间接转让国内企业股权时是否实质上构成对国内企业的直接转让，指引国家税务总局相关规定的实施。一般反避税条款的规范要素也可作为审查该种行政解释合法性、适当性的依据，提高反避税规范实施的确定性、可预期性。

前引《财政部、国家税务总局关于规范个人投资者个人所得税征收管理的通知》《国家税务总局关于以转让股权名义转让房地产行为征收土地增值税问题的批复》在没有被修订或者废止之前，为避免机械式执法带来明显不合理的结果，需要在一般反避税条款的指引下，对相关概念进行合目的性的限

---

〔1〕　参见曹映平、胡邵峰、王维顺：《股东借款个人所得税的反避税尺度——从财税〔2003〕158 号文看个人所得税反避税的政策困局》，载《税法解释与判例评注》2019 年第 2 期。

缩解释，或者进行目的补充，使特别反避税规则在实施中贯彻反避税的法理和原则。需要指出的是，我国现有企业所得税和个人所得税的一般反避税条款仅以"合理商业目的"为核心概念，尚不能承担这种功能。

3. 实现国内外反避税体系的衔接

国内税法、国际税法反避税规则网络的衔接问题也唯有在一般反避税条款的体系化设计的方式下才能得以有效解决。国内税法和国际税法，尽管只是学科划分的结果，但在实践中，因国内、国际避税行为在手段上差异明显，反避税的方法也有较大的不同，两个层面的反避税规则的法律渊源、执法机构都会有一定的独立性。如果国内反避税条款和国际反避税条款之间缺乏协调，因避税方案通常既涉及国际税收协定待遇又涉及国内税法，各国就会面临适法的难题。诸如是否可以启动国内一般反避税条款否认纳税人的条约待遇，是否可以按照国内法来解释国际税收协定等是过去二十年理论研究的热点命题，在各国有不同的实践。[1]在 BEPS 行动计划中，经济合作与发展组织于 2017 年修改其税收协定范本，明确可以将国内税法的一般反避税条款适用于国际避税行为，[2]但该范本不是法律渊源，需要各国自行采纳。

我国积极参与了 BEPS 行动计划，为了实施 BEPS 行动计划，2014 年 12 月 2 日，国家税务总局发布了《一般反避税管理办法（试行）》，该办法与当时正在修订的《特别纳税调整

---

〔1〕 See Carla De Pietro, *Tax Treaty Override*, Wolters Kluwer, 2014, pp. 107–120.

〔2〕 Commentary on Article 29 Concerning the Entitlement to Benefits, para. 3. See OECD, Model Tax Convention on Income and on Capital 2017（Full Version）, OECD Publishing, 2019.

实施办法（试行）》共同配合，为一般反避税的管理提供更为完整透明的法律框架。此轮调整的结果是强化了国际、国内两套反避税规则之间原有的略有交叉而尚未充分协调的关系——在国际税收层面，以税收协定中防止条约滥用等反避税条款为基础的规则体系，[1]在国内法层面，以《企业所得税法》第六章为框架基础形成的反避税规则体系。

　　前述交叉在于《特别纳税调整实施办法（试行）》第92条规定，税务机关可依据我国《企业所得税法》第47条及《企业所得税法实施条例》第120条的规定对存在避税安排的企业启动一般反避税调查，其中包括"滥用税收协定"。从这个角度而言，滥用税收协定的情形，需要按照包括该试行办法第93条的规定去界定。而《一般反避税管理办法（试行）》第2条更是将"境内交易"排除其适用范围，限缩过度。我国国内税法、国际税法反避税规则体系之间还存在未协调的地方，加上经济数字化对现有国际税法规则包括反避税规则带来的挑战，如何处理国内反避税规则和国际条约反避税规则之间的关系，不仅需要在税收协定中予以规定，[2]还需要在一般反避税条款系统设计时考虑如何衔接，实现对各类国际避税行为的有效涵摄。各税收国际条约中的反滥用规则因时间跨度、

----

〔1〕 除我国与不同国家的上百个税收协定中的相关条款外（通常各个税收协定的文本也存在差异），还有国家税务总局对税收协定中相关条款、概念的解释，如《国家税务总局关于税收协定中"受益所有人"有关问题的公告》（国家税务总局公告2018年第9号）。

〔2〕 如前所述，反避税实际是对其他税法规则的"排除"，如果适用国内法上的反避税条款排除税收协定赋予的利益，就产生了与"条约必须遵守"有悖的困境。我国在与部分国家签订的税收协定中规定"其他条款"来突出国内一般反避税规则对滥用税收协定的规制。

谈判地位等诸多原因，对有关概念的使用和解释存在较大的差异，税收条约的条款通常也存在非常抽象、条文简单的问题，一般反避税条款也可提供补充解释，并提供更具体的操作规则。[1]

4. 维护税法与他法的整体法秩序

税法的调整对象不可避免地与其他部门法形成交叉，从而衍生出税法与其他法的关系问题，其中又以税法与私法的关系为关键。税收是国家参与分配民商事活动经济成果的形式，民商事活动首先受到私法的调整。税法基于私法行为围绕纳税主体、税收客体的有无、定性和量化等，在私法定性的基础上，给予税法评价，判断税法效果。[2]理论上将民商法对民商事活动的调整称为第一次调整，而税法的调整称为第二次调整。

避税，从发生机理上，乃是当事者滥用了私法上的选择可能性。虽从经济贸易所固有的见解来看没有其合理的理由，但他们通过选择通常所不用的法律形式不但达到了所预想的经济目的，而且回避了通常所采用的法律形式相对应的课税要件的实现，以使其税收负担减轻或排除掉他们的税收负担。[3]反避税，从运行原理上，就是要否认纳税人所选用的法律形式所对应的这种税法效果，对交易重新定性，按照达到相同或者类似经济目的所通常采用的法律形式重新确定税法效果。从这种意义上说，一般反避税条款是税法和民法关系协调的核心纽

〔1〕 参见王宗涛：《一般反避税条款研究》，法律出版社2016年版，第132页。
〔2〕 参见腾祥志：《税法的交易定性理论》，载《法学家》2012年第1期。
〔3〕 ［日］金子宏：《日本税法》，战宪斌等译，法律出版社2004年版，第93—94页。

带，也是税法秩序与民法等市场交易基础法律秩序在调整功能、调整目标、调整方法上反差最大的场域。

就此，私法自由和课税权力的干预在外观上发生了对抗，但二者在价值和手段上仍旧有协调的可能，也有协调的必要——私法方面，私法内置有防止法律欺诈和禁止权利滥用的价值追求，有诸如虚伪行为、公序良俗的规则和原则，这些价值立场与原则正是一般反避税条款的逻辑起点。

从体系的角度整体考虑税法中的一般反避税条款，并以此为框架规范、约束整个反避税法律体系，将税法所能接受的意思自治边界作整体界分，能尽量减少税法介入对民商事秩序带来的不可预知、不可提前分配的成本和风险，并能"规范与限制国家征税权的行使，以为私人财产权提供消极的保障体系。"[1]反之，如果在税法层面缺乏一般反避税条款统一而妥当的界分、融洽的反避税法律秩序，纳税人的商事决策难免遭到扭曲，税法丧失中性。

二、我国一般反避税条款体系化的模式选择

一般而言，法律体系化能否实现，除了确立必要性，还取决于学理积累、立法技术、制度环境等各方面的现实可能性。反避税的制度和理论在国外比较成熟，自 2008 年以来，国内对于反避税基础理论的研究也取得了丰富的成果。[2]从立法技术看，避税行为作为权利滥用、法律规避的下位概念，有在

---

〔1〕 刘剑文：《私人财产权的双重保障——兼论税法与私法的承接与调整》，载《河北法学》2008 年第 12 期。

〔2〕 代表性的著作如王宗涛：《一般反避税条款研究》，汤洁茵：《一般反避税制度法律问题研究》。在中国知网中以"一般反避税条款"和"一般反避税规则"为关键词检索主题，有 200 余篇文献。

法律层面进行抽象的可行性，国外一般反避税制度的实践也充分证明了这一点。

就一般反避税条款的体系化而言，除了丰富的他国实践，我国企业所得税法也提供了基础经验，2008 年《企业所得税法》引入一般反避税条款以来，从避税的法律界定、反避税的法律原理到一般反避税条款之设计等有大量研究成果。[1] 我国的一般反避税条款系统化之可能性方面，应聚焦在如何结合我国的制度环境，在可能的模式中进行选择。

（一）一般反避税条款体系化的实践

这里所称的一般反避税条款体系化的实践模式是指采取何种法律形式实现体系化。对此，通过对制定有一般反避税条款的主要发达国家和地区的实践进行比较研究，或能有所启发。

本书第七章所研究的 12 个国家和地区的一般反避税条款的实践有形式上的体系化和实质上的体系化之分。除个别国家和地区外，税收立法技术比较成熟的国家和地区，通常都围绕一般反避税条款建构了规模比较庞大、结构比较复杂的反避税规则体系。

1. 统一立法模式

统一立法模式是指国家在设计一般反避税条款时，将一般反避税条款放在规定税法共通事项的法案中，除非税法另有规定，否则适用于全部税种。这种体系化方式通常以税法本身的体系化为前提，为形式的体系化模式。在本书第七章所观察的

---

[1] 截止本文成文日，中国知网上以"一般反避税"为关键词检索文献标题，得到的文献有接近 100 条。以"反避税"为关键词检索文献标题得到的文献上千条，可见一斑。

12个国家和地区中的9个即采用了统一立法方式。[1]

具体的实践又分两种基本的模式：一是税法总则模式，二是税法程序法模式。除这两种基本模式之外，还有两种统一立法的体系化的实践。其中，英国经过多年的讨论，于2013年在其《财政法案》中单列一个部分规定了统一的一般反避税条款。该法案第206条列举了一般反避税条款适用的税种，包括个人所得税、公司税、资本利得税、汽油税和继承税等。中国香港和美国的一般反避税条款规定在法典化的税法法案中，因税制结构和立法模式的原因，也可谓近似统一模式。[2]

在采取统一立法模式的国家和地区，其一般反避税条款所适用的税种范围与其所在法律的适用范围基本一致，但关税因其特殊性通常不被包括在内。基于特定理由，个别国家和地区也会排除特定税种的适用。

2. 分散立法模式

这里的分散立法模式是指虽然没有制定统一的一般反避税条款，但各个主要税种法案中所规定的反避税条款在规范内容上是一致的，在功能上是协调的，也可以称为实质的体系化实践。典型的国家是加拿大和澳大利亚，以及除英国以外的一些英联邦国家，样本国家和地区中新西兰的反避税规则体系化程

---

〔1〕 其中6个观察对象中的大陆法系国家和地区即德国、法国、西班牙、韩国、意大利和中国台湾均有统一立法的体系化设计。此外，英国、美国和中国香港也有统一的一般反避税条款立法实践，但形式稍有不同。

〔2〕 中国香港的税制结构非常简单，其税收收入主要来源于所得税，分类征收，不征收增值税和消费税等，其主要的法律依据为《税务条例》，此外还有《印花税条例》等单行法。美国联邦层面的主体税种是所得税，且采用个人所得税和企业所得税合并立法的模式，有统一的税法典。

度较低。加拿大在《所得税法》第 245 条规定了一般反避税条款，其分别界定了避税交易、税收利益等核心内容。其《消费税法》基本参照了《所得税法》第 245 条的条文结构和文义表达。澳大利亚也分别在所得税法案、商品和劳务税法案中规定了一般反避税条款，与此同时，在《税收管理法》中规定了一般反避税条款，适用于前述两税以外的税种，条款的内容也基本一致，总体上仍然属于分散模式。

3. 影响模式选择和融贯方式的主要因素

将前述一般反避税条款的立法模式与相应国家和地区的税法体系化方式和程度进行关联，可以得出后者与前者有明显的相关性。此外，一般反避税条款的融贯方式与各国和地区的法律传统也有相关性。

首先，一般反避税条款作为税法的重要组成部分，其立法模式与税法的立法模式密切相关。无论是前述分散立法式的国家和地区，还是采取近似统一模式的中国香港和美国，其税收法案都有同样的特点：税法本身的体系化程度非常高，法案规定非常详尽，其反避税法律体系不仅包括成文的税法规范，还包括诸多的司法判例。

在 9 个采取统一立法模式的国家和地区，税法的体系化方式有区别。只有德国、法国、西班牙、韩国有总则性的税法，一般反避税条款统一制定于总则性的税法文本中。而意大利在准总则性的《纳税人权利宪章》中予以规定，中国台湾地区则在程序法中予以规定。美国虽然名义上有税法典，但其更像"汇编"，而不是大陆法系意义上的法典。可见法典或者总则这种法律体系化的形式是一般反避税条款体系化的充分条件，而不是必要条件。值得关注的是，一般反避税条款统一立法，仅构成一般性的上位法依据,一般反避税制度、具体规则等仍旧需要其他法律形式和行政解释予以具体化。

其次,一般反避税条款的融贯方式与该国或地区的整体法律传统密切相关。大陆法系国家和地区有统一立法的传统和抽象理论的思辨,从而选择在总则性法律中制定一般反避税条款,并且这个路径也是可行的。从反避税体系建构的内部基础看,大陆法系也更多地在民法理论和制度资源基础上建构和运行一般反避税条款,如禁止权利滥用、虚伪行为的使用。典型如德国、意大利、法国等。

主要的普通法国家和地区,除了美国和中国香港,税法均采用分散立法模式,即单一税种单独立法,甚至一些国家和地区也没有统一的程序法。典型如英联邦国家,不仅采用相似的立法路径,在核心概念界定上也彼此影响,判例也相互援引,尽管概念和实际实施在趋同的同时存在差异。可以确定的是这些国家更多地由法官而不是立法承担融贯反避税体系的功能。[1]

(二) 我国的模式选择

我国自清朝末年法律现代化实践以来,受到大陆法系立法技术的影响,有法典化的传统。在体系化立法方面,我国有从《民法通则》到《民法总则》直至《民法典》的巨大成就和成功经验。现如今,经济法领域在立法方面加强"顶层设计",推进有效立法统合有了很大可能。[2]我国税法的体系

---

[1] 典型如同受英国法影响至深的加拿大、澳大利亚和新西兰之间,表现非常明显。参见李金艳、胡尚华:《一般反避税规则的趋同与差异:基于加拿大、澳大利亚和新西兰司法实践的分析》,载《国际税收》2021年第2期。

[2] 参见张守文:《经济法的立法统合:需要与可能》,载《现代法学》2016年第3期。

化，不仅已经作为理论命题被提出，而且在立法上早已经开始纳入考虑。[1]作为税法体系化的当然内容，一般反避税条款的体系化已经具备可能性。具体的形式选择和规范体系建构方式上，需要斟酌各种因素，以符合我国税收立法模式的方式进行设计。

1. 我国宜采统一立法模式

从操作性角度，我国采用分散式的实质体系化模式和统一立法的形式体系化模式均不失可能，甚至澳大利亚的立法形式也可以纳入讨论。我国既然已经具备统一立法的条件，权衡立法成本、反避税功能的达成和法际的协调难度等因素，应采用统一立法模式。

一国一般反避税条款的体系化形式，如前所述，与该国的法律传统、税收立法历史以及税法自身的体系化甚至整个法律的体系化程度有直接关系。在前文比较的大陆法系国家和地区中，一般反避税的体系化形式几乎均与税法的体系化方式一致。换而言之，一般反避税条款作为税法中的重要内容，在税法法典化的实践中，被纳入其中，典型如德国和韩国，税收立法采取税法总则加单行法的方式，在总则中统一规定一般反避税条款。而采取分散立法模式的国家均是没有采取总则式立法的国家，没有统领各税种、统一适用于各税种的税法法案。

税法方面，我国目前虽然尚欠缺德国式的税法总则，但现行《税收征收管理法》第一章"总则"在事实上代行了部分

---

[1] 自 1995 年以来，全国人大连续三次将税收基本法列入立法规划，但进展不顺，后来学界主张制定税法通则来规定各个税种法中共同性的事项。参见施正文、徐孟洲：《税法通则立法基本问题探讨》，载《税务研究》2005 年第 4 期。中国法学会财税法学研究会 2020 年年会的议题之一是"'税法总则'的可行性评估及基本思路"。

总则法的功能,《税收征收管理法》的修订已经纳入立法议程,已公布修订案草案的征求意见稿[1]对第一章继续扩充,充实了税收法定原则、税法原则和纳税人权利义务等内容,强化了总则法功能。法国和我国台湾地区等国家和地区的实践也提供了在统一程序法中规定一般反避税条款的先例。我国无论在《税收征收管理法》中统一制定一般反避税条款,还是将来在税法总则中规定一般反避税条款,均具备可行性。

2. 分散立法模式不可取的理由

分散式的体系化模式于我国而言并不可取,其需要的立法成本高,整合难度大,具体可以从以下几个方面阐释。

首先,分散立法的立法成本比较高。我国现行 18 个税种,尚有 16 个税种缺乏一般反避税条款,对逐个税法进行修订,成本过高。如果单纯延续现行一般反避税条款的立法思路,在其他单行税法中简单重复现有的一般反避税条款,则不仅现有立法的缺陷被复制,税际之间的协调也是个问题。

其次,从一般反避税条款功能达成和法融贯性实现的角度,如果各个单行税种法分别规定一般反避税条款,无论条款内容是否有差异,则如前文所述,都会因避税交易涉及多个税种带来法际的协调问题。就此问题而言,澳大利亚式的"部分分+部分总"的模式,也无法避免。澳大利亚和加拿大等国家尚有系统协调的基础——这些国家制定有专门的法案解释法,从法律适用的角度,立法提供了方法论工具,判例法提供了具体途径,均为我国所不具备。

现有的分散立法多见于普通法国家,其分散立法既是各税

---

〔1〕　2015 年国务院法制办公室公布的《税收征收管理法修订草案（征求意见稿）》。

种立法年代差异导致，根本上则与缺乏总则性法律的法律传统有关。这些国家共通的特点是税法法案本身结构复杂，规定细致，大量的司法判例对一般反避税条款的解释和适用构成必要的补充。法官在实现法律体系融贯性方面能够发挥填补功能。实际上，有关法律体系化的命题，也主要是在有民法典传统的国家展开讨论和实践的。

最后，从税制的精简角度，税法统一规定一般反避税条款可以一定程度避免税法因反避税的需求植入过多预防性规则而过于复杂。不仅如此，在统一的一般反避税条款指引下，可以根据不同的避税类型，对一般条款中的核心概念的适用和具体实施制定层次分明、结构严谨的规则体系，这能保证反避税制度的逻辑自洽和体系一致。

3. 具体的入法路径

一般反避税条款属于税法领域共同的事项，相较于特别反避税条款，条文更为抽象，更适合规定在税法总则性质的法律中，学界对此似乎并没有异议。考虑到我国目前并没有税法总则抑或税法通则，对于退而求其次的选择方案上，学者有一些分歧。有的学者主张在《税收征收管理法》中统一规定一般反避税条款，有的学者主张在制定税法总则之前，仍旧保留现行单行法的立法方式，理由是虽然我国现行《税收征收管理法》事实上代行了税收基本法的功能，但核心定位仍旧应是程序法，而一般反避税条款实质上是实体法规则，不宜在程序法中规定。[1]

---

〔1〕 欧阳天健：《个人所得税一般反避税规则研究》，载《法律科学（西北政法大学学报）》2020年第5期。

采用一种发展式路径，在税法总则[1]或者类似的法律出台之前，利用《税收征收管理法》修订之机，先行在其中制定统一的一般反避税条款是一种比较务实的做法。待税收总则性法律纳入立法计划，得以制定时，可以总结现行反避税实践的成果，规定在总则性法律中。但同时，《税收征收管理法》中仍旧可以保留一般反避税条款的程序要素。

首先，在《税收征收管理法》中写入一般反避税规则并不会与其现实功能定位相悖。如前所述，现行《税收征收管理法》虽名为"税收管理"，但规定了诸多实体法规则，事实上承担了一些税法总则的功能。并且现行《税收征收管理法》中也规定有半条一般反避税规则。一般反避税条款的确是以实体性规则为主要内容，但纵观各国的实践，程序性规则典型如举证责任的分配也通常被规定在一般反避税条款中，或者至少会规定在配套的规则中。

其次，从最近几年税收法定原则落实的实践，尤其是《个人所得税法》修正之后的税收立法实践看，立法机关采用"平移式"立法过程中，没有显示出采取单行法分别制定一般反避税条款的意图。不久前公布的增值税法草案中也没有一般反避税条款。两个所得税法中的一般反避税条款规范要素不全，集中体现在定义要素实质缺失，如果在其他单行税收实体法中另起炉灶，则有税法体系内秩序不协调之虞，如果继续像

---

〔1〕　目前税收基本法的方式基本上已被放弃，更多的学者主张参考民事领域的立法进路，制定税法通则。最近学术界或许受到我国《民法总则》立法方式的启发，提议制定税法总则。不同的名字，当然代表不同的系统化程度。这里不加区分统称为税法总则性法律，无论体系化程度如何，其内容均为规定税法中的一般性的、共通的事项，融贯整个税法体系。

《个人所得税法》那样平移《企业所得税法》中的一般反避税条款，则实质性缺陷也将被平移。在企业所得税领域，税收主管部门的部门规章和规范性文件实际上代行了避税定义的功能，既不符合税收法定原则，也难以被其他税种直接参照适用。

最后，目前一般反避税规则的体系化的需要比较迫切，宜先将一般反避税条款系统建构起来解决目前规范不足和反避税实践的合法性欠缺问题。

一般反避税条款的统一立法模式，并不止于在税法中植入一个法律条文。而应考虑在总则性税法中的一般反避税条款基础上建构一般反避税法律制度，为避税行为的事实调查和认定、特别纳税调整的范围和方法等提供可具操作性的依据，在个案中提高一般反避税条款适用的确定性。采用统一立法的体系化形式，还需要讨论采用何种体系化的法学方法，以及在税法总则性法律中规定一般反避税条款（总一般反避税条款），在单行税法中是否还需要保留次一级的一般反避税条款。

三、我国一般反避税条款体系化的方法

法律体系化的实现有赖于特定的法学方法。一般反避税条款体系化在法学方法上是否可行，自然也关系到其现实可行性。有关法律体系的方法，在理论上有概念法学、利益法学和评价法学的不同主张。概念法学重视形式逻辑，被称为"公理化-演绎性体系"，而利益法学及评价法学则重视内在的价值性，主张"价值论-目的论体系"。[1]但因法律本身是兼具

---

〔1〕 冯威：《法律体系如何可能？——从公理学、价值秩序到原则模式》，载《苏州大学学报（法学版）》2014年第1期。

实质理性和形式理性的存在，现实中成功的法体系构建无不兼顾逻辑性和价值性。[1]是故学者主张，形成体系必须借助概念、类型和法律原则即功能概念。[2]既要依形式逻辑形成概念体系、规则体系之"外部体系"，也需要以法律原则演绎为具有一定开放性的"内部的"体系。[3]外部体系最终体现为法律规范，内部体系则是法律价值的呈现，后者使前者获得正当化，避免矛盾，并得以补足外部体系之不圆满。

一般反避税条款的体系化，并不限于单一法律条文的拟定或者修改，而是围绕一般反避税条款的核心概念、要素进行系统设计，为反避税法律制度的体系化提供可能。其既需要以体现特定价值的法律原则实现利益的平衡，因其基本的功能在于界定避税行为，外部体系的构建关键在于甄选、搭建不同逻辑层级的概念，以设定避税构成要件。

（一）"禁止权利滥用"原则支撑内部体系

一般反避税条款作为反避税法律制度的基础规则，负责承接特定的价值取向和基本法律精神，从方法论的角度，一般反避税条款以确认特定反避税法律原则的方式，将承接的法价值和精神具体化。一般反避税规则以法律原则为支撑，能够使目的解释的方式得到适用，实现个案正义。[4]目前，主要大陆

---

〔1〕　赵宏：《基本原则、抽象概念与法释义学——行政法学的体系化建构与体系化均衡》，载《交大法学》2014年第1期。

〔2〕　黄茂荣：《法学方法与现代民法》，中国政法大学出版社2001年版，第471页。

〔3〕　[德]卡尔·拉伦茨：《法学方法论》，陈爱娥译，商务印书馆2003年版，第317—363页。

〔4〕　Judith Freedman, "Defining Taxpayer Responsibility: In Support of a General Anti-Avoidance Principle", *British Tax Review*, 4（2004）, p. 354.

法国家以及欧盟均在民法禁止权利滥用的法律原则基础上，构建税法上的禁止权利滥用原则，以此作为反避税法律体系的基础。甚至可以说，避税的概念被紧紧镶嵌在"滥用"的概念中，二者在一些语境下可以混用。[1]《德国租税通则》第42条的规定即是如此。[2]法国的一般反避税条款也通常被理解为是更为普遍的法律原则"滥用法律"在税法领域的适用。[3]

1. 禁止权利滥用原则的民法渊源

民法上的禁止权利滥用原则源流甚远。优士丁尼《法学阶梯》开篇即是"法律的戒条是这些：诚实生活、勿害他人、分给各人属于他的。"从历史的视角看，因法律对权利本身的绝对性，对公共利益和宗教、道德等权利外围限制的认识不断发展，权利滥用在不同的历史时期有不同的内涵。中世纪的民法开始有两个基本的主张，即①不得损人不利己；②权利的行使应当秉承善意，或者与授予权利的目的一致。现代的学者主张禁止权利滥用可有狭义、广义、最广义之区分。狭义的权利滥用系仅以损害他人为目的行使权利，广义的禁止权利滥用则指权利之行使不得损害公共利益，最广义的禁止权利滥用则指依诚实信用原则创设对权利滥用的限制（例如，行使权利不得违反比例原则、权利失效，以及不得行使违反诚信而取得的

---

[1] Marco Greggi, "Avoidance and Abus De Droit: The European Approach in Tax Law", *E-Journal of Tax Research*, Vol. 6, 1 (2008), p. 23.

[2] 其第1款规定："税法不因滥用法律之形成可能性而得规避。个别税法设有防堵租税规避之规定者，于其构成要件实现时，依该规定定法律效果。在其他情形中，有第2项所称之滥用时，依与经济事件相当之法律形成，成立租税请求。"

[3] Sébastien de Monès et al., "Abuse of Tax Law Across Europe", *EC Tax Review*, Vol. 19, 3 (2010), p. 86.

权利等）。[1]避税是纳税人滥用私法上之形成自由，获取不当的税收利益的行为，其"不当"在于该等税收利益获得有违公平分配税负的税法目的，损害政府提供公共负担的能力和社会政策目标，从而税法上取广义的禁止权利滥用原则。

2. 税法上的禁止权利滥用原则及其价值

基于禁止权利滥用原则构建"避税"的概念，并以此为核心观念推演出一般反避税条款，与另一种一般反避税条款的立法思路——基于一些普通法国家采用的实质重于形式原则相比，其强调法律规则的滥用或立法意图的违背。虽然二者都能对接税收公平原则，力图规正避税行为带来的税负分配不公或法律意旨违背，但后者过于强调有效经济理由（合理商业目的）和经济实质（如经济地位的实质变化等），不利于对纳税人节税权的确认[2]——纳税人选择税捐负担上最有利之法律形式并不足以构成税捐规避，犹须有法律形式之滥用。[3]

将避税行为限制于私法上自由之"滥用"，彰显私法领域意思自治和契约自由原则的界限，能与以"权利"为基础的民法秩序保持内在协调，与我国秉承的民法法系传统保持一致。不可否认，虽然从美国判例法上创立的"合理商业目的"也可能实现对商业自由的保护，但单纯的概念移植没有支撑的土壤，与民法的衔接难以畅通。从这个角度说，以"禁止权利滥用"的原则支撑反避税规则体系，其意义还在于能够借

---

〔1〕　参见王泽鉴：《诚实信用与权利滥用——我国台湾地区"最高法院"九一年台上字第七五四号判决评析》，载《北方法学》2013年第6期。

〔2〕　参见翁武耀：《避税概念的法律分析》，载《中外法学》2015年第3期。

〔3〕　陈敏：《租税课征与经济事实之掌握——经济考察方法》，载《政大法学评论》1984年总第26期。

用权利滥用的理论资源和手段来补强对税法的避税（滥用）行为的规制。

税法上的禁止权利滥用原则，还可以实现对"实质重于形式""合理商业目的"的包容——经济实质对法律形式的违背、交易缺乏合理商业目的，可以推定权利滥用的存在。如欧盟经典判例哈利法克斯银行案中，欧洲法院在明确权利滥用的构成标准时，就采取了这个思路。[1]意大利的一般反避税条款规定得更为明确。[2]即便是普通法系国家，判例法确立的防范虚伪表示原则（sham doctrine）也被税法用于反避税，该原则意在禁止权利滥用。一些国家，如英国和加拿大的一般反避税条款中，"滥用"概念是认定避税的要件之一，而"合理商业目的"和"实质重于形式"是判断是否存在滥用诸多标准中的其中一部分。

不难理解，欧盟专家认为，中国更好的做法是在立法中加入规制"滥用权利"（abuse of right）的一般性规定，起到打击权利滥用行为的作用。[3]这个建议放到 BEPS 行动计划的背景下尤其有参考价值——因为"滥用"的概念与"经济实质"概念渗透在 BEPS 行动的方方面面，贯彻在 15 个行动计划之中。[4]从而禁止权利滥用原则不仅可以承接税法和民法，作为

---

〔1〕 Case 255/02 Halifax and others.

〔2〕《纳税人权利宪章》第 10 条第 1 款中规定："不管纳税人具有什么样的意图，如果一项或多项交易缺乏经济实质，本质上为实现不正当的税收利益，尽管税收规则形式上得到了遵守，亦构成权利滥用。"

〔3〕 让·克劳德·卜夏尔：《中国的增值税改革：欧洲同行怎么看》，陈延忠译，载《国际税收》2016 年第 10 期。

〔4〕 米兰达·斯图尔特：《数字化 BEPS 环境下的滥用和经济实质（上）》，陈新译，载《国际税收》2015 年第 9 期。

民法意思自治的边界，还可以融合国际和国内税收两个方面的反避税规则。以禁止权利滥用支撑内部体系的具体方式为：税法将权利滥用原则作为反避税的基础原理，一般反避税条款引入"滥用"作为界定国家调整权与纳税人合法节税行为的核心概念，以外部体系良好设计使之具体化和确定化。权利滥用本身就表明了纳税人行为的可责性，这是反避税调整的道德和法理基础。《特别纳税调整实施办法（试行）》第92条列举了可进行反避税调查的各种滥用行为，实际上我国税法上已在自发式运用税法的权利滥用理论，只是"滥用"与企业所得税法一般反避税条款所使用的"合理商业目的"之间的逻辑关系有错位，需要厘清。

（二）以周全的逻辑结构和规范层次建构外部体系的框架

这里所称的一般反避税条款的逻辑结构是指一般反避税条款应当包括哪些规范要素，随之而来的问题是这些规范要素应以何种外部体系承载。从立法技术看，这些规范要素更多以不确定性概念进行表达，[1]从而，为提高一般反避税条款的确定性和可操作性，还需要配套规范体系的建构来为不确定性概念的"确定化"提供指引，为纳税人提供一种对抗反避税特别纳税调整权的法治保障机制。

1. 要素完整的逻辑结构

根据本书第七章对12个国家和地区的一般反避税条款文本的观察和提炼，可以将一般反避税条款的规范要素归纳为4个，分别为：定义要素（即对避税进行界定或者定义，对应于通常所讲的法律规范中的"假定"）、特别纳税调整方法

---

〔1〕　葛克昌：《避税调整之宪法界限》，载《税法解释与判例评注》2013年。

（即税务局可以何种方法否认纳税人避税行为的税收利益，并且核定其应纳税额）、避税行为的法律后果（如是否规定处罚）、反避税调查的程序规则（如举证责任分配），前三种可以归类为实体要素，最后一个为程序要素。从一般反避税制度外部体系建构的角度，需要分析这些要素的形式载体。

为了使一般反避税条款得以成为一条法律规则而不仅仅是宣告反避税权力，一般反避税条款至少需要规定以下内容：对避税的定义、税务机关宣告避税交易的税法效果无效的权力、对纳税人交易施加新的税法效果的权力（即纳税调整权）。[1]基于税收法定原则和纳税人权利保护的基本立场，避税的界定和特别纳税调整权及其方法直接关系到纳税人的税收债务金额，应由立法机关规定。在前述12个国家和地区中，无一例外，全部一般反避税条款都界定了避税行为，绝大多数一般反避税条款规定了其他实体要素。除此之外，避税行为的法律后果关系到纳税人的重大权益，也应在法律层面规定。这里的法律后果是指纳税人除从税收之债的角度补缴税款之外，所可能承担的法律给予的其他不利后果，如利息、滞纳金或者罚款的科处等。[2]概言之，以上均属于实体性规则，届时我国应在税法总则性的法律中予以规定，以此为基础，在各税法单行法和程序法中可对各核心规范要素进一步展开，再通过行政解释、裁量标准予以具体化。

有关程序性要素的问题，或许对于一般反避税条款而言不

---

〔1〕 Graeme S. Cooper, "International Experience With General Anti-Avoidance Rules", *SMU Law Review*, Vol. 54, 83 (2001), p. 127.

〔2〕 我国对避税只规定加收利息，以弥补国库的时间损失，没有滞纳金和罚款。对避税行为的可罚性有理论争议，各国主要基于不同的政策考虑，做法不一。参见汤洁茵：《避税行为可罚性之探究》，载《法学研究》2019年第3期。

是必需，但为抵消一般反避税条款固有的模糊性给纳税人带来的潜在威胁，可将程序规则作为平衡的手段，用纳税人的程序权利制约税务机关在反避税过程中的调整权力。根据对前述12个国家和地区的一般反避税条款文本的观察，一半以上的国家和地区在一般反避税条款中规定了基本的程序规则，其中涉及纳税人的对抗性或者救济性权利、对避税构成要件的举证责任分配规则等。新近制定或修订的一般反避税条款如澳大利亚、意大利等一般反避税条款，都规定了举证责任分配规则等核心的程序规则。因举证责任和避税的构成要件存在勾连，通常避税行为的证明应当由税务机关举证，但对于消极要件如正当非税目的的存在，都由纳税人举证证明，故此应在最高位阶的一般反避税条款中予以规定。

一般反避税条款采取统一立法模式的，其设计需符合总则性税法的定位，[1]故此程序性要素可以仅限于避税构成要件的举证责任问题，与避税的界定一同规定在总则性的税法中。除此之外，以避税事实的调查和认定为目标的反避税调查程序规则，也应遵循法定原则[2]，凡涉及纳税人重大的程序利益以及第三人的协力义务的，应规定在《税收征收管理法》中。而更具体的执行性、管理性、解释性规则，各国和地区通常通

---

〔1〕　即仅对税收征纳实体和程序制度、税收债务要素中的基本问题作出规定，成为制定其他税法规范的"母法"。参见施正文：《中国税法通则的制定：问题与构想》，载《中央财经大学学报》2004年第2期。

〔2〕　金子宏等教授主张税收法定主义的内容包括程序保障原则。参见［日］金子宏：《日本税法》，战宪斌等译，法律出版社2004年版，第63页。国内也有学者认同该主张，参见王鸿貌：《税收法定原则之再研究》，载《法学评论》2004年第3期。从程序保障的角度，对纳税人的实体权利义务有重大影响的程序规则以法律予以规定，也应属于税收法定原则的内容。

过行政性法规的形式规定，注重提高一般反避税条款执法的确定性、可预期性，避免不当干预纳税人正常交易。

2. 层次分明的规范体系

需要考虑的是，一般反避税条款采取整体立法之后，各实体税种法中是否仍需规定仅适用于该税种的次一级的一般反避税条款呢？

首先并无此必要，原因是一般反避税条款作为兜底性条款，其在总则性税法中被统一规定，各税种避税行为的否定均可援用。其次，需避免法际之间的潜在冲突。如前所述，因公因式提取的内外不完整及避税交易本身的综合性等，再由各税种规定次一级的一般反避税条款，仍会存在分散立法的问题，难免存在潜在冲突，增加协调的难度。但各税种法遵从一般反避税条款所确定的原则的指引，采用类型化思维，就该领域常见的避税交易规定专门的特别反避税条款有其必要性。

就我国而言，可以总则性税收法案中的一般反避税条款为起点和基础，对其中的核心概念的具体解释和判断标准、可予以类型化的新型避税方案等，均可以通过行政性法规（包括行政法规、部门规章和规范性文件）的形式制定，提高可操作性和纳税人的可预见性。定期发布反避税案例也是实用主义的做法。如英国授权税务海关总署的反避税委员会在《财政法案》所规定的一般反避税条款的基础上，制定和发布一般反避税条款适用指南。适用指南分为五部分，其中第 A、B、C 部分明确了一般反避税条款的目标和适用范围，对一般反避税条款中的核心概念如"避税交易""滥用"进行解释，D 部分为范例，分别对各个税种上避税的测试标准如何被适用提供具体案例。而 E 部分则规定了一般反避税条款的适用程序。[1] 该种规定对于税务机关有约束力，但对于法院没有约束力，有关一般反避税条款的适用得以进入司法审查的视野中。

（三）以避税概念的位阶构造提供外部体系的基石

外部体系还有赖于概念，法律概念的位阶构造是建构法律体系的客体基础。[2] 一般反避税条款体系化的首要挑战是如何从法律技术层面选择合适的概念规定避税行为的构成要件。在各国避税定义实践提供的诸多"概念"样本中，该如何按照我国法律运行的实际进行选择和建构呢？[3]

1. 避税界定常用概念的实践样态

尽管法律渊源和法理体系不同，税法在全球都有趋同性[4]，各国的一般反避税条款中被用来对避税进行界定的核心概念也比较集中，主要为"合理商业目的""经济实质""避税交易""税收利益""滥用"等，[5] 通过这些概念及其解释来组合避税行为的构成要件，无外乎"客观行为""主观方面""效果"

---

〔1〕 See "HM Revenue and Customs（HMRC）General Anti-Abuse Rule（GAAR）Guidance A，B，C，D and E，the latest versions"，available at https://www. gov. uk/government/collections/tax-avoidance-general-anti-abuse-rule-gaar，last visited on 2022-11-18.

〔2〕 参见黄茂荣：《法学方法与现代民法》，中国政法大学出版社 2001 年版，第 408 页。

〔3〕 国际共同概念的借鉴对于学术交流和借鉴很有必要，同时需要确立我国的话语权。参见张明楷：《刑法学中的概念使用与创制》，载《法商研究》2021 年第 1 期。

〔4〕 Jinyan Li，"Tax Transplants and Local Culture：A Comparative Study of the Chinese and Canadian GAAR"，*Theoretical Inquiries in Law*，Vol. 11，2（2013），pp. 88-89.

〔5〕 See David Fernandes and Kerrie Sadiq，"A Principled Framework for Assessing General Anti-Avoidance Regimes"，*British Tax Review*，2（2016），p. 203.

三个。但不同国家概念之间的逻辑关系不同[1]，其所塑造的构成要件之事实认定及举证责任分配也会相应有所区别。

英联邦国家（及受其影响的法域）一般反避税条款相互之间影响较多，呈现更多的共性，但也有所区别。如加拿大对避税的界定采用了（实施了）"避税安排"、（取得了）"税收利益"、（存在）"滥用"三个核心概念，以此确立了"客观行为""效果""主观方面"三个构成要件。[2]其中，避税安排的界定会考虑纳税人是否具有善意目的（包括合理商业目的），纳税人是否构成滥用，则需要基于法律目的判断，[3]至于交易是否具有经济实质，仅在理论上可用于判断是否构成滥用。澳大利亚则仅用前两个概念，大量的规则和判例围绕如何界定"避税安排"（客观行为要件）、"税收利益"（效果要件）而展开。交易的实质与形式，交易设计和执行的方式、时间、纳税人经济地位的改变等被作为界定是否存在避税安排的考虑因素。[4]美国的规则为国内所熟悉，使用了"实质目的"（包括合理商业目的，主观方面要件）和"实质改变经济

---

〔1〕 如"滥用"在欧盟及其成员国等同于避税这个上位概念，而在加拿大等国家属于界定避税的要素之一。

〔2〕 其所得税法法案规定，避税交易是指以获取税收利益为直接或者间接效果，除非该交易主要是基于善意而非获得税收利益的交易安排，交易安排可以是系列交易的一部分。一般反避税条款仅在交易安排存在滥用时适用。See Section 245 （3）（4）of Income Tax Act（R. S. C. , 1985, c. 1（5th Supp. ）.

〔3〕 在加拿大反避税的经典判例 Copthorne 案中，法官概括了可认定滥用性避税交易的情形，其中包括：①交易安排的结果为成文法所意图避免；②交易安排破坏了条款背后的基本原理；③交易安排规避有关条款的方式足以破坏其目的、精神或者意旨。See 2011 SCC 63［Copthorne］.

〔4〕 See "Subsection （2）of 177D of Income Tax Assessment Act 1936", available at https://www. legislation. gov. au/Details/C2017C00242/Html/Volume_ 3#_ Toc4881 49145, last visited on 2022-11-18.

地位"（即经济实质，兼可解释为行为要件和效果要件）两个基本概念，与英联邦国家相比似乎更为客观，无需考虑法律目的，但美国还存在大量并行的反避税判例规则，不能单纯横向比较。

大陆法系国家、地区的一般反避税条款中，概念的使用和构成要件建构与前述国家相比，有个性也有共性——在纳税人的行为方面强调存在法律形式的滥用，如《德国租税通则》第42条规定，判断是否存在税法上的滥用行为（即避税行为），行为要件为纳税人采取了"不当法律形式（其显然暗含了主观方面的要件）"〔1〕。我国台湾地区强调"滥用法律形式"〔2〕。意大利的规定类似。〔3〕因法律形式是依私法采用的，"不当""滥用"的限定词体现了权利滥用原则。与英美法国家相同，大陆法系国家和地区的避税构成要件中，也需证明纳税人取得了"不当税收利益"，"不当"是指税收利益的取得违背了法律目的。本书无意就"避税的构成要件"这个

---

〔1〕 该条规定，当纳税义务人选择一项不相当的法律形成，而该项不相当的法律形成相对于纳税义务人或第三人选择相当的法律形成，却可获得原先法律规定预期以外的税捐利益，即构成法律形成之滥用。但纳税义务人就所选择的法律形成，能够证明具有其他非税法之原因，且该目的对于整个安排的法律关系而言具有重要性，则不在此限。

〔2〕 中国台湾地区"税捐稽征法"第12-1条第3款规定："纳税义务人基于获得租税利益，违背税法之立法目的，滥用法律形式，规避租税构成要件之该当，以达成与交易常规相当之经济效果，为租税规避。"

〔3〕 意大利《纳税人权利宪章》第10条第1款规定："不管纳税人具有什么样的意图，如果一项或多项交易缺乏经济实质，本质上为实现不正当的税收利益，尽管税收规则形式上得到了遵守，亦构成权利滥用。这些交易不能对抗征税部门，即征税部门根据被规避的规则和原则确定税款，同时否定纳税人基于这些交易所取得的相关税收利益。"第2款对第1款的具体应用进一步细化了规定。从第3款开始，对防止反避税手段的滥用进行了明确规定："在任何情况下，能被非税收（非次要的）有效理由所正当化的交易，都不是权利滥用下的交易。"

命题过多展开，而旨在提出体系化设计中概念选择的路径问题，以下将进一步展开。

2. 概念的选择、解构

原本从法律传统、立法技术和制度借鉴方面，我国应主要借鉴大陆法系国家的制度、概念更为适当。但我国《企业所得税法》和《个人所得税法》都选择来源于美国判例法的"合理商业目的"[1]作为核心概念，辅之以"税收利益"，采用了"主观方面"和"效果"二要件，《个人所得税法》在"税收利益"前加了"不当"二字，从而提供了建构的空间。因我国"合理商业目的"本身无法完成对避税的界定，更不具有可操作性，而"税收利益"的概念，除澳大利亚等国家难称经验的做法外，一般各国都会宽泛认定，难以发挥界定功能。国家税务总局"不得不"在《特别纳税调整实施办法（试行）》《一般反避税管理办法（试行）》中代为操刀，又引入了"滥用""经济实质"等概念[2]规定行为要件，并引发学者对概念的界定及逻辑关系等进行了大量讨论。[3]可惜的是，或许是因立法的仓促，我国现行反避税规则对于各种反避税概念工具的使用，并没有分辨概念之间的逻辑关系、理论基础和规则背景，如对合理商业目的的概念之使用在逻辑上就

---

〔1〕 See Robert S. Summers, "A Critique of the Business-Purpose Doctrine", *Cornell Law Faculty Publications*, Paper 1336 (1961), p. 39, available at http://scholarship. law. cornell. edu/facpub/1336, last visited on 2022-11-18.

〔2〕 《一般反避税管理办法（试行）》第 4 条、第 5 条。

〔3〕 参见欧阳天健：《比较法视阈下的一般反避税规则再造》，载《法律科学（西北政法大学学报）》2018 年第 1 期；汤洁茵：《〈企业所得税法〉一般反避税条款适用要件的审思与确立——基于国外的经验与借鉴》，载《现代法学》2012 年第 5 期。

缺乏一贯性，既将其作为避税的同等概念，也作为避税界定的下位概念。[1]"合理商业目的"和"经济实质"的逻辑位阶也不清楚。现有学界的讨论未从立法论上展开，难以有所突破。

如刑法学家所言，可以通过对借用概念的"解构"来获得我国的话语权并使其更适用于我国。[2]基于"解构"的思路，我国或许可以选择将"缺乏合理商业目的"的概念扩张为"避税"的同等概念，将其作为上位概念，一如税法滥用行为在欧盟等同于"避税"概念一样，辅以其他概念（下位概念），如经济实质等对"缺乏合理商业目的"进行界定。但是，在逻辑上和表面的文义上又会造成困惑，典型如个人所得税、日后将要对个人住房开征的房产税等，许多交易安排缺乏"商业目的"却具有情谊基础，不应单纯因缺乏合理商业目的而被界定为避税行为。相较而言，最好选择"滥用"概念作为上位概念界定避税行为，承接禁止权利滥用原则。"滥用"可以从当前的《个人所得税法》所使用的"不当税收利益"中进行学理和规则的建构。

3. 我国对避税界定的概念选择

对避税行为的界定以三要件[3]最能保护纳税人的意思自治，在 BEPS 国际反避税的新形势下，一国税法中的反避税规则也需要有一个更具有延展性的概念将国内和国外的避税行为涵盖在内。概念的建构需要和避税的构成要件理论结合起来，

---

〔1〕　有关"合理商业目的"概念在我国税法中的使用，参见贺燕：《我国"合理商业目的"反避税进路的反思》，载《税收经济研究》2019 年第 5 期。

〔2〕　参见张明楷：《刑法学中的概念使用与创制》，载《法商研究》2021 年第 1 期。

〔3〕　即前述"客观行为""效果""主观方面"。

每一个构成要件均应为一般反避税条款的核心概念所涵盖。

综合这些考虑，我国一般反避税条款对于避税的界定可归纳为：纳税人滥用法律形成的可能性，取得不当税收利益的，为避税，税务机关可以进行纳税调整。"滥用""不当税收利益"[1]可作为第一层次的概念，涵盖了全部三个避税构成要件，既凸显了"权利滥用"之地位，也具有很好的包容性[2]——可以容纳合理商业目的、经济实质和法律目的的解释等作为认定"滥用"的考量因素（下位概念），并可以经由下位法如行政法规、部门规章等提供解释和操作标准。[3]在这个设计中，合理商业目的是判断交易行为是否构成滥用的消极要件之一，可由纳税人提出主张，以排除避税认定。纳税人的经济实质等，如在中国（海南）自由贸易试验区政策文件中所采用的概念，也当然属于判断滥用存在与否的其中一个因素。囿于本书的主旨，未具体论证避税的构成要件的选择，更多提出一种体系化思路和方法。

四、结论

一般反避税条款的功能如要充分发挥，实现税收负担的公平分担，一体设计一般反避税条款及其配套规则有其必要性。

---

[1] 《个人所得税法》第8条与《企业所得税法》第47条的一般反避税条款稍有不同之处，在于前者使用了"不当"来限定税收利益。

[2] 作为比较，如《德国租税通则》第42条第2款规定："选择不相当之法律形成，致租税义务人或第三人，相较于相当之法律形成，或有法律未预之租税利益时，存在滥用。租税义务人能证明所选择之形成，具有在整体关联上为重大之租税外理由者，不适用之"。

[3] 目前国家税务总局出台的有关企业所得税法反避税配套法规，如前引《特别纳税调整实施办法（试行）》第93条实际上也主要遵循了类似的立法思路。

为防止自由贸易区税收优惠措施被滥用，也需要以这种方式健全反避税法律制度，作为"强法治"的部分内容。我国税法变迁已经达到体系化的阶段，相应的学理研究足以形成体系化的支撑。根据我国的法律传统，从立法技术和立法成本角度考虑，我国适宜采用统一立法模式，并根据税法体系化的进程渐进实现。一般反避税条款的体系化设计并不能满足于在总则性税法中加入一个、数个法律条文，而应从一般反避税制度乃至反避税法律制度的内在协调一致、逻辑要素完整的角度，对一般反避税的核心要素及其解释搭建立体化的、层次分明的规则体系。

需要正视的是，任何国家都不能寄希望于一般反避税条款解决所有的税基侵蚀和利润转移问题，同时也无法寄希望于一般反避税条款能够解决税收体系中的结构性问题。[1]从各国反避税实践看，反避税的法律体系，除了反避税规则，还有配套的诸如第三方强制披露规则、事先裁定制度等。尽管如此，不可否认，一个良好设计、内外部相互协调的一般反避税条款（及规则体系），将为整个反避税制度的建构奠定具有融贯性的实在法基础。

---

[1] Graeme S. Cooper, "International Experience With General Anti-Avoidance Rules", SMU Law Review, Vol. 54, 83 (2001), p. 85.

附　篇
余　论

本篇探讨的是一个反避税主题的延伸话题，即反避税引发的重复征税问题。以此为视角，同时审视和评估当前国际税改的可能挑战和走向。

第十章

反避税引发的重复征税问题

重复征税是国际税法体系一直在处理的问题，因为其构成了跨境投资的障碍。过去的几十年里，国际税法实践发展出有关消除重复征税的诸多原则和概念，各国参考经济合作与发展组织和联合国的税收协定范本，签署了数以千计的双边税收协定以避免重复征税。避免重复征税也被认为是双边税收协定的两大主要目标之一。

而另一个主要目标则是应对因逃避税活动导致的双重不征税问题，相较第一个目标，其在晚近以来才被确立。应对双重不征税尤其是 BEPS 行动计划的宗旨，后来也被写入《实施税收协定相关措施以防止税基侵蚀和利润转移的多边公约》的前言。自从 BEPS 行动计划推进以来，各国政府采纳了越来越多的反税基侵蚀措施（以下统称为反避税措施）。

颇有讽刺意味的是，旨在消除双重不征税的反避税措施，尤其是未经协调的反避税措施，也会反过来导致"双重征税"。[1]已有少数学者关注到这个问题。例如，受控外国公司

---

〔1〕 Hugh J. Ault, "Some Reflections on the OECD and the Sources of International Tax Principles", *Tax Notes International*, Vol. 70, 12（2013）, p. 1199.

条款和并入课税条款就会引发重复征税。[1]然而，能够引发重复征税的反避税措施远不止前述两类。一般反避税条款的执行也有可能带来重复征税问题，如下文所述，问题可能更为复杂。

2009 年，国家税务总局发布了具有"历史性"的《关于加强非居民企业股权转让所得企业所得税管理的通知》，第 6 条规定："境外投资方（实际控制方）通过滥用组织形式等安排间接转让中国居民企业股权，且不具有合理的商业目的，规避企业所得税纳税义务的，主管税务机关层报税务总局审核后可以按照经济实质对该股权转让交易重新定性，否定被用作税收安排的境外控股公司的存在。"[2]

这种"穿透"的处理方式早前就被一些国家认为具有良好的"威慑"避税行为、防范税基侵蚀的办法。[3]毫无疑问，对间接转让股权的课税给我国、印度等国家带来了巨额的税收收入。然而，一个被忽略的地方是：其重复征税的可能性如同其威慑效果一样明显。

假如非居民 A 公司通过转让非居民 B 公司（通常位于低税地）而实现转让了中国居民企业 C 公司，该笔交易被按照经济实质重新定性为转让了 C 公司的股权，从而 A 公司向我

---

〔1〕　See Keith Brockman, "Double Taxation: Does It Matter", *International Tax Review*, Vol. 28, 5（2017）, p. 3; Chloe Burnett, "A Part IVA that Goes the Other Way?: The Rule Against Double Taxation", *Australian Tax Forum*, Vol. 27, 3（2012）, pp. 467－484; F. Debelva, *International Double Taxation and the Right to Property*, IBFD, 2019.

〔2〕　该通知后被修订，最终被替代。但前述间接转让的规定未变。

〔3〕　很多国家对间接转让不动产征税。而且，除了我国，近年来印度、巴西和印度尼西亚的税务局也将间接转让课税规则扩展到了股权。See Wei Cui, "Taxing Indirect Transfers: Improving an Instrument for Stemming Tax and Legal Base Erosion", *Virginia Tax Review*, Vol. 33, 4（2014）, pp. 653－700.

国税务局交了税，该笔税收支出不被中间持股的 B 公司所在国的税务局认可，则未来 B 公司实际转让 C 公司的股权时，就会发生重复征税。到目前为止，这类情形下的重复征税只能作为额外的成本由纳税人承担。

鉴于由反避税措施导致的重复征税问题一定程度上不同于传统管辖权重叠导致的重复征税，作为一种相对新发的现象，这里将其称为"新型重复征税"，以简洁文字表达。

在 BEPS 行动计划之前，这种新型重复征税尚未获得足够的关注。[1] 一个可能的解释是：在 BEPS 行动计划之前，反避税主要是单边或双性行动，引发的重复征税的规模和范围尚在可以容忍的范围内。但在后 BEPS 时代，尤其是双支柱方案的诞生和发生，情形会大有不同。这是一个多边行动，因此导致的潜在重复征税很可能会有相当的规模和范围。

在开始讨论之前，还有几个起始问题需要回答：首先，这种新型重复征税值得讨论和提供救济吗？要对此进行回答，就需要追问传统重复征税和反避税措施的性质。如果答案是肯定的，则进一步的问题是，现有的消除重复征税的措施足以解决新型重复征税吗？不幸的是，这个答案是否定的。这里的讨论也会拓展到 BEPS 行动计划和双支柱方案，试图主张以下观点：尽管 BEPS 行动计划尤其是双支柱方案已经投入了大量的努力协调规则和建构争议解决机制，但重复征税的潜在威胁并没有消除，并且该种威胁会反过来影响国际税改原初目标的实现。

---

〔1〕　一个可能的理由是，重复负担的税收对于跨国公司而言是一个额外的成本，目前还没有消除该种税收不公的政治呼吁。See Keith Brockman, "Double Taxation: Does It Matter?" *International Tax Review*, Vol. 28, 5 (2017).

一、反避税导致重复征税的机理

传统重复征税主要产生于不同管辖权的平行行使和同一种管辖权的冲突，而新型重复征税主要发生于后种情形。正因为如此，当前税法体系中较少有专门针对新型重复征税的协调规则。

（一）传统重复征税及其原因

一般而言，传统重复征税一般被分为国际重复征税和国内重复征税、法律性重复征税和经济性重复征税。

国际和国内重复征税的区分似乎比较明显，前者指重复征税发生于国际层面，而后者发生于纯国内场合。[1]国际组织主要关注国际重复征税。[2]法律性重复征税通常被界定为两个以上的国家对于同一个纳税人的同一笔所得都予以课税，相反，经济性重复征税发生于同一所得在不同纳税人手中均被课税的情形。[3]后者不如前者重要。[4]

国际重复征税产生于适用于跨境交易的各国内法之间的冲突。[5]如果"冲突法"概念可以用于指两个或者两个以上管

---

〔1〕 See F. Debelva, *International Double Taxation and the Right to Property*, IBFD, 2019.

〔2〕 OECD Model Tax Convention on Income and on Capital (2017)：Introduction, para. 3. International juridical double taxation is described by OECD as imposition of comparable taxes in two（or）more states on the same taxpayer for the same taxable object and the same period.

〔3〕 ［奥］迈克尔·朗：《避免双重征税协定法导论》（第二版），朱炎生译，法律出版社2017年版，第4页。

〔4〕 See F. Debelva, *International Double Taxation and the Right to Property*, IBFD, 2019.

〔5〕 R. Saw, "Chapter 2：How Double Taxation Arises-The Role of Domestic Tax Systems", in Ola. Ostaszewska and Belema Obuoforibo eds. , *Roy Rohatgi on International Taxation-Volume* 1：*Principles*, IBFD, 2018.

辖区的有关征税客体的法律存在不同的状况，则更确切的说法是，重复征税是税收管辖权或者税收主权重叠行使于同一个税收客体的产物。[1]

可以理解的是，当两个国家同时行使居民管辖权和来源地管辖权，尽管没有法律冲突，典型的居民-来源国型重复征税就会发生。当各国用不同的或者相互冲突的居民标准、来源地标准，平行行使的居民管辖权和来源地管辖权也会引发重复征税。[2]比如，当两个国家用了不同的居民纳税人定义，纳税人就会有双重居民身份，在两个国家就全球所得纳税。居民管辖权-居民管辖型重复征税被认为更为严重，因为居民管辖权意味着无限的纳税义务。[3]双边税收协定主要处理居民管辖权-来源地管辖权型的重复征税，但是也会提供一些决胜规则（tiebreak rules）以解决法律冲突导致的重复征税。[4]

（二）反避税及新型重复征税

反避税措施可以引发国际性重复征税和国内重复征税。但是，国际层面的重复征税更复杂，需要更多关注。

---

〔1〕 在国内的场合，两个或者两个以上公法主体（如美国的联邦政府、州政府和地方政府）可能就同一税收客体对同一纳税人征税，从而引发重复征税。See Charles G. Haglund, "Double Taxation", *Southern California Law Reviews*, vol. 8, 2 (1935), p. 79. 然而，同一个公法主体也可能因为采取反避税措施行使了二次课税权，从而引发重复征税。

〔2〕 R. Saw, "Chapter 2: How Double Taxation Arises-The Role of Domestic Tax Systems", in Ola. Ostaszewska and Belema Obuoforibo eds., *Roy Rohatgi on International Taxation-Volume* 1 *Principles*, IBFD, 2018.

〔3〕 F. Debelva, *International Double Taxation and the Right to Property*, IBFD, 2019.

〔4〕 OECD Model, article 4 （2）.

1. 反避税措施引发重复征税的典型场景

很多时候，反避税规则的实施会引发实际或者潜在的重复征税风险。除了较早被认识到的转让定价规定带来的重复征税，其他典型的特别反避税条款也可能对跨国纳税人引发重复征税。

首先，资本弱化中的重复征税。很多国家采纳资本弱化规则，限制股东和子公司之间的利息扣除。当利息被子公司所在国重新定性为股息，但母公司所在国仍将其作为利息课税，就会产生重复征税。[1]

其次，受控外国公司条款中的重复征税。如很多学者指出的，受控外国公司规则可能引发法律性重复征税和经济性重复征税。比如，母公司所在国将受控子公司的未分配利润视同分配而根据其受控外国公司规则征收所得税，当受控子公司做出实际分配时，该实际分配会被子公司所在国征收预提税，如果母公司不给予相应调整，便会在母公司再次课税。[2]

再其次，预防税基侵蚀的措施也可能引发重复征税。比如弃籍税规则。[3]根据弃籍税的运行原理，原居民国在自然人变更税籍时会就其未实现的资产视同在弃籍之日实现，根据当

---

[1] 根据实证研究，这种重复征税的情况可能很严重。See Rainer Zielke, "Shareholder Debt Financing and Double Taxation in the OECD: An Empirical Survey With Recommendations for the Further Development of the OECD Model and International Tax Planning", *Intertax*, Vol. 38, 2 (2010), pp. 62-92.

[2] 一些国家对实施受控外国公司引发的重复征税给予救济，比如新西兰。See John Prebble, "Controlled Foreign Comapany Regimes and Double Taxation", *Asia-Pacific Tax Bulletin*, Vol. 12, 1 (2006), pp. 3-5. 也有消除该类重复征税的途径。See Blazej kuzniack, "The Need to Avoid Double Economic Taxation Triggered by CFC Rules vnder Tax Treaties, and the Way to Achieve It", *Intertax*, Vol. 43, 12 (2015), pp. 758-772.

[3] 在退出税的场景中也会存在。

时的市场公允价就资本利得征税。[1]当纳税人事后实际处置其资产时，届时的居民国一般不会将之前已经征收的弃籍税纳入考虑，从而产生法律性重复征税。[2]

最后，无论是国内税法中的一般反避税条款还是双边税收协定中的一般反避税条款，都可能产生重复征税。由于一般反避税条款的灵活性，这种因其实施而产生的重复征税可能更具有不确定性和不可预期性，从而难以通过事先的安排予以分配。

前述《国家税务总局关于加强非居民企业股权转让所得企业所得税管理的通知》（2009 年发布）和《关于非居民企业间接转让财产企业所得税若干问题的公告》，都从《企业所得税法》第 47 条中获得合法性依据。在间接股权转让中，股权转让所得先在实际控股股东处被征税，随后在中间控股股东处被征税，可谓是一种经济性重复征税。在中间控股公司"直接转让"其所持有的我国居民公司的股权时，对于中间持股公司因直接转让而发生的对我国的纳税义务，经其与我国税务机关辩解，税务局或许会放弃再次征税，从而经济性重复征税有可能被避免。但相关争议很可能需要经过漫长的相互协商程序。

2. 新型重复征税的特点

新型重复征税与传统的重复征税相比，有何不同之处呢？首先，可能的不同是，新型重复征税在现行税法体系中，无论

----

〔1〕　如美国从 2008 年开始采取这种 mark-to-market 方案。See William L. Dentino and Christine Manolakas, "The Exit Tax: A Move in the Right Direction", *William & Mary Business Law Review*, Vol. 3, 2 (2012), pp. 341-418 .

〔2〕　Also Michael J. Miller, "Anti-Deferral and Anti-Tax Avoidance: Shameful Double Taxation of Individual Expatriates", *International Tax Journal*, Vol. 37, 4 (2011), pp. 5-57.

是国内法层面还是国际法层面都没有受到足够的重视。其次，从产生源头而言，新型重复征税较少发生于税收管辖权的平行、同时行使，而更多产生于管辖权的冲突，[1]如采用了反避税措施的国家通过拟制而扩大了其管辖权的情形。

不同于传统的重复征税，当前还没有一些共通接受的规则解决这种管辖权冲突，因为双边税收协定仅在有限的情形中涉及这种新型重复征税。最后一点是，遭受新型重复征税的纳税人是涉嫌从事避税交易的主体，相对于常规和善意的纳税人而言，可能其本身具有一定可责性。因此，自然产生一个疑问：是否可以将因为反避税引发的重复征税当成是对避税行为的"惩罚"，从而让其发挥威慑避税的效果？

二、消除新型重复征税的必要性

经济合作与发展组织已经交代了双边和多边行动持续努力来消除重复征税的原因。[2]除此之外，学术界也基于法律原则或者法学理论大量论证为何应当消除重复征税。[3]然而，这背后可能有一个潜在的假设：纳税人从事正常的商业活动所取得的利润应当得到法律的适当保护。相反，现有的研究不能回答，鉴于逃避税行为本身的不可接受性，为何也应当避免新型重复征税。

---

[1] See Ruth Mason, "The Transformation of International Tax", *American Journal of International Law*, Vol. 114, 3 (2020), p. 86.

[2] OECD Model Tax Convention on Income and on Capital (2017): Introduction, para. 1.

[3] See Anne Van de Vijver, "International Double (Non-) Taxation: Comparative Guidance from European Legal Principles", *EC Tax Review*, Vol. 24, 5 (2015), pp. 240-257.

　　以避税为例。尽管对避税难以进行精确界定，但其在很多国家被认为是一种"滥用"。[1]在欧盟甚至将避税称为税法滥用行为。欧洲法院发展出主客观标准来界定"滥用"，[2]其判例法规则影响了成员国的反避税规则。不同国家对于什么行为构成"滥用"或许有不同的法律规定，但该概念本身暗含了行为的不可接受性。

　　既然避税交易需要予以规制，新型重复征税是否可以看作是一种隐形的惩罚从而可以忽略呢？基于前述观念，人们很可能会认为这种跨国纳税人所可能承受的新型重复征税将构成其避税交易的"威慑"或者"障碍"，从而减少避税活动。

　　的确在一些国家会对避税交易课以惩罚，但需要注意的是，即使在这些国家，课以惩罚仅限于特定情形，比如当纳税人存在明显恶意时。[3]考虑到避税界定的不确定性以及合法节税与避税之间的模糊界限，对避税施加惩罚不乏争议。而且，重复征税本身是有悖于单次征税原则和其他法律原则的，尤其是在 BEPS 时代，这种重复征税也应当得到关注。

（一）避免新型重复征税的一般理由

　　从重复征税本身的不可接受性，到新型重复征税本身的危

---

　　〔1〕See Jinyan Li, "'Economic Substance': Drawing the Line Between Legitimate Tax Minimization and Abusive Tax Avoidance", *Canadian Tax Journal*, Vol. 54, 1 (2006), p. 26.

　　〔2〕A heavy volume of literature covers the topic, just to name a few, Wolfgang Schön, "The Concept of Abuse of Law in European Taxation: A Methodological and Constitutional Perspective", Working Paper of the Max Planck Institute for Tax Law and Public Finance, No. 2019-18.

　　〔3〕See Mary Anne Bueschkens and Benjamin Mann, "Canada and the GAAR: A Catch-All For Abusive/Avoidance Tax Planning", *Trusts & Trustees*, Vol. 25, 1 (2019), pp. 75-92.

害，均构成避免新型重复征税的一般理由。

1. 所有的重复征税都具有不可接受性

无论产生于何种情形，国际性重复征税均有害于跨境活动，并且有悖于现行国际税法的原则。税法学界和实践也均指出重复征税妨碍了跨境活动中的税收中性。

首先，重复征税有悖于国家税法原则。单一课税原则（single taxation principle）和受益原则（benefit principle）被认为是国际税法框架的两个支柱性原则。根据单一课税原则，跨境交易的所得应当仅被征税一次，不应重复征税，以避免额外的税收负担对跨境交易构成阻碍。其次，重复征税是不公平的，损害了纳税人的财产权。[1] 实际上，重复征税也不符合量能课税原则——额外的税收负担可能超出纳税人的纳税能力。对于新型重复征税而言，并没有正当理由不适用这些基本原则，尤其是考虑到下文所列的因素。

2. 反避税措施的打击范围在扩张

反避税打击范围扩张的可能性来自反避税制度本身。如前所述，很多避税制度没有被良好地设计和执行，从而使其打击对象不能精确对准激进的避税活动。[2] 在 BEPS 行动趋势下，反避税制度的目标在不断扩大，不限于传统意义上的滥用行为。

3. 税收不应当被用作偶然性惩罚的工具

从税收的本质和功能角度看，税收在现代国家的主要功能

---

〔1〕 See Anne Van de Vijver, "International Double (Non-) Taxation: Comparative Guidance from European Legal Principles", *EC Tax Review*, Vol. 24, 5 (2015), p. 256.

〔2〕 Hugh J. Ault, "Some Reflections on the OECD and the Sources of International Tax Principles", *Tax Notes International*, Vol. 70, 12 (2013), p. 1199.

是筹集财政收入。各国政府可能利用税收实现各种社会政策目标，但并不将其作为惩罚，尤其是不作为一种不具有确定性和可预期性的惩罚。当我们将税收作为惩罚手段，税收的道德基础可能会损失，并且会损害税收的遵从。

（二）BEPS 行动下的特别因素

在后 BEPS 时代，更有必要对新型重复征税严肃对待，因为反避税措施已经超出单边或者双边措施，而进入多边合作的阶段。以前，新型重复征税最多发生于两个国家之间。从实体规则的角度，立足于双边协定或者相互协商，对于哪个国家应当采取措施消除重复征税可能更容易取得一致意见。从程序规则的角度，尽管争议解决程序被证明效率低下，[1]但纳税人仍然有可能将相关税务机关带进程序中。

然而，多边措施引发的重复征税很可能涉及多个国家，从而问题更加复杂。如下文所分析的，缺乏协调的一般反避税条款和其他反避税措施很可能引发重复征税。当更多的国家被涉及，在缺乏共通接受的实体规则的情形下，对于跨国纳税人将非常不利。短期而言，传统税收争端解决机制的缺陷将更加明显。

三、消除新型重复征税的方法

消除新型重复征税的规则包括实体规则和程序规则。前者关系到哪个国家应当承担消除的义务，以及以何种方法消除重复征税；后者则涉及对纳税人的救济，毕竟在新型重复征税的场景下，税收争议非常常见。

---

[1]　See Filip Debelva and Joris Luts, "The European Commission's Proposal for Double Taxation Dispute Resolution: Turning the Tide?", *Bulletin for International Taxation*, Vol. 71, 5 (2017).

（一）实体规则

1. 避免重复征税

鉴于新型重复征税主要产生于管辖权的冲突，最为彻底和有效的解决方案是充分协调反避税措施，并且/或者在反避税条款中考虑到后续相应的调整规则。当然，期待从世界范围协调反避税措施是过于理想化的。欧盟因为其政治体制的独特优势，得以通过反避税指令的方式实施 BEPS 行动计划，区域性地协调成员国的反避税条款，虽然效果尚未可知，但其存在多种协调的工具。

对于后续调整规则，其本质上关系到课税权的分配。目前为止，因为缺乏共通的规则，该类条款是否被采纳还非常不确定。还是在欧盟，共通的规则是可能的，尽管欧盟统一公司税基（CCCTB）的行动受阻，但并没有放弃。如下文介绍的，欧盟相比世界其他地方，有独特的制度和机构优势。

2. 对重复征税的消除

当重复征税实际发生了之后，接下来的问题是如何采取措施予以消除。目前，对于传统的重复征税，主要有两种方式：单边措施和双边措施。一些国家有意愿主动采取单边措施消除重复征税，即使没有强行性义务。其背后的动机是鼓励跨境投资，或者吸引公司总部。相反，双边措施主要基于双边税收协定，其与单边措施不同的是，双边措施下的消除义务是强行性的。

就哪个国家应当承担消除重复征税的义务而言，一般来说，对于传统的重复征税，居民国有义务采取措施。[1]因来

---

〔1〕 Richard J. Vann, "Chapter 18, International Aspects of Income Tax", in Victor Thuronyi ed., *Tax Law Design and Drafting*, Volume 2, International Monetary Fund, 1998, p. 688.

源国的优先课税权一定程度受到税收协定的限制，问题最终又会回到如何分配课税权。

此前，国际税法上，根据受益原则，来源国对积极所得拥有主要的课税权，而居民国对消极所得拥有主要的课税权。该规则如何与双支柱方案所意图建构的"在价值创造地"原则并存，目前还在讨论中。如国外学者所指出的，这涉及有关课税权如何在来源国和居民国进行分配的根本性问题。[1]这种根本性问题事关各国的税收利益分配，事关发展中国家和发达国家的不同利益诉求。该学者在文章中也不能给出可行的方案。

就消除重复征税的方法而言，国际税法上最广为了解的是抵扣法和免税法，大部分的国际税法教材都会介绍其各自的优缺点。无论是经济合作与发展组织的税收协定范本还是联合国的范本，都没有给出确定的选项。这意味着，双边税收协定的签约国（主要是居民国）尽管有义务采取措施"有效"消除重复征税，但他们可以自由决定采取何种方法。对于新型重复征税而言，可能相应国家也需要有这种自由，毕竟不同国家的税法体系不同。

（二）程序救济

目前为止，对于重复征税的救济，国际税法中有两种主要的争端解决机制，一种是相互协商程序（MAP），另一种是仲裁。后者出现较晚，采用的国家更少。两种机制均有自己的缺陷，对纳税人权利的保护不甚令人满意。[2]

---

〔1〕 Reuven S. Avi-Yonah, *International Tax as International Law: An Analysis of the International Tax Regime*, Cambridge University Press, 2007, p. 9.

〔2〕 Filip Debelva and Joris Luts, "The European Commission's Proposal for Double Taxation Dispute Resolution: Turning the Tide?", *Bulletin for International Taxation*, Vol. 71, 5 (2017).

或者对于新型重复征税的救济而言，没有必要设计新型的争端解决机制。但是，如果缺乏超国家、具有强制约束力的机制，不可能实现真正的协调，这也意味着重复征税不会消除。如果该种机制真有可能诞生，这就意味着构成国际税法彻底变革的开端。

（三）欧盟典型实践

欧盟的实践非常值得讨论，不仅因为其独特的法律体系和机构设置，还因为其消除新型重复征税所采取的做法。

欧盟委员会认为，有必要采取措施有效而迅速地协调成员国实施 BEPS 行动计划，[1]因此，欧盟分别于 2016 年[2]和2017 年[3]通过了《反避税指令Ⅰ》和《反避税指令Ⅱ》。欧盟委员会的行动基于以下认识：反避税措施保护税基有其必要性，但这些措施可能引发重复征税。因此反避税规则的目标不仅在于打击避税，同时应考虑避免重复征税，因为后者同样构成欧盟共同市场的障碍。[4]

因此，反避税指令中规定了一些特殊的安排。比如，在利息限制条款中，为了消除可能的重复征税，反避税指令设计了一种向前或者向后弥补额外利息的条款，尽管一些情形下成员

---

〔1〕 COUNCIL DIRECTIVE (EU) 2016/1164 of 12 July 2016 laying down rules against tax avoidance practices that directly affect the functioning of the internal market, recital 2.

〔2〕 COUNCIL DIRECTIVE (EU) 2016/1164 of 12 July 2016 laying down rules against tax avoidance practices that directly affect the functioning of the internal market.

〔3〕 COUNCIL DIRECTIVE (EU) 2017/952 of 29 May 2017 amending Directive (EU) 2016/1164 as regards hybrid mismatches with third countries.

〔4〕 COUNCIL DIRECTIVE (EU) 2016/1164 of 12 July 2016 laying down rules against tax avoidance practices that directly affect the functioning of the internal market, recital 5.

国应如何实施还不确定。[1]

几乎与反避税指令发布同时，考虑到现有的争端解决机制对于解决重复征税争端而言欠缺效率，欧盟委员会还提出了一个指令建议，旨在引入一种欧盟层面共通适用的重复征税解决机制。[2]2017年10月，该指令获得通过，对于因就反避税指令存在不同解释引发的重复征税提供救济。[3]

然而，即使在欧盟，尽管欧盟条约和欧洲法院都可以承担协调功能——而世界其他地方欠缺这种协调可能——新型重复征税的问题仍然不能得到完全解决，尤其是当涉及非欧盟国家时——此时欧盟条约和程序性机制无法适用。[4]此外，尽管欧盟层面已为协调成员国的税法体系作了大量努力，但在直接税领域，仍然有待实质性推进。

从欧盟实践似乎可以得出一个大胆的假设：新型重复征税只有在充分协调的税法体系中才能得到有效和充分地解决。[5]程序机制是必要的，但并不充足。如果这个假设可以成立，在一个反避税规则事实不可能得到充分协调的体系下，还可以采取什么行动呢？

---

〔1〕　See Annika Soom, "Double Taxation Resulting from the ATAD: Is There Relief?", *Intertax*, Vol. 48, 3 (2020), p. 274.

〔2〕　Filip Debelva and Joris Luts, "The European Commission's Proposal for Double Taxation Dispute Resolution: Turning the Tide?", *Bulletin for International Taxation*, Vol. 71, 5 (2017).

〔3〕　COUNCIL DIRECTIVE (EU) 2017/1852 of 10 October 2017 on tax dispute resolution mechanisms in the European Union. Recital 1 and 2.

〔4〕　See Annika Soom, "Double Taxation Resulting from the ATAD: Is There Relief?", *Intertax*, Vol. 48, 3 (2020), p. 285.

〔5〕　See Ruth Mason, "The Transformation of International Tax", *American Journal of International Law*, Vol. 114, 3 (2020), 373.

四、对 BEPS 行动计划和双支柱方案的延伸讨论

从 2013 年 BEPS 行动计划提出，到随后 2019 年包容性框架的推出，国际社会开始一步一步启动对国际税法规则的系统性变革。[1]BEPS 行动计划及其升级版的双支柱方案构成了税改的整体蓝图，其内容不仅不限于反避税制度，还涉及应对数字经济带来的挑战和税收竞争问题。然而，这些新举措潜在的重复征税与反避税措施产生的重复征税问题具有相似性，因此在这里作延伸讨论。

（一）潜在的重复征税问题

在支柱一方案面世之初，学者们就指出其金额 B 规则与现行转让定价机制可能存在冲突，很有可能会产生重复征税。[2]对于支柱一方案的实施，理论上而言，一个也仅有一个居民国被认定为母公司的所在国，而市场国则可能有多个。一旦这些国家发生管辖权冲突，问题将非常复杂。类似地，对于 BEPS 行动计划中的反避税措施，如《实施税收协定相关措施以防止税基侵蚀和利润转移的多边公约》所规定的条款，也可能发生重复征税，原理如前文所述。

（二）已经采取的措施

改革蓝图的设计者们已对可能的新型重复征税和税收确定性有所考虑。比如，《实施税收协定相关措施以防止税基侵蚀和利润转移的多边公约》第 5 条列举了各种消除重复征税的方

---

[1] See OECD/G20 Inclusive Framework on BEPS Progress report September 2021–September 2022, p2.

[2] Marco Greggi, Yan He and Yan Xu, "Digital Taxation on the Verge of BEPS 2.0: Some Preliminary Policy Considerations", *WCLF Tax Und IP Gesprächsband*, 2019, pp. 111–112.

法，缔约国可以从中自由选择。多边机制本身和示范条款的模式可以被假定可以提供有效协调。对于国际上关于不确定性的顾虑和为纳税人提供救济的呼吁，[1]双支柱方案的最新发展表明经济合作与发展组织对此问题的解决投入了大量工作，也设计了提高确定性的专门方案。[2]

（三）难以达致的目标

然而，重复征税的威胁远未消失，从某种程度上说，这是一个不可能在短期内解决的问题。首先，迄今为止，有关谁提供救济和协调、如何提供等实体性规则在现有的设计中并不明确，更不用说双支柱方案在不同国家实施时可能因解释不同而出现的不协调问题。此外，争端解决程度作为最后的救济手段，当牵涉多元主体和法域时，如何确保有效性还有待检验。

其次，有关如何分配征税权的基础性问题还需要先取得共识。此外，对于利润应当在何地课税还有较大的争议。经济合作与发展组织提出的"价值创造"这个基石性概念被很多国家质疑，也被学者认为前后不一致、设计槽糕。[3]

再其次，全面和深入的合作还难以实现。如前面提到的，消除新型重复征税对于税法规则的协调和后续调整规则的要求较高，唯有通过国家之间的全面和深入的合作，并且，更为乐

---

〔1〕 See Philip Baker and Pasquale Pistone, "BEPS Action 16: The Taxpayers' Right to an Effective Legal Remedy Under European Law in Cross-border Situations", *EC Tax Review*, Vol. 25, 5-6 (2016), p. 345.

〔2〕 See OECD, *Progress Report on the Administration and Tax Certainty Aspects of Amount A of Pillar One for public consultation*, part 1 §2.4, part 2 §1.5. and BEPS Action 14 intended to build a more efficient dispute resolution mechanism.

〔3〕 Mindy Herzfeld, "The Case Against BEPS: Lessons for Tax Coordination", *Florida Tax Review*, Vol. 21, 1 (2017), p. 32.

观的，通过一个超国家的机构或者平台以及超国家的争端解决机制予以实现。因为法律解释的冲突也可能导致对条约的不同实施，从而难以解决问题。[1]

对于合作而言，各国到底是在合作解决国际税法问题还是在玩"零和游戏"，似乎还难以定论。[2]在过去的数年里，早期被质疑过于模糊的 BEPS 规则已经有极大的改进。与此同时，BEPS 行动计划和双支柱方案也在为签约国提供更大的灵活性，以引诱各国的广泛参与。这些灵活性不可避免地会削弱这些行动的功能，从而可能存在更多潜在的重复征税。

即使各国的政客们有意愿推进税改，不同国家复杂的国内立法程序可能也会使标准化的实施难以成为可能。[3]对于超国家的税法机构或者平台的问题，经济合作与发展组织是否适格还存在质疑。[4]当前联合国在发展中国家的推动下，试图在新一轮的税改中发挥更大的功能，其效果和进展还有待观察。

最后，消除重复征税的方法及程度主要取决于各法域。毕竟经济合作与发展组织示范条款的第 23 条及其注释仅提供了如何消除重复征税措施的大致框架，更多的规则取决于各国的实践。[5]

---

〔1〕 OECD Commentary on Art, 23A and 23 B, § 32.1.

〔2〕 Wei Cui, "New Puzzles in International Tax Agreements", *Tax Law Review*, Vol. 75, 2 (2021), pp. 201-269.

〔3〕 See Jinyan Li, "The Legal Challenges of Creating a Global Tax Regime With the OECD Pillar One Blueprint", *Bulletin for International Taxation*, 2021, p. 85.

〔4〕 Hugh J. Ault, "Some Reflections on the OECD and the Sources of International Tax Principles", *Tax Notes International*, Vol. 70, 12 (2013), p. 1199.

〔5〕 M. C. Bennett, "Double Taxation Relief Under the OECD Model: Time to Update?", in G. W. Kofler, R. Mason and A. Rust eds. , *Thinker, Teacher, Traveler: Reimagining International Tax: Essays in Honor of H. David Rosenbloom*, IBFD, 2021.

综合以上，因反避税措施引发的新型重复征税会引发一些基础性问题，比如，如何分配征税权等，如要解决重复征税问题，就要对各税法体系进行非常高程度的协调，国际社会需要先认识和正视该问题。因此，当前唯一确定的是，跨国纳税人将与重复征税共存，无论是传统的还是新型的。或许对于新型重复征税问题所作出的努力，将成为建立一个更协调、合作更深入的税法体系的突破口。这种"Mission Impossible"未来走向如何，让我们拭目以待。

参考文献

一、著作

1. ［奥］迈克尔·朗:《避免双重征税协定法导论》(第二版)，朱炎生译，法律出版社 2017 年版。

2. ［德］阿图尔·考夫曼、温弗里德·哈斯默尔主编:《当代法哲学和法律理论导论》，郑永流译，法律出版社 2002 年版。

3. ［德］卡尔·拉伦茨:《法学方法论》，陈爱娥译，商务印书馆 2003 年版。

4. ［德］罗伯特·阿列克西:《法概念与法效力》，王鹏翔译，商务印书馆 2015 年版。

5. ［德］维尔纳·弗卢梅:《法律行为论》，迟颖译，法律出版社 2013 年版。

6. ［美］E. 博登海默:《法理学:法律哲学与法律方法》，邓正来译，中国政法大学出版社 2004 年版。

7. ［美］本杰明·N. 卡多佐:《法律的成长:法律科学的悖论》，董炯、彭冰译，中国法制出版社 2002 年版。

8. ［美］肯尼斯·卡尔普·戴维斯:《裁量正义——一项初步的研究》，毕洪海译，商务印书馆 2009 年版。

9. ［美］劳伦斯·弗里德曼:《碰撞:法律如何影响人的行为》，邱遥堃译，中国民主法制出版社 2021 年版。

10. ［美］罗纳德·M. 德沃金:《没有上帝的宗教》，於兴中译，中国民主法制出版社 2015 年版。

11. ［日］北野弘久：《税法学原论》（第四版），陈刚等译，中国检察出版社 2001 年版。

12. ［日］金子宏：《日本税法》，战宪斌等译，法律出版社 2004 年版。

13. ［日］美浓部达吉：《公法与私法》，黄冯明译，中国政法大学出版社 2003 年版。

14. 蔡昌等：《一本书讲透税收筹划》，中国人民大学出版社 2021 年版。

15. 常在国际法律事务所编著：《实质课税原则》，元照出版有限公司 2015 年版。

16. 陈敏：《税法总论》，新学林出版股份有限公司 2019 年版。

17. 陈清秀：《税法总论》，元照出版有限公司 2018 年版。

18. 陈少英主编：《新企业所得税法探析：东方财税法研究》，东方出版中心 2010 年版。

19. 葛克昌：《纳税者权利保护法析论》，元照出版有限公司 2018 年版。

20. 葛克昌：《所得税与宪法》，北京大学出版社 2004 年版。

21. 郭志东：《新中国法制的自主性》，启蒙出版社 2022 年版。

22. 韩世远：《合同法总论》（第四版），法律出版社 2018 年版。

23. 贺燕：《实质课税原则的法理分析与立法研究——实质正义与税权横向配置》，中国政法大学出版社 2015 年版。

24. 黄茂荣：《法学方法与现代民法》，中国政法大学出版社 2001 年版。

25. 黄茂荣：《法学方法与现代税法》，北京大学出版社 2011 年版。

26. 姜明安主编：《行政程序研究》，北京大学出版社 2006 年版。

27. 雷磊：《法律体系、法律方法与法治》，中国政法大学出版社 2016 年版。

28. 李刚：《税法与私法关系总论——兼论中国现代税法学基本理论》，法律出版社 2014 年版。

29. 梁慧星：《民法学说判例与立法研究》（二），国家行政学院出版社 1999 年版。

30. 刘剑文、熊伟：《税法基础理论》，北京大学出版社 2004 年版。

31. 刘为民：《法律不确定性与反企业避税》，西南交通大学出版社 2015 年版。

32. 吕世伦、公丕祥主编：《现代理论法学原理》，黑龙江美术出版社 2018 年版。

33. 梅仲协：《民法要义》，中国政法大学出版社 1998 年版。

34. 邱庆剑：《避税：无限接近但不逾越》（新税法升级版），东方出版社 2021 年版。

35. 史尚宽：《民法总论》，中国政法大学出版社 2000 年版。

36. 台湾大学法律学院、台大法学基金会编译：《德国民法典》，北京大学出版社 2017 年版。

37. 汤洁茵：《金融创新的税法规制》，法律出版社 2010 年版。

38. 汤洁茵：《一般反避税制度法律问题研究》，法律出版社 2020 年版。

39. 王宗涛：《一般反避税条款研究》，法律出版社 2016 年版。

40. 翁武耀：《欧盟增值税反避税法律问题研究》，中国政法大学出版社 2015 年版。

41. 翁武耀：《税收犯罪立法研究——以意大利税收刑法为视角》，法律出版社 2022 年版。

42. 闫海等：《因应 BEPS 行动计划的反避税体系构建研究》，中国政法大学出版社 2023 年版。

43. 杨仁寿：《法学方法论之进展——实践哲学的复兴》，三民书局股份有限公司 2013 年版。

44. 叶金育：《税法整体化研究：一个法际整合的视角》，北京大学出版社 2016 年版。

45. 余凌云：《行政法讲义》（第二版），清华大学出版社 2010 年版。

46. 俞敏：《税收规避法律规制研究》，复旦大学出版社 2012 年版。

47. 张美惠：《实质课税原则之研究——从合作店营业税争讼案件谈起》，新学林出版股份有限公司 2015 年版。

48. 朱青编著：《避税之盾：税务机关反避税解析》，中国人民大学出版社 2023 年版。

49. Ben J. M. Terra and Peter J. Wattel, *European Tax Law*, Fifth Edition, Kluwer Law International, 2008.

50. Ben J. M. Terra and Peter J. Wattel, *European Tax Law*, Sixth Edition, Kluwer Law International, 2012.

51. Carla De Pietro, *Tax Treaty Override*, Wolters Kluwer, 2014.

52. F. Debelva, *International Double Taxation and the Right to Property*, IBFD, 2019.

53. Graeme S. Cooper, *Conflicts, Challenges and Choices: The Rule of Law and Anti-Avoidance Rules*, IBFD, 1997.

54. Marjaana Helminen, *EU Tax Law-Direct Taxation*, 2nd ed., IBFD, 2011.

55. Ola Ostaszewska and Belema Obuoforibo eds., *Roy Rohatgi on International Taxation-Volume 1: Principles*, IBFD, 2018.

56. Reuven S. Avi-Yonah, *International Tax as International Law: An Analysis of the International Tax Regime*, Cambridge University Press, 2007.

57. Reuven Avi-Yonah, Nicola Sartori and Omri Marian, *Global Perspectives on Income Taxation Law*, Oxford University Press, 2011.

58. Rita de la Feria and Stefan Vogenauer eds., *Prohibition of Abuse of Law: A New General Principle of EU Law?*, Hart Publishing, 2011.

59. Victor Thuronyi ed., *Tax Law Design and Drafting*, Volume 2, International Monetary Fund, 1998.

60. Victor Thuronyi ed., *Tax Law Design and Drafting*, Kluwer Law International, 2000.

61. Victor Thuronyi, Kin Brooks, Borbala Kolozs, *Comparative Tax Law*, Kluwer Law International, 2010.

二、论文

1. 王宗涛:《反避税法律规制研究》,武汉大学 2013 年博士学位论文。

2. 白建军:《法学研究中的实证发现——以刑事实证研究为例》,载《政治与法律》2019 年第 11 期。

3. 曹明星：《BEPS 方略：新威权主义重构国际税收秩序的集结号?》，载《国际税收》2014 年第 7 期。

4. 曹映平、胡邵峰、王维顺：《股东借款个人所得税的反避税尺度——从财税〔2003〕158 号文看个人所得税反避税的政策困局》，载《税法解释与判例评注》2019 年第 2 期。

5. 车浩：《阶层犯罪论的中国命运》，载《中国法律评论》2017 年第 6 期。

6. 陈国栋：《论行政赔偿诉讼中的"违法"》，载《政治与法律》2010 年第 8 期。

7. 陈金钊：《魅力法治所衍生的苦恋——对形式法治和实质法治思维方向的反思》，载《河南大学学报（社会科学版）》2012 年第 5 期。

8. 陈敏：《租税课征与经济事实之掌握——经济考察方法》，载《政大法学评论》1984 年总第 26 期。

9. 陈晴、张涛：《中国非居民企业间接股权转让反避税规则的反思与完善》，载《重庆大学学报（社会科学版）》2015 年第 5 期。

10. 陈少英、谢徽：《避税行为非法性质疑》，载《现代财经（天津财经大学学报）》2006 年第 10 期。

11. 陈文昊：《从法益衡量到利益衡量：违法阻却事由的消弭与实质违法性的兴起》，载《厦门大学法律评论》2017 年第 1 期。

12. 陈新民：《论行政惯例的适用问题——评最高人民法院"广州德发房产建设有限公司诉广州市地方税务局第一稽查局税务处理决定案"判决》，载《法学评论》2018 年第 5 期。

13. 程啸：《侵权法中"违法性"概念的产生原因》，载《法律科学（西北政法学院学报）》2004 年第 1 期。

14. 丛中笑：《我国税收核定制度的梳理与重构》，载《经济法论丛》2009 年第 1 期。

15. 崔晓静、陈浩达：《税法法典化视域下中国反避税体系的重塑》，载《国际税收》2023 年第 4 期。

16. 崔晓静、刘渊：《OECD 支柱二方案：挑战与应对》，载《国际税收》

2021 年第 9 期。

17. 崔晓静：《论中国特色国际税收法治体系之建构》，载《中国法学》2020 年第 5 期。

18. 邓超：《阶层性犯罪构成视阈下的证明标准探析》，载《政治与法律》2019 年第 5 期。

19. 董学立：《民法典编纂视野下法律行为的效力制度体系研究》，载《河南社会科学》2017 年第 4 期。

20. 董学智：《论不确定法律概念与反避税规制———以"合理"一词为例》，载《烟台大学学报（哲学社会科学版）》2017 年第 3 期。

21. 董学智：《论税法上的不确定法律概念》，载《交大法学》2018 年第 2 期。

22. 方新军：《内在体系外显与民法典体系融贯性的实现——对〈民法总则〉基本原则规定的评论》，载《中外法学》2017 年第 3 期。

23. 冯威：《法律体系如何可能？——从公理学、价值秩序到原则模式》，载《苏州大学学报（法学版）》2014 年第 1 期。

24. 高华：《国际避税与反避税法律问题研究》，载《华中科技大学学报（社会科学版）》2003 年第 5 期。

25. 高阳、贾兰霞：《深入解读〈一般反避税管理办法（试行）〉——访国家税务总局国际税务司副司长王晓悦》，载《国际税收》2015 年第 1 期。

26. 高运根：《BEPS 行动计划 1、成果 1 数字经济面临的税收挑战》，载《国际税收》2014 年第 10 期。

27. 葛克昌：《避税调整之宪法界限》，载《税法解释与判例评注》2013 年。

28. 葛克昌：《脱法避税与法律补充》，载《财税法论丛》2009 年。

29. 苟海波：《避税行为法律评价研究》，载《法制与社会发展》2000 年第 4 期。

30. 广州市国际税收研究会课题组：《我国一般反避税立法与管理：存在问题和经验借鉴》，载《国际税收》2014 年第 2 期。

31. 郭维真：《论中国非居民企业股权间接转让的税法规制》，载《涉外税务》2013 年第 4 期。

32. 郭志东：《税务行政争议中的司法角色——以复议前置为视点》，载《税法解释与判例评注》2017 年。

33. 贺连堂、王晓悦：《新企业所得税法中反避税立法内容剖析》，载《涉外税务》2007 年第 6 期。

34. 贺燕：《论美国税法溯及力的司法审查规则——以联邦最高法院对溯及性税收立法的审查为基础》，载《税务研究》2019 年第 1 期。

35. 贺燕：《论我国一般反避税条款的体系化》，载《中国政法大学学报》2023 年第 4 期。

36. 贺燕：《欧盟反避税指令：欧盟反避税协调的新纪元?》，载《国际税收》2020 年第 1 期。

37. 贺燕：《我国"合理商业目的"反避税进路的反思》，载《税收经济研究》2019 年第 5 期。

38. 侯卓、吴东蔚：《税收筹划权的理论建构及其实现路径》，载《东北师大学报（哲学社会科学版）》2020 年第 4 期。

39. 侯卓：《个人所得税反避税规则的制度逻辑及其适用》，载《武汉大学学报（哲学社会科学版）》2021 年第 6 期。

40. 黄士洲：《一般反避税立法实践的比较研究——以中国台湾地区、日本与德国税法相关规定与实例为主线》，载《交大法学》2015 年第 1 期。

41. 黄晓里：《BEPS 行动计划 2、成果 2 消除混合错配安排的影响》，载《国际税收》2014 年第 10 期。

42. 姜跃生：《BEPS 的价值创造论与中国全球价值分配的合理化》，载《国际税收》2014 年第 12 期。

43. 蒋遐雒：《数字经济背景下中国避税规制的法律路径》，载《法学评论》2023 年第 2 期。

44. 蒋颖、叶永青、张毅：《经济全球化背景下的税基侵蚀和利润转移》，载《国际税收》2013 年第 10 期。

45. 杰弗里·欧文斯：《"后 BEPS 时代"及对中国的影响》，何振华、王婷婷、王质君译，载《国际税收》2014 年第 7 期。

46. 孔丹阳、冯逍宇：《澳大利亚〈跨国企业反避税法案〉评析》，载《税务研究》2017 年第 7 期。

47. 雷磊：《融贯性与法律体系的建构——兼论当代中国法律体系的融贯化》，载《法学家》2012 年第 2 期。

48. 李大明：《论税收筹划的原理及其运用》，载《中南财经政法大学学报》2002 年第 6 期。

49. 李登喜、李大庆：《论税收核定权的裁量属性及法律控制——基于"德发案"和〈税收征管法〉第三十五条的研究》，载《税收经济研究》2018 年第 6 期。

50. 李皓兰：《我国防止税收协定滥用的规则梳理与立法反思》，载《税务研究》2018 年第 8 期。

51. 李金艳、胡尚华：《一般反避税规则的趋同与差异：基于加拿大、澳大利亚和新西兰司法实践的分析》，载《国际税收》2021 年第 2 期。

52. 李金艳、陈新：《关于双支柱方案的全球税收共识：真相探究和法律现实》，载《国际税收》2022 年第 3 期。

53. 李娜：《〈多边公约〉的挑战：如何进行主要目的测试》，载《国际税收》2019 年第 10 期。

54. 梁迎修：《方法论视野中的法律体系与体系思维》，载《政法论坛》2008 年第 1 期。

55. 廖仕梅：《从民法视角探析推定课税——基于"最高人民法院提审广州德发公司案例"分析》，载《地方财政研究》2015 年第 10 期。

56. 廖体忠：《BEPS 行动计划的影响及我国的应对》，载《国际税收》2014 年第 7 期。

57. 刘风景：《例示规定的法理与创制》，载《中国社会科学》2009 年第 4 期。

58. 刘剑文、丁一：《避税之法理新探（上）》，载《涉外税务》2003 年第 8 期。

59. 刘剑文、丁一：《避税之法理新探（下）》，载《涉外税务》2003 年第 9 期。

60. 刘剑文：《私人财产权的双重保障——兼论税法与私法的承接与调整》，载《河北法学》2008 年第 12 期。

61. 刘天永、叶莉娜：《论税务中介机构在反避税管理中的地位和作用》，载《税务研究》2015 年第 4 期。

62. 刘志阔等：《中国企业的税基侵蚀和利润转移——国际税收治理体系重构下的中国经验》，载《经济研究》2019 年第 2 期。

63. 罗翔丹：《国内法一般反避税规则在税收协定中的适用——基于法国"范达内案"的分析》，载《税法解释与判例评注》2022 年第 1 期。

64. 马海明：《中国禁止法律规避制度的困境与重构》，载《法学杂志》2017 年第 4 期。

65. 马啸、杨震、汪媛媛：《我国反避税工作难点及对策思考》，载《税务研究》2008 年第 7 期。

66. 米兰达·斯图尔特：《数字化 BEPS 环境下的滥用和经济实质（上）》，陈新译，载《国际税收》2015 年第 9 期。

67. 米兰达·斯图尔特：《数字化 BEPS 环境下的滥用和经济实质（中）》，陈新译，载《国际税收》2015 年第 10 期。

68. 欧阳天健：《比较法视阈下的一般反避税规则再造》，载《法律科学（西北政法大学学报）》2018 年第 1 期。

69. 欧阳天健：《税收法律拟制的反避税功能论析》，载《财经法学》2023 年第 6 期。

70. 庞凤喜、贺鹏皓：《基于反避税要求的税制改革国际视野》，载《税务研究》2015 年第 7 期。

71. 钱俊文：《境内反避税规范执法研究——兼论〈税收征管法〉一般反避税条款的增设》，载《税务研究》2017 年第 5 期。

72. 让·克劳德·卜夏尔：《中国的增值税改革：欧洲同行怎么看》，陈延忠译，载《国际税收》2016 年第 10 期。

73. 任超：《我国一般反避税举证责任规则的构建》，载《兰州学刊》2017 年第 1 期。

74. 施正文、贺燕:《论实质课税原则的税法定位》,载刘剑文主编:《财税法论丛》2013 年第 13 卷。

75. 施正文、徐孟洲:《税法通则立法基本问题探讨》,载《税务研究》2005 年第 4 期。

76. 施正文、叶莉娜:《发展中国家税基侵蚀和利润转移问题研究》,载《法学杂志》2015 年第 2 期。

77. 施正文:《中国税法通则的制定:问题与构想》,载《中央财经大学学报》2004 年第 2 期。

78. 孙健波:《税法漏洞补充理论研究》,载《中南大学学报(社会科学版)》2008 年第 3 期。

79. 孙宪忠:《我国民法立法的体系化与科学化问题》,载《清华法学》2012 年第 6 期。

80. 汤洁茵:《〈企业所得税法〉一般反避税条款适用要件的审思与确立——基于国外的经验与借鉴》,载《现代法学》2012 年第 5 期。

81. 汤洁茵:《避税行为可罚性之探究》,载《法学研究》2019 年第 3 期。

82. 汤洁茵:《不可承受之重:税收核定的反避税功能之反思:以〈税收征管法〉第 35 条第(6)项为起点的探讨》,载《中外法学》2017 年第 6 期。

83. 汤洁茵:《法治视野下一般反避税规则的续造》,载《法学》2022 年第 6 期。

84. 汤洁茵:《反避税调查程序的举证责任:现行法的厘清与建构》,载《税务与经济》2018 年第 5 期。

85. 汤洁茵:《形式与实质之争:税法视域的检讨》,载《中国法学》2018 年第 2 期。

86. 滕祥志:《税法的交易定性理论》,载《法学家》2012 年第 1 期。

87. 滕祥志:《税收事先裁定的理论基础和制度考量》,载《国际税收》2018 年第 1 期。

88. 滕祥志:《中国税法实务中的"透视"案例盘点:以非居民企业股权

转让为视角》，载《经济法研究》2014 年第 1 期。

89. 王鸿貌：《税收法定原则之再研究》，载《法学评论》2004 年第 3 期。

90. 王军：《法律规避行为及其裁判方法》，载《中外法学》2015 年第 3 期。

91. 王利明：《论无效合同的判断标准》，载《法律适用》2012 年第 7 期。

92. 王利明：《论效力性和非效力性强制性规定的区分——以〈民法典〉第 153 条为中心》，载《法学评论》2023 年第 2 期。

93. 王淼：《完善我国反避税规则的新进路：增设从纳税义务人条款》，载《东北大学学报（社会科学版）》2015 年第 6 期。

94. 王文婷：《一般反避税条款对税权的配置》，载《兰州大学学报（社会科学版）》2012 年第 3 期。

95. 王轶：《民法总则法律行为效力制度立法建议》，载《比较法研究》2016 年第 2 期。

96. 王泽鉴：《诚实信用与权利滥用——我国台湾地区"最高法院"九一年台上字第七五四号判决评析》，载《北方法学》2013 年第 6 期。

97. 王宗涛：《"计税依据明显偏低无正当理由"条款的法律逻辑》，载《税法解释与判例评注》2016 年。

98. 王宗涛：《税法一般反避税条款的合宪性审查及改进》，载《中外法学》2018 年第 3 期。

99. 翁武耀：《避税概念的法律分析》，载《中外法学》2015 年第 3 期。

100. 翁武耀：《意大利〈纳税人权利宪章〉评析与借鉴》，载《税收经济研究》2018 年第 1 期。

101. 吴青伦：《BEPS 下各国（地区）防止税收协定滥用的最新趋势》，载《国际税收》2015 年第 9 期。

102. 吴青伦：《反滥用协定的重要实践：新中荷税收协定的签订与蒙荷税收协定的废止》，载《国际税收》2013 年第 11 期。

103. 谢晖：《论法律拟制、法律虚拟与制度修辞》，载《现代法学》2016

年第 5 期。

104. 熊伟、王宗涛：《一般反避税立法思辨》，载《国际税收》2013 年第 10 期。

105. 徐海荣、王敏志：《关于我国一般反避税条款的适用难点与立法建议》，载《税务研究》2012 年第 9 期。

106. 许炎：《香港一般反避税规则简述》，载《国际税收》2013 年第 10 期。

107. 杨春梅：《构建我国一般反避税法规的国际借鉴研究》，载《税收经济研究》2015 年第 2 期。

108. 杨建顺：《行政裁量的运作及其监督》，载《法学研究》2004 年第 1 期。

109. 杨小强：《中国的反避税立法》，载《中国法律》2002 年第 2 期。

110. 叶宏禄、叶莉娜：《国际反避税：发展中国家与国际税收善治》，载《上海商学院学报》2018 年第 6 期。

111. 叶金育：《回归法律之治：税法拟制性规范研究》，载《法商研究》2016 年第 1 期。

112. 叶金育：《税收构成要件理论的反思与再造》，载《法学研究》2018 年第 6 期。

113. 叶姗：《税收剩余立法权的界限——以成品油消费课税规则的演进为样本》，载《北京大学学报（哲学社会科学版）》2013 年第 6 期。

114. 叶姗：《一般反避税条款适用之关键问题分析》，载《法学》2013 年第 9 期。

115. 叶姗：《应税事实依据经济实质认定之稽征规则——基于台湾地区"税捐稽征法"第 12 条之 1 的研究》，载《法学家》2010 年第 1 期。

116. 易波：《发展中国家反避税执法能力建设及我国的对策》，载《法学杂志》2016 年第 2 期。

117. 喻如慧、黄紫韵：《BEPS 第 6 项行动计划主要目的测试规则研究》，载《国际法研究》2018 年第 6 期。

118. 袁森庚：《最高人民法院提审的德发公司案分析》，载《税务研究》2017 年第 6 期。

119. 张明楷：《刑法学中的概念使用与创制》，载《法商研究》2021 年第 1 期。

120. 张明楷：《行为功利主义违法观》，载《中国法学》2011 年第 5 期。

121. 张守文：《经济法的立法统合：需要与可能》，载《现代法学》2016 年第 3 期。

122. 张守文：《税收逃避及其规制》，载《税务研究》2002 年第 2 期。

123. 张婉苏：《从税收法定到税收法治的实践进阶——以进一步落实税收法定原则为中心》，载《法学研究》2023 年第 1 期。

124. 张学干、贾晓东：《对最高人民法院提审德发公司案判决的法律分析》，载《税务研究》2018 年第 6 期。

125. 张志云：《两年来反避税工作的回顾与思考》，载《涉外税务》1990 年第 7 期。

126. 赵宏：《基本原则、抽象概念与法释义学——行政法学的体系化建构与体系化均衡》，载《交大法学》2014 年第 1 期。

127. 赵岩：《有关法国反法律滥用制度的分析及启示》，载《涉外税务》2006 年第 12 期。

128. 郑仁荣、梁伟：《避税问题的法律思考》，载《商业研究》2002 年第 17 期。

129. 郑泽善：《法秩序的统一性与违法的相对性》，载《甘肃政法学院学报》2011 年第 4 期。

130. 周光权：《阶层犯罪论及其实践展开》，载《清华法学》2017 年第 5 期。

131. 周启光：《从"沃达丰税案"看我国非居民间接转让股权的所得税处理》，载《涉外税务》2012 年第 5 期。

132. 周长军、马勇：《违法性判断：立场、功能与方法》，载《华东政法大学学报》2009 年第 6 期。

133. 朱大旗、姜姿含：《税收事先裁定制度的理论基础与本土构建》，载

《法学家》2016 年第 6 期。

134. 朱青:《避税的性质、危害与对策》,载《涉外税务》2009 年第 1 期。

135. 朱庆育:《法典理性与民法总则以中国大陆民法典编纂为思考对象》,载《中外法学》2010 年第 4 期。

136. 朱炎生:《BEPS 项目十年回顾:国际税收协调机制的多边化转型》,载《国际税收》2023 年第 12 期。

137. Alexander Fedan, "Case Study Analysis of the OECD Pillar One and Pillar Two Allocations to Developing Countries-What Has Changed Since the 2020 Blueprints?", *Bulletin for International Taxation*, Vol. 77, 1 (2023).

138. Anne Van de Vijver, "International Double (Non-) Taxation: Comparative Guidance from European Legal Principles", *EC Tax Review*, Vol. 24, 5 (2015).

139. Annika Soom, "Double Taxation Resulting from the ATAD: Is There Relief?", *Intertax*, Vol. 48, 3 (2020).

140. Ben Kiekebeld, "Anti-Abuse in the Field of Taxation: Is There One Overall Concept?", *EC Tax Review*, Vol. 18, 4 (2009).

141. Blazej Kuzniacki, "The Need to Avoid Double Economic Taxation Triggered by CFC Rules Under Tax Treaties, and the Way to Achieve It", *InterTax*, Vol. 43, 12 (2015).

142. John Mclaren, "The Distinction Between Tax Avoidance and Tax Evasion Has Become Blurred in Australia: Why Has It Happened?", *Journal of the Australasian Tax Teachers Association*, Vol. 3, 2 (2008).

143. Brian J. Arnold, "The Long, Slow, Steady Demise of the General Anti-Avoidance Rule", *Canadian Tax Journal*, Vol. 52, 2 (2004).

144. Charles G. Haglund, "Double Taxation", *Southern California Law Review*, Vol. 8, 2 (1935).

145. Chloe Burnett, "A Part IVA That Goes the Other Way? The Rule Against

Double Taxation", *Australian Tax Forum*, Vol. 27, 3 (2012).

146. Chris Atkinson, "General Anti-Avoidance Rules: Exploring the Balance Between the Taxpayer's Need for Certainty and the Government's Need to Prevent Tax Avoidance", *Journal of Australian Taxation*, Vol. 14, 1 (2012).

147. Craig Elliffe, "The Brave (and Uncertain) New World of International Taxation Under the 2020s Compromise", *World Tax Journal*, Vol. 14, 2 (2022).

148. David A. Weisbach, "An Economic Analysis of Anti-Tax-Avoidance Doctrines", *American Law and Economics Review*, Vol. 4, 1 (2002).

149. David Dunbar, "Tax Avoidance: A Judicial or Legislative Solution", *Corporate Business Taxation Monthly*, Vol. 12, 2 (2010).

150. David Fernandes and Kerrie Sadiq, "A Principled Framework for Assessing General Anti-Avoidance Regimes", *British Tax Review*, 2 (2016).

151. David G. Duff, "Tax Avoidance in the 21st Century", in C. Evans and R. Krever eds. , *Australian Business Tax Reform in Retrospect and Prospect*, Thomson Reuters, 2009.

152. Adam Zalasiński, "Proportionality of Anti-Avoidance and Anti-Abuse Measures in the ECJ's Direct Tax Case Law", *Intertax*, Vol. 35, 5 (2007).

153. Filip Debelva and Joris Luts, "The European Commission's Proposal for Double Taxation Dispute Resolution: Turning the Tide?", *Bulletin for International Taxation*, Vol. 71, 5 (2017).

154. Frederik Zimmer, "General Report, International Fiscal Association 2002 Oslo Congress", in *Volume LXXXVIIa Form and Substance in Tax Law*, Kluwer Law International, 2002.

155. Graeme S. Cooper, "International Experience With General Anti-Avoidance Rules", *SMU Law Review*, Vol. 54, 83 (2001).

156. Hugh J. Ault, "Some Reflections on the OECD and the Sources of International Tax Principles", *Tax Notes International*, Vol. 70, 12 (2013).

157. Jinyan Li, "Economic Substance: Drawing the Line Between Legitimate Tax Minimization and Abusive Tax Avoidance", *Canadian Tax Journal*, Vol. 54, 1 (2006).

158. Jinyan Li, "Tax Transplants and Local Culture: A Comparative Study of the Chinese and Canadian GAAR", *Theoretical Inquiries in Law*, Vol. 11, 2 (2013).

159. John Prebble, "Controlled Foreign Company Regimes and Double Taxation", Asia-Pacific Tax Bulletin, Vol. 12, 1 (2006).

160. Joseph Bankman, "The Economic Substance Doctrine", *Southern California Law Review*, Vol. 74, 1 (2000).

161. Joseph E. Stiglitz, "The General Theory of Tax Avoidance", *National Tax Journal*, Vol. 38, 3 (1985).

162. Judith Freedman, "Defining Taxpayer Responsibility: In Support of a General Anti-Avoidance Principle", *British Tax Review*, 4 (2004).

163. Judith Freedman, "Designing a General Anti-Abuse Rule: Striking a Balance", *Asia-Pacific Tax Bulletin*, Vol. 20, 3 (2014).

164. Judith Freedman, "The Anatomy of Tax Avoidance Counteraction: Abuse of Law in a Tax Context at Member State and European Union Level", in Rita de la Feria and Stefan Vogenauer eds., *Prohibition of Abuse of Law: A new General Principle of EU Law?*, Hart Publishing, 2011.

165. Julian Rivers, "Proportionality and Discretion in International and European Law", in Nicholas Tsagourias ed., *Transnational Constitutionalism: International and European Perspectives*, Cambridge University Press, 2007.

166. Keith Brockman, "Double Taxation: Does It Matter?" *International Tax Review*, Vol. 28, 5 (2017).

167. Ken Devos, "Implications for the Concept of 'Tax Benefit/Advantage' as Prescribed in the Australian and British General Anti-Avoidance Rules in Tackling Tax Base Erosion and Profit Shifting", *Common Law World Review*, Vol. 44, 4 (2015).

168. Louis Kaplow, "Accuracy, Complexity, and the Income Tax", *Journal of Law, Economics, and Organiaztion*, Vol. 14, 1 (1998).

169. Lucius A. Buck, "Income Tax Evasion and Avoidance: Some General Considerations", *Georgetown Law Journal*, Vol. 25, 4 (1937).

170. M. C. Bennett, "Double Taxation Relief Under the OECD Model: Time to Update?", in G. W. Kofler, R. Mason and A. Rust eds., *Thinker, Teacher, Traveler: Reimagining International Tax: Essays in Honor of H. David Rosenbloom*, IBFD, 2021.

171. Marco Greggi, "Avoidance and Abus De Droit: The European Approach in Tax Law", *E-Journal of Tax Research*, Vol. 6, 1 (2008).

172. Marco Greggi, Yan He and Yan Xu, "Digital Taxation on the Verge of BEPS 2.0: Some Preliminary Policy Considerations", *WCLF Tax Und IP Gesprächsband*, 2019.

173. Mary Anne Bueschkens and Benjamin Mann, "Canada and the GAAR: A Catch-All for Abusive/Avoidance Tax Planning", *Trusts & Trustees*, Vol. 25, 1 (2019).

174. Maurice Cozian, "What Is Abuse of law?", *Intertax*, 2 (1991).

175. Michael J. Miller, "Anti-Deferral and Anti-Tax Avoidance: Shameful Double Taxation of Individual Expatriates", *International Tax Journal*, Vol. 37, 4 (2011).

176. Michael L. Schler, "Ten More Truths About Tax Shelters: The Problem, Possible Solutions, and a Reply to Professor Weisbach", *Tax Law Review*, Vol. 55, 3 (2002).

177. Mindy Herzfeld, "The Case Against BEPS: Lessons for Tax Coordination", *Florida Tax Review*, Vol. 21, 1 (2017).

178. Philip Baker and Pasquale Pistone, "BEPS Action 16: The Taxpayers' Right to an Effective Legal Remedy Under European Law in Cross-Border Situations", *EC Tax Review*, Vol. 25, 5–6 (2016).

179. Rainer Zielke, "Shareholder Debt Financing and Double Taxation in the

OECD: An Empirical Survey With Recommendations for the Further Development of the OECD Model and International Tax Planning", *Intertax*, Vol. 38, 2 (2010).

180. Rebecca Prebble and John Prebble, "Does the Use of General Anti-Avoidance Rules to Combat Tax Avoidance Breach Principles of the Rule of Law? A Comparative Study", *Saint Louis University Law Journal*, Vol. 55, 1 (2010).

181. Reuven S. Avi-Yonah, "Globalization, Tax Competition, and the Fiscal Crisis of the Welfare State", *Harvard Law Review*, Vol. 113, 7 (2000).

182. Rita de la Feria, "Prohibition of Abuse of (Community) Law: The Creation of a New General Principle of EC Law Through Tax", *Common Market Law Review*, Vol. 45, 2 (2008) .

183. Roberto Cordeiro Guerra and Pietro Mastellone, "The Judicial Creation of a General Anti-Avoidance Rule Rooted in the Constitution", *European Taxation*, Vol. 49, 11 (2009).

184. Ruth Mason, "The Transformation of International Tax", *American Journal of International Law*, Vol. 114, 3 (2020).

185. Sébastien de Monès et al. , "Abuse of Tax Law Across Europe" , *EC Tax Review*, Vol. 19, 3 (2010).

186. Tarun Jain, " 'GAAR' amd 'Rule of Law': Mutual lyIncompatible?", *Charter Accountant Practice Journal*, Vol. 43, 2013.

187. Tom Hickman, "Proportionality: Comparative Law Lessons", *Judicial Review*, Vol. 12, 1 (2007).

188. Wei Cui, "Taxing Indirect Transfers: Improving an Instrument for Stemming Tax and Legal Base Erosion", *Virginia Tax Review*, Vol. 33, 4 (2014).

189. William L. Dentino and Christine Manolakas, "The Exit Tax: A Move in the Right Direction", *William & Mary Business Law Review*, Vol. 3, 2 (2012).

190. Wolf Sauter, "Proportionality in EU Law: A Balancing Act?" *Cambridge*

Yearbook of European Legal Studies，Vol. 15，2013.

191. Zoë Prebble and John Prebble，"Comparing the General Anti-Avoidance Rule of Income Tax Law With the Civil Law Doctrine of Abuse of Law"，*Bulletin for International Taxation*，Vol. 62，4（2008）.

三、其他

1. 国家税务总局办公厅：《税务总局：2014 年反避税工作贡献税收 523 亿元》，载 http://www. chinatax. gov. cn/n810219/n810724/c1507274/content. html，最后访问日期：2023 年 12 月 29 日。

2. 锁苗、李千阳：《巴巴多斯——非居民企业缴纳所得税 4000 余万元》，载《中国税务报》2013 年 1 月 16 日，第 1 版。

3. 王心、王跃峰：《全国最大单笔非居民间接股权转让所得税入库》，载《中国税务报》2012 年 4 月 6 日，第 1 版。

4. 单晓宇：《征税溯及既往 印度财长安抚国外投资者》，载《中国税务报》2012 年 6 月 13 日，第 5 版。

5. 蔡岩红：《周期长 取证难 圈套多 反避税调查是一场艰难博弈》，载《法制日报》2014 年 7 月 18 日，第 6 版。

6. 王建伟、韦国庆：《税收征管法应确立反避税原则》，载《中国税务报》2015 年 12 月 9 日，第 7 版。

7. 贺卓、郑一方：《百万豪车亏本卖 税务稽查揭真相》，载《中国税务报》2023 年 10 月 24 日，第 7 版。

8. 联合国官网：《联合国大会通过税收框架公约决议》，思迈特财税国际税收服务团队编译，载《转让定价人》微信公众号，2023 年 12 月 24 日发表。

9. Maniaki-Griva Alexia and Ballon Elke，"Common European Sales Law-Detailed Appraisal by the EP Impact Assessment Unit of the European Commission's Impact Assessment"，available at http://www. europarl. europa. eu/committees/en/studies. html，last visited on 2023-12-30.

10. Antony Seely，"Retrospective Taxation"，available at https://research-

briefings. files. parliament. uk/documents/SN04369/SN04369. pdf, last visited on 2023-12-29.

11. Australian Law Reform Commission of Australian Government, "Traditional Rights and Freedoms—Encroachments by Commonwealth Laws: Final Report", available at https://www. alrc. gov. au/wp – content/uploads/2019/08/alrc_ 129_ final_ report_ . pdf, last visited on 2023-12-29.

12. Å. Johansson, Ø. Bieltvedt Skeie and S. Sorbe, "Anti-Avoidance Rules Against International Tax Planning: A Classification", pp. 12-16, available at http://dx. doi. org/10. 1787/1a16e9a4-en, last visited on 2023-12-30.

13. Judith Freedman, "General Anti-Avoidance Rules (GAARs) -A Key Element of Tax Systems in the Post-BEPS Tax World? The UK GAAR", available at https://ssrn. com/abstract=2769554, last visited on 2023-12-30.

14. Marco Greggi, "The Dawn of a General Anti Avoidance Rule: The Italian Experience", available at http://ssrn. com/abstract=2709304, last visited on 2023-12-30.

15. Robert S. Summers, "A Critique of the Business-Purpose Doctrine", Cornell Law Faculty Publications, Paper 1336 (1961), p. 39. available at http://scholarship. law. cornell. edu/facpub/1336, last visited on 2022-11-18.

16. South African Revenue Service (SARS), "Discussion Paper on Tax Avoidance", available at https://www. sars. gov. za/wp–content/uploads/Legal/DiscPapers/LAPD– LPrep – DP – 2005 – 01 – Discussion – Paper – Tax – Avoidance–Section–103–of–Income–Tax–Act–1962. pdf, last visited on 2023-12-29.

17. Wolfgang Schön, "The Concept of Abuse of Law in European Taxation: A Methodological and Constitutional Perspective", Working Paper of the Max Planck Institute for Tax Law and Public Finance, No. 2019-18.

18. OECD, Action Plan on Base Erosion and Profit Shifting, OECD Publishing, 2013.

19. OECD, Addressing Base Erosion and Profit Shifting, OECD Publi- shing, 2013.

20. OECD, Preventing the Granting of Treaty Benefits in Inappropriate Circum-stances, Action 6-2015 Final Report, OECD/G20 Base Erosion and Profit Shifting Project, OECD Publishing, 2015.

21. OECD, Addressing the Tax Challenges of the Digitalisation of the Economy-Policy Note, G20/OECD Inclusive Framework on BEPS, 2019.

22. OECD, Tackling Aggressive Tax Planning Through Improved Transpa - rency and Disclosure, 2011.